板書で見る 全単元の授業のすべて 国語 小学校4年 上

板書で見る

国語

全単元
の授業のすべて

小学校 4年 上

中村和弘 監修
成家雅史・廣瀬修也 編著

東洋館
出版社

まえがき

令和２年度に完全実施となる小学校の学習指導要領では、これからの時代に求められる資質・能力や教育内容が示されました。

この改訂を受け、これからの国語科では、

・子供たちが言語活動を通して「言葉による見方・考え方」を働かせながら学習に取り組むことができるようにする。
・単元の目標／評価を、〔知識及び技能〕と〔思考力、判断力、表現力等〕のそれぞれの指導事項を結び付けて設定し、それらの資質・能力が確実に身に付くよう学習過程を工夫する。
・子供たちにとって「主体的・対話的で深い学び」が実現するよう、単元の構成や教材の扱い、言語活動の設定などを工夫する。

などの授業づくりが求められています。

一方で、こうした授業を実現していくためには、いくつかの難しさを抱えているように思います。例えば、言語活動が重視されるあまり、「国語科の授業で肝心なのは、言葉や言葉の使い方などを学ぶことである」という共通認識が薄れているように感じます。あるいは、活動には取り組ませているけれども、今日の学習でどのような言葉の力が付いたのかが、教師にも子供たちにも自覚的ではない授業が見られます。

国語科の授業を通して、「どんな力が付けばよいのか」「何を教えればよいのか」という肝心な部分で、困っている先生方が多いのではないかと感じています。

本書は、「板書をどうすればいいのか」という悩みに答えながら、同時に、国語科の授業で「どんな力が付けばよいのか」「何を教えればよいのか」というポイントを、単元ごとに分かりやすく具体的に示しています。いわば、国語科の授業づくりの手引き書でもあることが特徴です。

この板書シリーズは、2005年の初版刊行以来、毎日の授業づくりに寄り添う実践書として多くの先生方に活用されてきました。そして、改訂を重ねるたびに、板書の仕方はもちろん、「もっとうまく国語の授業ができるようになりたい」という先生方の要望に応えられる内容と質を備えられるよう、改善されてきました。

今回、平成29年告示の学習指導要領に対応する新シリーズを作るに当たっても、そうした点を大切にして、検討を重ねてきました。

日々教室で子供たちと向き合う先生方に、「こういうふうに授業を進めていけばよいのか」「指導のポイントは、こういうところにあるのか」「自分でもこんな工夫をしてみたい」と国語科の授業づくりの楽しさを感じながらご活用いただければ幸いです。

令和２年３月吉日

中村　和弘

本書活用のポイント―単元構想ページ―

本書は、各学年の全単元について、単元全体の構想と各時間の板書のイメージを中心とした本時案を紹介しています。各単元の冒頭にある単元構想ページの活用のポイントは次のとおりです。

教材名と指導事項、関連する言語活動例

本書の編集に当たっては、令和２年発行の光村図書出版の国語教科書を参考にしています。まずは、各単元で扱う教材とその時数、さらにその下段に示した学習指導要領に即した指導事項や関連する言語活動例を確かめましょう。

単元の目標

単元の目標を総括目標として示しています。各単元で身に付けさせたい資質・能力の全体像を押さえておきましょう。

評価規準

ここでは、指導要録などの記録に残すための評価を取り上げています。本書では、❶❷のように記録に残すための評価は色付きの丸数字で統一して示しています。本時案の評価で色付きの丸数字が登場したときには、本ページの評価規準と併せて確認することで、より単元全体を意識した授業づくりができるようになります。

おおきな　かぶ　（6時間扱い）

〔知識及び技能〕(1)ク　〔思考力、判断力、表現力等〕C読むことイ、エ　関連する言語活動例C(2)イ

単元の目標

・場面の様子について、登場人物の行動を中心に想像を広げながら読むことができる。
・繰り返しの言葉やリズムを考えながら、声に出して読むことができる。

評価規準

知識・技能	❶語のまとまりや言葉の響きなどに気を付けて音読している。（〔知識及び技能〕(1)ク）
思考・判断・表現	❷「読むこと」において場面の様子や登場人物の行動など、話の内容の大体を捉えている。（〔思考力・判断力・表現力〕Cイ） ❸「読むこと」において場面の様子に着目して、登場人物の行動を具体的に想像している。（〔思考力・判断力・表現力〕Cエ）
主体的に学習に取り組む態度	❹進んで場面の様子から登場人物の行動を具体的に想像し、学習の見通しをもって、想像したことや考えたことを音読で表現しようとしている。

単元の流れ

次	時	主な学習活動	評価
一	1	教師の範読後、全文を読み、物語の場面や登場人物や出てくる順番を確かめる。 初発の感想を書く。	
二	2	学習の見通しをもつ 初発の感想から、話の特徴やおもしろいところを共有し、学習課題を考える。 繰り返しの言葉を見つけ、その効果を考える。	❷
	3	かぶを抜こうとするときや助けを呼ぼうとするときの、登場人物の行動や気持ちを想像する。 繰り返し出てくる言葉の意味の違いを考え、音読の仕方を工夫する。	❶
	4	かぶが抜けないときやかぶを抜こうとするときの、登場人物の行動や気持ちを想像する。 つなぎ言葉の意味の違いを考え、音読の仕方を工夫する。 かぶが抜けた理由について話し合う。	❸
三	5・6	役割を決めて、音読の練習をする。 音読発表会をする。 学習を振り返る 学習の振り返りをする。	❹

おおきな　かぶ
202

単元の流れ

単元の目標や評価規準を押さえた上で、授業をどのように展開していくのかの大枠をここで押さえます。各展開例は学習活動ごとに構成し、それぞれに対応する評価をその右側の欄に対応させて示しています。

ここでは、「評価規準」で挙げた記録に残すための評価のみを取り上げていますが、本時案では必ずしも記録には残さない、指導に生かす評価も示しています。本時案での詳細かつ具体的な評価の記述と併せて確認することで、指導と評価の一体化を意識することが大切です。

また、学習の見通しをもつ 学習を振り返るという見出しが含まれる単元があります。見通しをもたせる場面と振り返りを行う場面を示すことで、教師が子供の学びに向かう姿を見取ったり、子供自身が自己評価を行う機会を保障したりすることに活用できるようにしています。

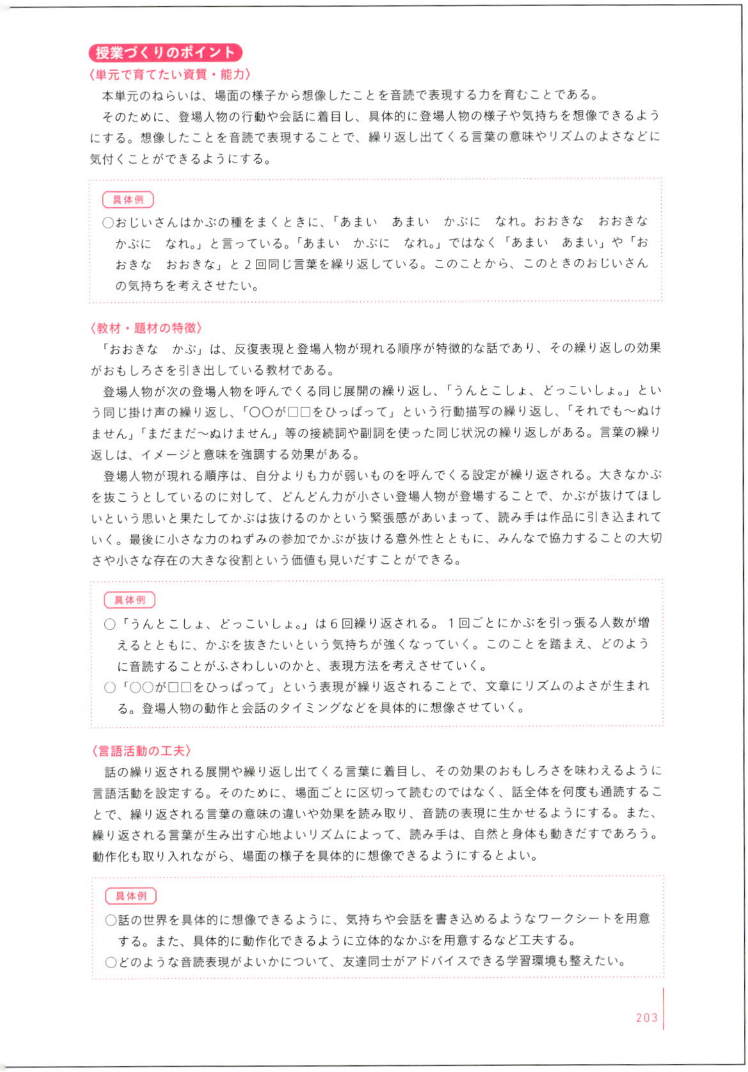

授業づくりのポイント

〈単元で育てたい資質・能力〉

本単元のねらいは、場面の様子から想像したことを音読で表現する力を育むことである。

そのために、登場人物の行動や会話に着目し、具体的に登場人物の様子や気持ちを想像できるようにする。想像したことを音読で表現することで、繰り返し出てくる言葉の意味やリズムのよさなどに気付くことができるようにする。

具体例

○おじいさんはかぶの種をまくときに、「あまい　あまい　かぶに　なれ。おおきな　おおきな　かぶに　なれ。」と言っている。「あまい　かぶに　なれ。」ではなく「あまい　あまい」や「おおきな　おおきな」と２回同じ言葉を繰り返している。このことから、このときのおじいさんの気持ちを考えさせたい。

〈教材・題材の特徴〉

「おおきな　かぶ」は、反復表現と登場人物が現れる順序が特徴的な話であり、その繰り返しの効果がおもしろさを引き出している教材である。

登場人物が次の登場人物を呼んでくる同じ展開の繰り返し、「うんとこしょ、どっこいしょ。」という同じ掛け声の繰り返し、「○○が□□をひっぱって」という行動描写の繰り返し、「それでも～ぬけません」「まだまだ～ぬけません」等の接続詞や副詞を使った同じ状況の繰り返しがある。言葉の繰り返しは、イメージと意味を強調する効果がある。

登場人物が現れる順序は、自分よりも力が弱いものを呼んでくる設定が繰り返される。大きなかぶを抜こうとしているのに対して、どんどん力が小さい登場人物が登場することで、かぶが抜けてほしいという思いと果たしてかぶは抜けるのかという緊張感があいまって、読み手は作品に引き込まれていく。最後に小さな力のねずみの参加でかぶが抜ける意外性とともに、みんなで協力することの大切さや小さな存在の大きな役割という価値も見いだすことができる。

具体例

○「うんとこしょ、どっこいしょ。」は６回繰り返される。１回ごとにかぶを引っ張る人数が増えるとともに、かぶを抜きたいという気持ちが強くなっていく。このことを踏まえ、どのように音読することがふさわしいのかと、表現方法を考えさせていく。

○「○○が□□をひっぱって」という表現が繰り返されることで、文章にリズムのよさが生まれる。登場人物の動作と会話のタイミングなどを具体的に想像させていく。

〈言語活動の工夫〉

話の繰り返される展開や繰り返し出てくる言葉に着目し、その効果のおもしろさを味わえるように言語活動を設定する。そのために、場面ごとに区切って読むのではなく、話全体を何度も通読することで、繰り返される言葉の意味の違いや効果を読み取り、音読の表現に生かせるようにする。また、繰り返される言葉が生み出す心地よいリズムによって、読み手は、自然と身体も動きだすであろう。動作化も取り入れながら、場面の様子を具体的に想像できるようにするとよい。

具体例

○話の世界を具体的に想像できるように、気持ちや会話を書き込めるようなワークシートを用意する。また、具体的に動作化できるように立体的なかぶを用意するなど工夫する。

○どのような音読表現がよいかについて、友達同士がアドバイスできる学習環境も整えたい。

203

授業づくりのポイント

ここでは、本単元の授業づくりのポイントを取り上げています。

全ての単元において〈単元で育てたい資質・能力〉を解説しています。単元で育てたい資質・能力を確実に身に付けさせるために、気を付けたいポイントや留意点に触れています。授業づくりに欠かせないポイントを押さえておきましょう。

他にも、単元や教材文の特性に合わせて〈教材・題材の特徴〉〈言語活動の工夫〉〈他教材や他教科との関連〉〈子供の作品やノート例〉〈並行読書リスト〉などの内容を適宜解説しています。これらの解説を参考にして、学級の実態を生かした工夫を図ることが大切です。各項目では解説に加え、具体例も挙げていますので、併せてご確認ください。

本書活用のポイント―本時案ページ―

単元の各時間の授業案は、板書のイメージを中心に、目標や評価、学習の進め方などを合わせて見開きで構成しています。各単元の本時案ページの活用のポイントは次のとおりです。

本時の目標

本時の目標を総括目標として示しています。単元冒頭ページとは異なり、各時間の内容により即した目標を示していますので、「授業の流れ」などと併せてご確認ください。

本時の主な評価

ここでは、各時間における評価について２種類に分類して示しています。それぞれの意味は次のとおりです。

○❶❷などの色付き丸数字が付いている評価

指導要録などの記録に残すための評価を表しています。単元冒頭ページにある「単元の流れ」の表に示された評価と対応しています。各時間の内容に即した形で示していますので、具体的な評価のポイントを確認することができます。

○「・」の付いている評価

必ずしも記録に残さない、指導に生かす評価を表しています。以降の指導に反映するための教師の見取りとして大切な視点です。指導との関連性を高めるためにご活用ください。

資料等の準備

ここでは、板書をつくる際に準備するとよいと思われる絵やカード等について、箇条書きで示しています。なお、💿の付いているものについては、本書付録の DVD にデータが収録されています。

本時案

おおきな　かぶ　1/6

本時の目標

・話の流れや登場人物を読み取ることができる。
・話を読んで、感想をもつことができる。

本時の主な評価

・話の流れを理解し、登場人物が出てくる順番を読み取っている。
・話のおもしろいところに気付き、感想を書くことができている。

資料等の準備

・挿絵
・登場人物のお面　💿17-01～07

6

かぶは　ぬけました。

3

かんそうを　かこう
・おもしろいと　おもった　こと
・ふしぎだなと　おもった　こと

P.76～77 の挿絵

授業の流れ ▷▷▷

1　「おおきな　かぶ」という題名から、どんな話か想起させ、教師の範読を聞く〈10分〉

○題名「おおきな　かぶ」や挿絵から話の内容を想像させ、話の内容に興味や期待感をもたせるようにする。
T　「おおきな　かぶ」はどんな話だと思いますか。
・大きなかぶの話。
・おじいさんがかぶを抜く話。
○範読を聞かせる際には、意識させたい観点を提示してから聞かせるようにする。
T　どんな話か、登場人物は何人でてくるのかを考えながら聞きましょう。

2　物語の場面や登場人物を出てきた順番に確認する〈25分〉

○教師の後に続いて全文を音読する。
○音読する際には、地の文と会話文（「　　」）があることを確認し、会話文を意識して音読できるようにする。
T　話の場面はどこですか。
・おじいさんの畑。
T　どんな話でしたか。
・おじいさんが大きなかぶを育てた話。
・みんなで力を合わせてかぶを抜く話。
T　登場人物は何人いましたか。それは誰ですか。出てきた順番に言いましょう。
・６人。
・おじいさん、おばあさん、まご、いぬ、ねこ、ねずみ。

おおきな　かぶ
204

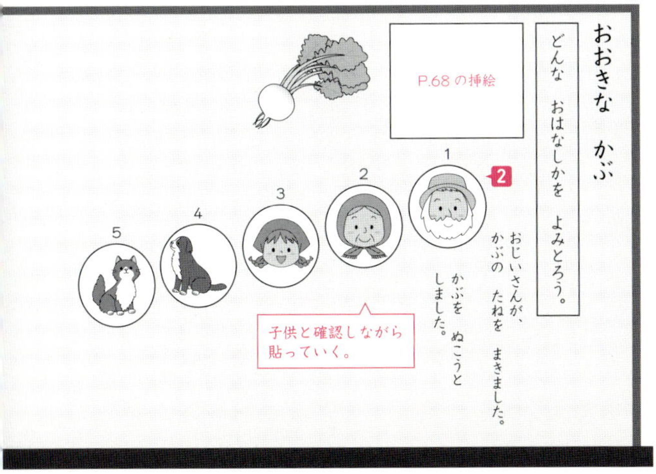

3 物語を読んだ感想を書く〈10分〉

○観点（おもしろいと思ったこと・不思議だなと思ったことなど）を示して感想を書かせるようにする。
・何回も「うんとこしょ、どっこいしょ。」と言っていておもしろい。
・なかなかかぶが抜けなくて、どきどきした。
・みんなでかぶを引っ張って、かぶが抜けてよかった。
・どうして、ねずみが引っ張ってかぶが抜けたのだろう。

よりよい授業へのステップアップ

範読の工夫

低学年の子供への教師の範読は、子供が話を理解したり、話の世界に浸ったりする手助けとなるため重要である。地の文と会話文の表現の違いが分かるように音読し、「誰が何をしたのか」「だれが何と言ったのか」など、登場人物の行動や話の展開を理解できるように工夫する。

掲示物の工夫

話の流れや登場人物の順番を理解できるように挿絵などの掲示物を効果的に使うようにしたい。

第1時
205

本時の板書例

子供たちの学びを活性化させ、授業の成果を視覚的に確認するための板書例を示しています。学習活動に関する項立てだけでなく、子供の発言例なども示すことで、板書全体の構成をつかみやすくなっています。

板書に示されている 1 2 などの色付きの数字は、「授業の流れ」の各展開と対応しています。どのタイミングで何を提示していくのかを確認し、板書を効果的に活用することを心掛けましょう。

色付きの吹き出しは、板書をする際の留意点です。実際の板書では、テンポよくまとめる必要がある部分があったり、反対に子供の発言を丁寧に記していく必要がある部分があったりします。留意点を参考にすることで、メリハリをつけて板書を作ることができるようになります。

その他、色付きの文字で示された部分は実際の板書には反映されない部分です。黒板に貼る掲示物などが当たります。

これらの要素をしっかりと把握することで、授業展開と一体となった板書を作り上げることができます。

よりよい授業へのステップ

ここでは、本時の指導についてポイントを絞って解説しています。授業を行うに当たって、子供がつまずきやすいポイントやさらに深めたい内容について、各時間の内容に即して実践的に示しています。よりよい授業づくりのために必要な視点を押さえましょう。

授業の流れ

1時間の授業をどのように展開していくのかについて示しています。

各展開例について、主な学習活動とともに目安となる時間を示しています。導入に時間を割きすぎたり、主となる学習活動に時間を取れなかったりすることを避けるために、時間配分もしっかりと確認しておきましょう。

各展開は、T：教師の発問や指示等、・：予想される子供の反応例、〇：留意点等の３つの内容で構成されています。この展開例を参考に、各学級の実態に合わせてアレンジを加え、より効果的な授業展開を図ることが大切です。

板書でみる全単元の授業のすべて
国語 小学校４年上
もくじ

1 第４学年における授業づくりのポイント

2 第４学年の授業展開

1

第 4 学年における
授業づくりのポイント

「主体的・対話的で深い学び」を目指す授業づくりのポイント

1 国語科における「主体的・対話的で深い学び」の実現

平成29年告示の学習指導要領では、国語科の内容は育成を目指す資質・能力の３つの柱の整理を踏まえ、〔知識及び技能〕と〔思考力、判断力、表現力等〕から編成されている。これらの資質・能力は、国語科の場合は言語活動を通して育成される。

つまり、子供の取り組む言語活動が充実したものであれば、その活動を通して、教師の意図した資質・能力は効果的に身に付くということになる。逆に、子供にとって言語活動がつまらなかったり気が乗らなかったりすると、資質・能力も身に付きにくいということになる。

ただ、どんなに言語活動が魅力的であったとしても、あるいは子供が熱中して取り組んだとしても、それらを通して肝心の国語科としての資質・能力が身に付かなければ、本末転倒ということになってしまう。

このように、国語科における学習活動すなわち言語活動は、きわめて重要な役割を担っている。その言語活動の質を向上させていくための視点が、「主体的・対話的で深い学び」ということになる。学習指導要領の「指導計画作成上の配慮事項」では、次のように示されている。

> 単元など内容や時間のまとまりを見通して、その中で育む資質・能力の育成に向けて、児童の主体的・対話的で深い学びの実現を図るようにすること。その際、言葉による見方・考え方を働かせ、言語活動を通して、言葉の特徴や使い方などを理解し自分の思いや考えを深める学習の充実を図ること。

ここにあるように、「主体的・対話的で深い学び」の実現は、「資質・能力の育成に向けて」工夫されなければならない点を確認しておきたい。

2 主体的な学びを生み出す

例えば、「読むこと」の学習では、子供の読む力は、何度も文章を読むことを通して高まる。ただし、「読みましょう」と教師に指示されて読むよりも、「どうしてだろう」と問いをもって読んだり、「こんな点を考えてみよう」と目的をもって読んだりした方が、ずっと効果的である。問いや目的は、子供の自発的な読みを促してくれる。

教師からの「〇場面の人物の気持ちを考えましょう」という指示的な学習課題だけでは、こうした自発的な読みが生まれにくい。「〇場面の人物の気持ちは、前の場面と比べてどうか」「なぜ、変化したのか」「AとBと、どちらの気持ちだと考えられるか」など、子供の問いや目的につながる課題や発問を工夫することが、主体的な学びの実現へとつながる

この点は、「話すこと・聞くこと」や「書くこと」の授業でも同じである。「まず、こう書きましょう」「書けましたか。次はこう書きましょう」という指示の繰り返しで書かせていくと、活動がいつの間にか作業になってしまう。それだけではなく、「どう書けばいいと思う？」「前にどんな書き方を習った？」「どう工夫して書けばいい文章になるだろう？」などのように、子供に問いかけ、考えさせながら書かせていくことで、主体的な学びも生まれやすくなる。

3 対話的な学びを生み出す

対話的な学びとして、グループで話し合う活動を取り入れても、子供たちに話し合いたいことがなければ、形だけの活動になってしまう。活動そのものが大切なのではなく、何かを解決したり考えたりする際に、1人で取り組むだけではなく、近くの友達や教師などの様々な相手に、相談したり自分の考えを聞いてもらったりすることに意味がある。

そのためには、例えば、「疑問（〇〇って、どうなのだろうね？）」「共感や共有（ねえ、聞いてほしいんだけど……）」「目的（いっしょに、〇〇しよう！）」「相談（〇〇をどうしたらいいのかな）」などをもたせることが有用である。その上で、何分で話し合うのか（時間）、誰と話し合うのか（相手）、どのように話し合うのか（方法や形態）といったことを工夫するのである。

また、国語における対話的な学びでは、相手や対象に「耳を傾ける」ことが大切である。相手の言っていることにしっかり耳を傾け、「何を言おうとしているのか」という意図など考えながら聞くということである。

大人でもそうだが、思っていることや考えていることなど、頭の中の全てを言葉で言い表すことはできない。だからこそ、聞き手は、相手の言葉を手がかりにしながら、その人がうまく言葉にできていない思いや考え、意図を汲み取って聞くことが大切になってくる。

聞くとは、受け止めることであり、フォローすることである。聞き手がそのように受け止めてくれることで、話し手の方も、うまく言葉にできなくても口を開くことができる。対話的な学びとは、話し手と聞き手とが、互いの思いや考えをフォローし合いながら言語化する共同作業である。対話することを通して、思いや考えが言葉になり、そのことが思考を深めることにつながる。

国語における対話的な学びの場面では、こうした言葉の役割や対話をすることの意味などに気付いていくことも、言葉を学ぶ教科だからこそ、大切にしていきたい。

4 深い学びを生み出す

深い学びを実現するには、言葉による見方・考え方を働かせ、言語活動を通して国語科としての資質・能力を身に付けることが欠かせない（「言葉による見方・考え方」については、次ページを参照）。授業を通して、子供の中に、言葉や言葉の使い方についての発見や更新が生まれるということである。

国語の授業は、言語活動を通して行われるため、どうしても活動することが目的化しがちである。だからこそ、読むことでも書くことでも、「どのような言葉や言葉の使い方を学習するために、この活動を行っているのか」を、常に意識して授業を考えていくことが最も大切である。

そのためには、例えば、学習指導案の本時の目標と評価を、できる限り明確に書くようにすることが考えられる。「〇場面を読んで、人物の気持ちを想像する」という目標では、どのような語句や表現に着目し、どのように想像させるのかがはっきりしない。教材研究などを通して、この場面で深く考えさせたい叙述や表現はどこなのかを明確にすると、学習する内容も焦点化される。つまり、本時の場面の中で、どの語句や表現に時間をかけて学習すればよいかが見えてくる。全部は教えられないので、扱う内容の焦点化を図るのである。焦点化した内容について、課題の設定や言語活動を工夫して、子供の学びを深めていく。言葉や言葉の使い方についての、発見や更新を促していく。評価についても同様で、何がどのように読めればよいのかを、子供の姿で考えることでより具体的になる。

このように、授業のねらいが明確になり、扱う内容が焦点化されると、その部分の学習が難しい子供への手立ても、具体的に用意することができる。どのように助言したり、考え方を示したりすればその子供の学習が深まるのかを、個別に具体的に考えていくのである。

「言葉による見方・考え方」を働かせる授業づくりのポイント

1 「言葉を学ぶ」教科としての国語科の授業

国語科は「言葉を学ぶ」教科である。

物語を読んで登場人物の気持ちについて話し合っても、説明文を読んで分かったことを新聞にまとめても、その言語活動のさなかに、「言葉を学ぶ」ことが子供の中に起きていなければ、国語科の学習に取り組んだとは言いがたい。

「言葉を学ぶ」とは、普段は意識することのない「言葉」を学習の対象とすることであり、これもまたあまり意識することのない「言葉の使い方」（話したり聞いたり書いたり読んだりすること）について、意識的によりよい使い方を考えたり向上させたりしていくことである。

例えば、国語科で「ありの行列」という説明的文章を読むのは、アリの生態や体の仕組みについて詳しくなるためではない。その文章が、どのように書かれているかを学ぶために読む。だから、文章の構成を考えたり、説明の順序を表す接続語に着目したりする。あるいは、「問い」の部分と「答え」の部分を、文章全体から見付けたりする。

つまり、国語科の授業では、例えば、文章の内容を読み取るだけでなく、文章中の「言葉」の意味や使い方、効果などに着目しながら、筆者の書き方の工夫を考えたりすることなどが必要である。また、文章を書く際にも、構成や表現などを工夫し、試行錯誤しながら相手や目的に応じた文章を書き進めていくことなどが必要となってくる。

2 言葉による見方・考え方を働かせるとは

平成29年告示の学習指導要領では、小学校国語科の教科の目標として「言葉による見方・考え方を働かせ、言語活動を通して、国語で正確に理解し適切に表現する資質・能力を次のとおり育成することを目指す」とある。その「言葉による見方・考え方を働かせる」ということついて、『小学校学習指導要領解説　国語編』では、次のように説明されている。

> 言葉による見方・考え方を働かせるとは、児童が学習の中で、対象と言葉、言葉と言葉との関係を、言葉の意味、働き、使い方等に着目して捉えたり問い直したりして、言葉への自覚を高めることであると考えられる。様々な事象の内容を自然科学や社会科学等の視点から理解することを直接の学習目的としない国語科においては、言葉を通じた理解や表現及びそこで用いられる言葉そのものを学習対象としている。このため、「言葉による見方・考え方」を働かせることが、国語科において育成を目指す資質・能力をよりよく身に付けることにつながることとなる。

一言でいえば、言葉による見方・考え方を働かせるとは、「言葉」に着目し、読んだり書いたりする活動の中で、「言葉」の意味や働き、その使い方に目を向け、意識化していくことである。

前に述べたように、「ありの行列」という教材を読む場合、文章の内容の理解のみを授業のねらいとすると、理科の授業に近くなってしまう。もちろん、言葉を通して内容を正しく読み取ることは、国語科の学習として必要なことである。しかし、接続語に着目したり段落と段落の関係を考えたりと、文章中に様々に使われている「言葉」を捉え、その意味や働き、使い方などを検討していくことが、言葉による見方・考え方を働かせることにつながる。子供たちに、文章の内容への興味をもたせるとともに、書かれている「言葉」を意識させ、「言葉そのもの」に関心をもたせることが、国語科の授業では大切となる。

3〔知識及び技能〕と〔思考力、判断力、表現力等〕

言葉による見方・考え方を働かせながら、文章を読んだり書いたりさせるためには、〔知識及び技能〕の事項と〔思考力、判断力、表現力等〕の事項とを組み合わせて、授業を構成していくことが必要となる。文章の内容ではなく、接続語の使い方や文末表現への着目、文章構成の工夫や比喩表現の効果など、文章の書き方に目を向けて考えていくためには、そもそもそういった種類の「言葉の知識」が必要である。それらは主に〔知識及び技能〕の事項として編成されている。

一方で、そうした知識は、ただ知っているだけでは、読んだり書いたりするときに生かされてこない。例えば、文章構成に関する知識を使って、今読んでいる文章について、構成に着目してその特徴や筆者の工夫を考えてみる。あるいは、これから書こうとしている文章について、様々な構成の仕方を検討し、相手や目的に合った書き方を工夫してみる。これらの「読むこと」や「書くこと」などの領域は、〔思考力、判断力、表現力等〕の事項として示されているので、どう読むか、どう書くかを考えたり判断したりする言語活動を組み込むことが求められている。

このように、言葉による見方・考え方を働かせながら読んだり書いたりするには、「言葉」に関する知識・技能と、それらをどう駆使して読んだり書いたりすればいいのかという思考力や判断力などの、両方の資質・能力が必要となる。単元においても、〔知識及び技能〕の事項と〔思考力、判断力、表現力等〕の事項とを両輪のように組み合わせて、目標／評価を考えていくことになる。先に引用した『解説』の最後に、「『言葉による見方・考え方』を働かせることが、国語科において育成を目指す資質・能力をよりよく身に付けることにつながる」としているのも、こうした理由からである。

4 他教科等の学習を深めるために

もう１つ大切なことは、言葉による見方・考え方を働かせることが、各教科等の学習にもつながってくる点である。一般的に、学習指導要領で使われている「見方・考え方」とは、その教科の学びの本質に当たるものであり、教科固有のものであるとして説明されている。ところが、言葉による見方・考え方は、他教科等の学習を深めることとも関係してくる。

これまで述べてきたように、国語科で文章を読むときには、書かれている内容だけでなく、どう書いてあるかという「言葉」の面にも着目して読んだり考えたりしていくことが大切であった。

この「言葉」に着目し、意味を深く考えたり、使い方について検討したりすることは、社会科や理科の教科書や資料集を読んでいく際にも、当然つながっていくものである。例えば、言葉による見方・考え方が働くということは、社会の資料集や理科の教科書を読んでいるときにも、「この言葉の意味は何だろう、何を表しているのだろう」と、言葉と対象の関係を考えようとしたり、「この用語と前に出てきた用語とは似ているが何が違うのだろう」と言葉どうしを比較して検討しようとしたりするということである。

教師が、「その言葉の意味を調べてみよう」「用語同士を比べてみよう」と言わなくても、子供自身が言葉による見方・考え方を働かせることで、そうした学びを自発的にスタートさせることができる。国語科で、言葉による見方・考え方を働かせながら学習を重ねてきた子供たちは、「言葉」を意識的に捉えられる「構え」が生まれている。それが他の教科の学習の際にも働くのである。

言語活動に取り組ませる際に、どんな「言葉」に着目させて、読ませたり書かせたりするのかを、教材研究などを通してしっかり捉えておくことが大切である。

学習評価のポイント

1　国語科における評価の観点

　各教科等における評価は、平成29年告示の学習指導要領に沿った授業づくりにおいても、観点別の目標準拠評価の方式である。学習指導要領に示される各教科等の目標や内容に照らして、子供の学習状況を評価するということであり、評価の在り方としてはこれまでと大きく変わることはない。

　ただし、その学習指導要領そのものが、「知識及び技能」「思考力、判断力、表現力等」「学びに向かう力、人間性等」の資質・能力の３つの柱で、目標や内容が構成されている。そのため、観点別学習状況の評価についても、この３つの柱に基づいた観点で行われることとなる。

　国語科の評価観点も、これまでの５観点から次の３観点へと変更される。

「(国語への）関心・意欲・態度」
「話す・聞く能力」
「書く能力」
「読む能力」
「(言語についての）知識・理解（・技能)」

→

「知識・技能」
「思考・判断・表現」
「主体的に学習に取り組む態度」

2　「知識・技能」「思考・判断・表現」の評価規準

　国語科の評価観点のうち、「知識・技能」と「思考・判断・表現」については、それぞれ学習指導要領に示されている〔知識及び技能〕と〔思考力、判断力、表現力等〕と対応している。

　例えば、低学年の「話すこと・聞くこと」の領域で、夏休みにあったことを紹介する単元があり、次の２つの指導事項を身に付けることになっていたとする。

・音節と文字との関係、アクセントによる語の意味の違いなどに気付くとともに、姿勢や口形、発声や発音に注意して話すこと。　〔知識及び技能〕(1)イ
・相手に伝わるように、行動したことや経験したことに基づいて、話す事柄の順序を考えること。　〔思考力、判断力、表現力等〕A 話すこと・聞くことイ

　この単元の学習評価を考えるには、これらの指導事項が身に付いた状態を示すことが必要である。したがって、評価規準は次のように設定される。

「知識・技能」	姿勢や口形、発声や発音に注意して話している。
「思考・判断・表現	「話すこと・聞くこと」において、相手に伝わるように、行動したことや経験したことに基づいて、話す事柄の順序を考えている。

　このように、「知識・技能」と「思考・判断・表現」の評価については、単元で扱う指導事項の文末を「〜こと」から「〜している」として置き換えると、評価規準を作成することができる。その際、単元で育成したい資質・能力に照らして、指導事項の文言の一部を用いて評価規準を作成する場合もあることに気を付けたい。また、「思考・判断・表現」の評価を書くにあたっては、例のように、冒頭に「『話すこと・聞くこと』において」といった領域名を明記すること（「書くこと」「読む

こと」も同様）も必要である。

3 「主体的に学習に取り組む態度」の評価規準

一方で、「主体的に学習に取り組む態度」の評価については、指導事項の文言をそのまま使うということができない。学習指導要領では、「学びに向かう力、人間性等」については教科の目標や学年の目標に示されてはいるが、指導事項としては記載されていないからである。そこで、「主体的に学習に取り組む態度」の評価規準は、それぞれの単元で、育成する資質・能力と言語活動に応じて、次のように作成する必要がある。

「主体的に学習に取り組む態度」の評価規準は、次の①〜④の内容で構成される（〈　〉内は当該内容の学習上の例示）。

①粘り強さ〈積極的に、進んで、粘り強く等〉
②自らの学習の調整〈学習の見通しをもって、学習課題に沿って、今までの学習を生かして等〉
③他の２観点において重点とする内容（特に、粘り強さを発揮してほしい内容）
④当該単元（や題材）の具体的な言語活動（自らの学習の調整が必要となる具体的な言語活動）

先の低学年の「話すこと・聞くこと」の単元の場合でいえば、この①〜④の要素に当てはめてみると、例えば、①は「進んで」、②は「今までの学習を生かして」、③は「相手に伝わるように話す事柄の順序を考え」、④は「夏休みの出来事を紹介している」とすることができる。

この①〜④の文言を、語順などを入れ替えて自然な文とすると、この単元での「主体的に学習に取り組む態度」の評価規準は、

「主体的に学習に取り組む態度」	進んで相手に伝わるように話す事柄の順序を考え、今までの学習を生かして、夏休みの出来事を紹介しようとしている。

と設定することができる。

4 評価の計画を工夫して

学習指導案を作る際には、「単元の指導計画」などの欄に、単元のどの時間にどのような言語活動を行い、どのような資質・能力の育成をして、どう評価するのかといったことを位置付けていく必要がある。評価規準に示した子供の姿を、単元のどの時間でどのように把握し記録に残すかを、計画段階から考えておかなければならない。

ただし、毎時間、全員の学習状況を把握して記録していくということは、現実的には難しい。そこで、ABC といった記録に残す評価活動をする場合と、記録には残さないが、子供の学習の様子を捉え指導に生かす評価活動をする場合との、二つの学習評価の在り方を考えるとよい。

記録に残す評価は、評価規準に示した子供の学習状況を、原則として言語活動のまとまりごとに評価していく。そのため、単元のどのタイミングで、どのような方法で評価するかを、あらかじめ計画しておく必要がある。一方、指導に生かす評価は、毎時間の授業の目標などに照らして、子供の学習の様子をそのつど把握し、日々の指導の工夫につなげていくことがポイントである。

こうした２つの学習評価の在り方をうまく使い分けながら、子供の学習の様子を捉えられるようにしたい。

板書づくりのポイント

1 縦書き板書の意義

国語科の板書のポイントの１つは、「縦書き」ということである。教科書も縦書き、ノートも縦書き、板書も縦書きが基本となる。

また、学習者が小学生であることから、板書が子供たちに与える影響が大きい点も見過ごすことができない。整わない板書、見にくい板書では子供たちもノートが取りにくい。また、子供の字は教師の字の書き方に似てくると言われることもある。

教師の側では、電子黒板やデジタル教科書を活用し、いわば「書かないで済む板書」の工夫ができるが、子供たちのノートは基本的に手書きである。教師の書く縦書きの板書は、子供たちにとっては縦書きで字を書いたりノートを作ったりするときの、欠かすことのできない手がかりとなる。

デジタル機器を上手に使いこなしながら、手書きで板書を構成することのよさを再確認したい。

2 板書の構成

基本的には、黒板の右側から書き始め、授業の展開とともに左向きに書き進め、左端に最後のまとめなどがくるように構成していく。板書は45分の授業を終えたときに、今日はどのような学習に取り組んだのかが、子供たちが一目で分かるように書き進めていくことが原則である。

黒板の右側　授業の始めに、学習日、単元名や教材名、本時の学習課題などを書く。学習課題は、色チョークで目立つように書く。

黒板の中央　授業の展開や学習内容に合わせて、レイアウトを工夫しながら書く。上下二段に分けて書いたり、教材文の拡大コピーや写真や挿絵のコピーも貼ったりしながら、原則として左に向かって書き進める。チョークの色を決めておいたり（白色を基本として、課題や大切な用語は赤色で、目立たせたい言葉は黄色で囲むなど）、矢印や囲みなども工夫したりして、視覚的にメリハリのある板書を構成していく。

黒板の左側　授業も終わりに近付き、まとめを書いたり、今日の学習の大切なところを確認したりする。

3 教具を使って

(1) 短冊など

画用紙などを縦長に切ってつなげ、学習課題や大切なポイント、キーワードとなる教材文の一部などを事前に用意しておくことができる。チョークで書かずに短冊を貼ることで、効率的に授業を進めることができる。ただ、子供たちが短冊をノートに書き写すのに時間がかかったりするなど、配慮が必要なこともあることを知っておきたい。

(2) ミニホワイトボード

グループで話し合ったことなどを、ミニホワイトボードに短く書かせて黒板に貼っていくと、それらを見ながら、意見を仲間分けをしたり新たな考えを生み出したりすることができる。専用のものでなくても、100円ショップなどに売っている家庭用ホワイトボードの裏に、板磁石を両面テープで貼るなどして作ることもできる。

⑶ 挿絵や写真など

物語や説明文を読む学習の際に、場面で使われている挿絵をコピーしたり、文章中に出てくる写真や図表を拡大したりして、黒板に貼っていく。物語の場面の展開を確かめたり、文章と図表との関係を考えたりと、いろいろな場面で活用できる。

⑷ ネーム磁石

クラス全体で話し合いをするときなど、子供の発言を教師が短くまとめ、板書していくことが多い。そのとき、板書した意見の上や下に、子供の名前を書いた磁石も一緒に貼っていく。そうすると、誰の意見かが一目で分かる。子供たちも「前に出た○○さんに付け加えだけど……」のように、黒板を見ながら発言をしたり、意見をつなげたりしやすくなる。

4 黒板の左右に

⑴ 単元の学習計画や本時の学習の流れ

単元の指導計画を子供向けに書き直したものを提示することで、この先、何のためにどのように学習を進めるのかという見通しを、子供たちももつことができる。また、今日の学習が全体の何時間目に当たるのかも、一目で分かる。本時の授業の進め方も、黒板の左右の端や、ミニホワイトボードなどに書いておくこともできる。

⑵ スクリーンや電子黒板

黒板の上に広げるロール状のスクリーンを使用する場合は、当然その分だけ、板書のスペースが少なくなる。電子黒板などがある場合には、教材文などは拡大してそちらに映し、黒板のほうは学習課題や子供の発言などを書いていくことができる。いずれも、黒板とスクリーン（電子黒板）という二つをどう使い分け、どちらにどのような役割をもたせるかなど、意図的に工夫すると互いをより効果的に使うことができる。

⑶ 教室掲示を工夫して

教材文を拡大コピーしてそこに書き込んだり、挿絵などをコピーしたりしたものは、その時間の学習の記録として、教室の背面や側面などに掲示していくことができる。前の時間にどんなことを勉強したのか、それらを見ると一目で振り返ることができる。また、いわゆる学習用語などは、そのつど色画用紙などに書いて掲示していくと、学習の中で子供たちが使える言葉が増えてくる。

5 上達に向けて

⑴ 板書計画を考える

本時の学習指導案を作るときには、板書計画も合わせて考えることが大切である。本時の学習内容や活動の進め方とどう連動しながら、どのように板書を構成していくのかを具体的にイメージすることができる。

⑵ 自分の板書を撮影しておく

自分の授業を記録に取るのは大変だが、「今日は、よい板書ができた」というときには、板書だけ写真に残しておくとよい。自分の記録になるとともに、印刷して次の授業のときに配れば、前時の学習を振り返る教材として活用することもできる。

⑶ 同僚の板書を参考にする

最初から板書をうまく構成することは、難しい。誰もが見よう見まねで始め、工夫しながら少しずつ上達していく。校内でできるだけ同僚の授業を見せてもらい、板書の工夫を学ばせてもらうとよい。時間が取れないときも、通りがかりに廊下から黒板を見させてもらうだけでも勉強になる。

〈第３学年及び第４学年　指導事項／言語活動一覧表〉

教科の目標

	言葉による見方・考え方を働かせ、言語活動を通して、国語で正確に理解し適切に表現する資質・能力を次のとおり育成することを目指す。
知識及び技能	(1) 日常生活に必要な国語について、その特質を理解し適切に使うことができるようにする。
思考力、判断力、表現力等	(2) 日常生活における人との関わりの中で伝え合う力を高め、思考力や想像力を養う。
学びに向かう力、人間性等	(3) 言葉がもつよさを認識するとともに、言語感覚を養い、国語の大切さを自覚し、国語を尊重してその能力の向上を図る態度を養う。

学年の目標

知識及び技能	(1) 日常生活に必要な国語の知識や技能を身に付けるとともに、我が国の言語文化に親しんだり理解したりすることができるようにする。
思考力、判断力、表現力等	(2) 筋道立てて考える力や豊かに感じたり想像したりする力を養い、日常生活における人との関わりの中で伝え合う力を高め、自分の思いや考えをまとめることができるようにする。
学びに向かう力、人間性等	(3) 言葉がもつよさに気付くとともに、幅広く読書をし、国語を大切にして、思いや考えを伝え合おうとする態度を養う。

〔知識及び技能〕

（１）言葉の特徴や使い方に関する事項

(1) 言葉の特徴や使い方に関する次の事項を身に付けることができるよう指導する。	
言葉の働き	ア 言葉には、考えたことや思ったことを表す働きがあることに気付くこと。
話し言葉と書き言葉	イ 相手を見て話したり聞いたりするとともに、言葉の抑揚や強弱、間の取り方などに注意して話すこと。 ウ 漢字と仮名を用いた表記、送り仮名の付け方、改行の仕方を理解して文や文章の中で使うとともに、句読点を適切に打つこと。また、第３学年においては、日常使われている簡単な単語について、ローマ字で表記されたものを読み、ローマ字で書くこと。
漢字	エ 第３学年及び第４学年の各学年においては、学年別漢字配当表*の当該学年までに配当されている漢字を読むこと。また、当該学年の前の学年までに配当されている漢字を書き、文や文章の中で使うとともに、当該学年に配当されている漢字を漸次書き、文や文章の中で使うこと。
語彙	オ 様子や行動、気持ちや性格を表す語句の量を増し、話や文章の中で使うとともに、言葉には性質や役割による語句のまとまりがあることを理解し、語彙を豊かにすること。
文や文章	カ 主語と述語との関係、修飾と被修飾との関係、指示する語句と接続する語句の役割、段落の役割について理解すること。
言葉遣い	キ 丁寧な言葉を使うとともに、敬体と常体との違いに注意しながら書くこと。
表現の技法	（第５学年及び第６学年に記載あり）
音読、朗読	ク 文章全体の構成や内容の大体を意識しながら音読すること。

＊…学年別漢字配当表は、『小学校学習指導要領（平成29年告示）』（文部科学省）を参照のこと

（２）情報の扱い方に関する事項

(2) 話や文章に含まれている情報の扱い方に関する次の事項を身に付けることができるよう指導する。	
情報と情報との関係	ア 考えとそれを支える理由や事例、全体と中心など情報と情報との関係について理解すること。
情報の整理	イ 比較や分類の仕方、必要な語句などの書き留め方、引用の仕方や出典の示し方、辞書や事典の使い方を理解し使うこと。

（３）我が国の言語文化に関する事項

(3) 我が国の言語文化に関する次の事項を身に付けることができるよう指導する。	
伝統的な言語文化	ア 易しい文語調の短歌や俳句を音読したり暗唱したりするなどして、言葉の響きやリズムに親しむこと。 イ 長い間使われてきたことわざや慣用句、故事成語などの意味を知り、使うこと。
言葉の由来や変化	ウ 漢字が、へんやつくりなどから構成されていることについて理解すること。
書写	エ 書写に関する次の事項を理解し使うこと。 (ア)文字の組立て方を理解し、形を整えて書くこと。 (イ)漢字や仮名の大きさ、配列に注意して書くこと。 (ウ)毛筆を使用して点画の書き方への理解を深め、筆圧などに注意して書くこと。
読書	オ 幅広く読書に親しみ、読書が、必要な知識や情報を得ることに役立つことに気付くこと。

〔思考力、判断力、表現力等〕

A　話すこと・聞くこと

	(1) 話すこと・聞くことに関する次の事項を身に付けることができるよう指導する。

話すこと	話題の設定 情報の収集 内容の検討	ア　目的を意識して、日常生活の中から話題を決め、集めた材料を比較したり分類したりして、伝え合うために必要な事柄を選ぶこと。
	構成の検討 考えの形成	イ　相手に伝わるように、理由や事例などを挙げながら、話の中心が明確になるよう話の構成を考えること。
	表現 共有	ウ　話の中心や話す場面を意識して、言葉の抑揚や強弱、間の取り方などを工夫すること。
聞くこと	話題の設定 情報の収集	【再掲】ア　目的を意識して、日常生活の中から話題を決め、集めた材料を比較したり分類したりして、伝え合うために必要な事柄を選ぶこと。
	構造と内容の把握 精査・解釈 考えの形成 共有	エ　必要なことを記録したり質問したりしながら聞き、話し手が伝えたいことや自分が聞きたいことの中心を捉え、自分の考えをもつこと。
話し合うこと	話題の設定 情報の収集 内容の検討	【再掲】ア　目的を意識して、日常生活の中から話題を決め、集めた材料を比較したり分類したりして、伝え合うために必要な事柄を選ぶこと。
	話合いの進め方の検討 考えの形成 共有	オ　目的や進め方を確認し、司会などの役割を果たしながら話し合い、互いの意見の共通点や相違点に着目して、考えをまとめること。
(2)　(1)に示す事項については、例えば、次のような言語活動を通して指導するものとする。		
	言語活動例	ア　説明や報告など調べたことを話したり、それらを聞いたりする活動。 イ　質問するなどして情報を集めたり、それらを発表したりする活動。 ウ　互いの考えを伝えるなどして、グループや学級全体で話し合う活動。

B　書くこと

(1)　書くことに関する次の事項を身に付けることができるよう指導する。	
題材の設定 情報の収集 内容の検討	ア　相手や目的を意識して、経験したことや想像したことなどから書くことを選び、集めた材料を比較したり分類したりして、伝えたいことを明確にすること。
構成の検討	イ　書く内容の中心を明確にし、内容のまとまりで段落をつくったり、段落相互の関係に注意したりして、文章の構成を考えること。
考えの形成 記述	ウ　自分の考えとそれを支える理由や事例との関係を明確にして、書き表し方を工夫すること。
推敲	エ　間違いを正したり、相手や目的を意識した表現になっているかを確かめたりして、文や文章を整えること。
共有	オ　書こうとしたことが明確になっているかなど、文章に対する感想や意見を伝え合い、自分の文章のよいところを見付けること。
(2)　(1)に示す事項については、例えば、次のような言語活動を通して指導するものとする。	
言語活動例	ア　調べたことをまとめて報告するなど、事実やそれを基に考えたことを書く活動。 イ　行事の案内やお礼の文章を書くなど、伝えたいことを手紙に書く活動。 ウ　詩や物語をつくるなど、感じたことや想像したことを書く活動。

C　読むこと

(1)　読むことに関する次の事項を身に付けることができるよう指導する。	
構造と内容の把握	ア　段落相互の関係に着目しながら、考えとそれを支える理由や事例との関係などについて、叙述を基に捉えること。 イ　登場人物の行動や気持ちなどについて、叙述を基に捉えること。
精査・解釈	ウ　目的を意識して、中心となる語や文を見付けて要約すること。 エ　登場人物の気持ちの変化や性格、情景について、場面の移り変わりと結び付けて具体的に想像すること。
考えの形成	オ　文章を読んで理解したことに基づいて、感想や考えをもつこと。
共有	カ　文章を読んで感じたことや考えたことを共有し、一人一人の感じ方などに違いがあることに気付くこと。
(2)　(1)に示す事項については、例えば、次のような言語活動を通して指導するものとする。	
言語活動例	ア　記録や報告などの文章を読み、文章の一部を引用して、分かったことや考えたことを説明したり、意見を述べたりする活動。 イ　詩や物語などを読み、内容を説明したり、考えたことなどを伝え合ったりする活動。 ウ　学校図書館などを利用し、事典や図鑑などから情報を得て、分かったことなどをまとめて説明する活動。

第４学年の指導内容と身に付けたい国語力

1 第４学年の国語力の特色

小学校第４学年は、情緒面、認知面での発達が著しく変化する時期である。また、自我が芽生え始めて、他者と比較することで自分自身について認識できるようになってくる。このような時期にあって、国語力というものを〔知識及び技能〕と〔思考力、判断力、表現力等〕、〔学びに向かう力、人間性等〕に分けて捉えるとするならば、それぞれ次のような特色があると考えることができる。

〔知識及び技能〕においては、言葉について抽象的なことを表す働きがあることを気付いていく。低学年までは目の前で見たことを言葉で認識していたが、中学年では頭で考えたことや思ったことを言葉にするという、言葉のもつ働きに関して知識や技能の発達を促していく必要がある。また、生活経験の広がりから、語彙が増加する傾向にあるが、正しく理解し適切に表現しょうとする意識は高くない。学習場面において、意識付けていくことが必要である。

〔思考力、判断力、表現力等〕においては、個々にある対象の世界を広く認識するという思考や判断が求められるようになる。それは、自分と他者の比較という情緒面の発達にも共通するところはあるだろう。読むことに関連して言えば、物語なら場面と場面をつないで読む力であったり、説明文なら段落と段落の関係に注意して読む力であったりと、物事の関係性から物事を考えたり判断したりするということが必要になる。

〔学びに向かう力、人間性等〕においては、「言葉のもつよさに気付く」「幅広く読書」が、学習指導要領には示されている。国語科は、言葉を学ぶ教科でもあり、言葉で学ぶ教科でもある。言葉で学ぶという面から言えば、言葉のもつよさに気付くということであり、言葉で学ぶという面から言えば、読書に限らず幅広く言葉に触れる、親しむ、向き合うという授業や学習を展開していく必要がある。

2 第４学年の学習指導内容

〔知識及び技能〕

全学年に共通している目標は、

> 日常生活に必要な国語の知識や技能を身に付けるとともに、我が国の言語文化に親しんだり理解したりすることができるようにする。

である。さらに、学習内容については、次のように示されている。

(1) 言葉の特徴や使い方に関する事項

ア　言葉の働き…考えたことや思ったことを表す働き

イ　話し言葉…相手を見て話したり聞いたり、言葉の抑揚や強弱、間の取り方

ウ　書き言葉…漢字と仮名を用いた表記、送り仮名の付け方、改行の仕方、句読点の打ち方

エ　漢字の読みと書き…202字の音訓読み、文や文章での使用、都道府県に用いる漢字25字の配当（茨、媛、岡、潟、岐、熊、香、佐、埼、崎、滋、鹿、縄、井、沖、栃、奈、梨、阪、阜）

オ　語彙…様子や行動、気持ちや性格を表す語句

カ　文や文章…主語と述語の関係、修飾と被修飾との関係、指示する語句と接続する語句の関係、段落の役割

キ　言葉遣い…丁寧な言葉、敬体と常体の違い

ク　音読…文章全体の構成や内容の大体の意識

⑵　情報の扱い方に関する事項

ア　考えとそれを支える理由や事例、全体と中心などの情報と情報との関係

イ　比較や分類の仕方、メモ、引用や出典の示し方、辞書や事典の使い方

⑶　我が国の言語文化に関する事項

ア　易しい文語調の短歌や俳句の音読や暗唱を通した言葉の響きやリズムへの親しみ

イ　ことわざや慣用句、故事成語

ウ　漢字のへんやつくりなどの構成

エ　書写

オ　幅広い読書

これらの学習内容について、〔知識及び技能〕と〔思考力、判断力、表現力等〕を一体となって働かせるように指導を工夫する必要がある。

⑴に関しては、主に言葉の特徴や使い方に関わり、言葉を使って話すときや書くときに留意することから、漢字と仮名を用いた表記、送り仮名の付け方、改行の仕方、句読点の打ち方を理解することと、文や文章の中で適切に使えることについて指導することが大切である。したがって、話すことと書くことの学習指導と関連させて取り組むことが必要となる。語彙については、「様子や行動、気持ちや性格を表す語句の量を増」すことが重点となっている。文学的文章を読むときや物語文を書くとき、詩を読んだり創作したりするときに意識的に学習に取り入れていくことが求められる。「言葉による見方・考え方を働かせ」るということが教科目標の冒頭部分にあることからも、国語科では、言葉を通じて理解したり表現したりしていることの自覚を高められるような学習内容にしていきたい。

⑵に関しては、情報化社会に対応できる能力を育む項目として、注目されるところでもある。情報を取り出したり、情報同士の関係を分かりやすくして、情報を自分の考えの形成に生かすことができるようにしたい。そのために、４年生では、情報と情報との関係を理解するために、「話すこと・聞くこと」、「書くこと」、「読むこと」を通して、なぜそのような考えをもつのか理由を説明したり、考えをもつようになった具体的な事例を挙げたりすることや、中心を捉えることで全体をより明確にすることを指導する。情報の整理ができるようにするために、複数の情報を比べることが比較であることや複数の情報を共通点などで分けることが分類であることを指導し、学習用語としても活用できるようにしたい。また、自分の考えを形成するためには、自分の知識以上のことが必要となる。そのためには、ある情報を引用する。自分の考えが正しい情報を基にしているかどうかや情報の新しさについて、情報の送り手として伝える必要があるため、出典の示し方も大切な指導事項である。辞典や事典を使って調べる活動、調べたことを発表する活動と合わせて指導していきたい。

⑶に関しては、伝統的な言語文化、言葉の由来や変化、書写、読書という構成になっている。伝統的な言語文化については、文語調の独特な調子や短歌や俳句の定型的なリズム、美しい言葉の響きを知ることで、我が国の言葉が語り継がれてきた伝統や歴史のあることを考えたり、または、音読して声に出すことでそれらのよさを実感したりすることが大切である。ことわざや慣用句、故事成語などの言葉を知ることは、言葉の働きや語彙と関連して、日常生活でも使うことの楽しさを味わわせたい。言葉の由来や変化については、漢字の学習を関連して指導することで、漢字の意味や言葉への興味や関心を高めることができる。４年生は、読書する本や文章も、個人差が生じてくる。友達同士の本の紹介等を通して、幅広く読書することや読書によって様々な知識や情報が得られることに気付かせていきたい。

〔思考力、判断力、表現力等〕

第３学年及び第４学年の目標は、

筋道立てて考える力や豊かに感じたり想像したりする力を養い、日常生活における人との関わりの中で伝え合う力を高め、自分の思いや考えをまとめることができるようにする。

である。したがって、「話すこと・聞くこと」「書くこと」「読むこと」において、筋道を立てて考える力を育成すること、その考えや思いをまとめることを重点的に指導していくことになる。そして、これらの指導事項は、言語活動を通して指導していくことになる。

①A 話すこと・聞くこと

第４学年では、話の中心が明確になるように話したり聞いたりすることが重要である。その上で、自分の考えや思いをもてるようにする。そのためには、〔知識及び技能〕と関連を図り、自分がそう考えた理由であったり、具体的な事例であったりを挙げること、相手意識や目的意識を子供が明確にもてるように言語活動を工夫することが必要となる。したがって、話すことでは、取材や構成の段階で、相手に分かりやすいように筋道を立てて話すように必要な事柄を集めたり選んだりすることや、話の構成を考えることが大切である。聞くことでは、目的に応じて必要なことを記録したり質問したりして聞く姿勢が求められる。このような話し手や聞き手の姿は、話し合うことでも司会などの役割を担う上で必要となる。さらに司会や議長などの役割も大切だが、話し合いの参加者という意識をもつことも大切であり、グループや学級全体の問題解決等に向けて主体的に話し合う姿を期待する。

②B 書くこと

「話すこと・聞くこと」と同様に、「書くこと」においても、書くことについての情報収集や情報の整理、相手や目的を意識しながら課題に取り組むことが重要である。４年生は、特に、書きたいことの中心に気を付けながら文章全体の構成に意識を向けられるように指導したい。そのためには、段落意識を持てるようにすることが大切である。例えば、一文ごとに改行してしまうような文章を書く子供は、内容のまとまりを考えられていない。その場合は、一文と一文のつながりの関係を明確にする指導が必要である。それが、内容のまとまりである。いくつかの文が集まって内容としてまとまりをもつということを読むことと関連して指導しなければならない。段落意識をもててはじめて、段落相互の関係に気を付けて構成を考えるということができる。文と文のつながり、内容のまとまりとしての段落、段落相互の関係が理解できることは、３・４年生の目標にある「筋道を立てて考える力」を養う上で重要な学習過程である。また、自分や友達の文章を読み合い、自分が書こうとしたことや友達が書きたかったことが明確に伝わる文章であるかについて感想や意見を伝え合えるようにして、自分や友達の文章のよさや自己評価を適切にする力も付けていきたい。

③C 読むこと

「読むこと」は、説明的な文章と文学的な文章とで、構造と内容の把握、精査・解釈がはっきりと分かれて示された。そして、「話すこと・聞くこと」、「書くこと」と同じように、読んで自分の感想や考えをもつということが考えの形成に示されている。これらの学習過程に順序性はないが、自分の考えをもつには、筆者の考えとそれを支える理由や事例との関係を読み取ったり、登場人物の行動や気持ちを具体的に想像したりすることが必要である。そして、自分の考えをグループや学級全体で共有することによって、一人一人の感じ方などに違いがあるということに気付くことを促していく。第４学年の特色としても挙げたが、他者を意識するようになる発達段階であり、自分の考えをもつことの大切さを認識するとともに、他者の考えから学ぶという姿勢も、高学年において目標となる自分の考えを広げるということに向かう上で重要となる。

3 第４学年における国語科の学習指導の工夫

第４学年は、中学年から高学年へ成長する過渡期である。「十歳の壁」という言葉で知られているように、子供の内面が大きく変わる時期と言われている。学習においても、今までより幅広く深く考える姿が見られるようになってくる。このような時期に、どのような言葉の学びができるか、どのような学習環境にいるかは、子供たちの今後の成長に大きく関わってくる。３年生までの学習を振り返りつつ、高学年へとつながる国語の授業を考える必要がある。

①話すこと・聞くことにおける授業の工夫について

【メモをもとに話すこと・メモを取りながら聞くこと】 スピーチをする場面を想定したとき、原稿を書いて読み上げる活動が考えられる。第４学年では、ただ原稿を読むだけでなく、メモを基にして話せるようにしたい。まず、メモを書く段階では、自分が言いたいことをはっきりさせて、必要なことだけ書く必要がある。話すときには、メモを見ながら話を膨らませていく。

聞く立場では、メモを取りながら聞く力を養っていきたい。メモを取るためには、話し手の言いたいことの中心を注意深く聞き取る必要がある。継続的に取り組むことで、話し手の意図を捉えることができるようになってくる。

【相手意識をもって話すこと・聞くこと】 スピーチでも授業中の発言においても、相手意識をもって話すことが、高学年へとつながる言葉の力となる。話し手は聞き手の反応を見ながら、提示物を示したり間を取ったりする。聞き手は、話し手の方を見て聞き、うなずきや同意のつぶやき等のリアクションを示すことが考えられる。

相手意識をもつためには、人前で話す経験を重ねることが必要である。なかなか聞き手を意識して話すことができない子供は、まずは少人数で話すことで場慣れしていくための環境を設定していくことも考慮できるとよい。

【理由や事例を挙げながら話す】 自分の考えをただ話すだけでなく、なぜそのように考えるのか、その理由を話すことで話に説得力が出てくる。学校生活の改善についてスピーチする場合は、日常生活から理由を考えることができるし、登場人物の心情を考えるときには、叙述から考えの理由を探し出すことができる。

具体的な事例を挙げながら話すことも重要である。「私はこのクラスをもっとよくするための活動をしたいと思います。例えば…」といったように、事例を示すことは話し手を引き付けるためにも有効である。

②書くことにおける授業の工夫について

【段落相互の関係に注意して、文章全体を構成する】 段落を意識して書かれた文章は読みやすく、また書き手の言いたいことも伝わりやすい。話のまとまりごとに段落を区切っていくことは、第４学年の書く活動において、改めて指導することが大切である。一つの段落があまりに長くなっていないか、また、不自然に段落が変わっていないか、子供が自分で見直すことが、高学年での推敲にもつながっていく。

【事実と考えの違いを明確にする】 事実は書かれているが、書き手の考えが見当たらないということにならないよう、事実と考えの違いをはっきりさせて書けるようにしたい。集めた題材から書きたいことを選び、自分がその題材に対してどのように考えているのかを文字として表す。そのことによって、自分の考えを見直すこともできる。
　また、自分の考えばかりにならないように、事実と考えのバランスも取れるように子供が考えられるようにもしたい。

【互いに書いた文章を読み、感想を伝え合う】書いた文章はそのままにせず、子供同士で読み合える活動を設定する。読んだら感想を伝え合う。子供にとって、自分が表現したことに対する感想を言ってもらうことはうれしいものである。学級の実態に応じて「よかったこと・アドバイス・自分の考えと比べてみて」と、感想を伝え合うときの観点を示すことも必要である。
　感想の伝え方は、口頭でもよいし、ワークシートや付箋を使うなど、様々な方法がある。

③読むことにおける授業の工夫について

【音読の工夫】第４学年における音読では、文章全体の内容を把握することや登場人物の心情を想像しながら読めるようにする。そのためには、単元の冒頭で音読することに加え、毎時間読むことや読解の後に音読していくことも考えられる。
　登場人物の心情や情景を想像しながら音読を工夫することで、高学年での朗読にもつながるようにしていきたい。

【叙述を基に読む】物語文で登場人物の心情を考えるときには、叙述を基にすることを重視する。「ごんは兵十に気付いてほしかったんだと思う。本文の○ページにこう書いてあるから・・・」というように、なぜそのように考えられるか、根拠を明確にして読む力を育んでいく。
　説明文においても、筆者の考えに対しての考えを述べるときには、本文のどこから考えられるのかをはっきりと言えるようにしていく。

【文章を読んだ感想や意見を共有する】読むことにおける感想や意見を共有する。共有することで、互いの考えの同じところや違うところに気付くことができる。「あの友達が自分と同じことを考えていたとは意外だった」「みんな同じようなことを考えていると思ったけど、違う考えもあるのだな」「その考えは全然思いつかなかった」など、共有することで自分の考えが広がったり深まったりすることの経験は、今後の学びへとつながっていく。

④語彙指導や読書指導などにおける授業の工夫について

【他教科・日常生活にも生かせる語彙を学ぶ】様子や行動、気持ちを表す言葉を国語の授業の中で考える時間を設ける。子供からはたくさんの言葉が出てくる。それらを国語の授業だけに閉じず、他教科や日常生活にも生かすことを意識させたい。「気持ちを表す言葉」を多く知っていれば、友達同士でトラブルが発生したときに生かせる。また、様子を表す言葉を知っていれば理科で植物の観察をしたときの表現の幅が広がる。このように、学びの根底を支えられるような国語の授業も教師が意図的に行っていくことが重要である。

【様々な種類の本を読むこと】第４学年になると、好きな本のジャンルが決まっている子供もいる。物語・図鑑・伝記など、本には様々な種類があり、必要に応じて本を選ぶことも第４学年の国語でできるようにしたい。そのために、本の紹介やビブリオバトルなどの活動を取り入れ、本のおもしろさを子供が実感できるような工夫をする。図書室に行って、自分がふだん読まないような本を手に取ってみる時間を設定することも有効である。

2

第 4 学年の授業展開

言葉のじゅんび運動

こんなところが同じだね　1時間扱い

〔知識及び技能〕(1)オ　〔思考力、判断力、表現力等〕A話すこと・聞くことエ

単元の目標

・二人組や少人数グループの友達と自分の共通点を見つけられるように、相手に質問したり自分で話したりすることができる。

評価規準

知識・技能	❶様子や行動、気持ちや性格を表す語彙の量を増やし、会話の中で使っている。(〔知識及び技能〕(1)オ)
思考・判断・表現	❷「話すこと・聞くこと」において、必要なことを記録したり質問したりしながら聞き、話し手が伝えたいことや自分が聞きたいことの中心を捉え、自分の考えをもっている。(〔思考力、判断力、表現力等〕Aエ)
主体的に学習に取り組む態度	❸進んで日常生活の中から話題を決め、積極的に質問しようとしたり話そうとしたりして、互いの共通点を見つけようとしている。

単元の流れ

時	主な学習活動	評価
1	学習の見通しをもつ 自分と友達の共通点を探す活動をすることを知り、質問したり話したりするための項目について全体で話し合う。 ペアになって友達と1分ずつ、決まった項目（好きなことや得意なこと等）について自分のことを話したり質問したりする。 少人数（4人1組程度）のグループになって、決まった項目（好きなことや得意なこと等）について伝え合う。 学習を振り返る グループの共通点について発表し合う。	❶❷ ❸

授業づくりのポイント

〈単元で育てたい資質・能力〉

本単元のねらいは、話し手と聞き手の双方の立場になることから伝え合う力を育むことである。

そのために、単元の流れにおいても、自分と友達の互いの共通点を知ることを目的に活動するということを教師と子供、子供間で共通理解して進めるようにしている。４年生の最初の学習活動となることを想定しているが、学級替えがあった場合は、相手のことをよく知ったり自分のことをよく知ってもらったりする機会になる。学級替えがない場合でも、普段はあまり話をしない相手とも、学習を通して知る機会になる。そのような機会に、積極的に自分のことを話したり相手のことを聞いたりするのは、意味のあることであり、必要感をもって学習に臨ませたい。

したがって、本単元で育てたい資質・能力としては、「話すこと・聞くこと」の技能面よりも、言葉・会話を通して、人と積極的に関わるという態度を育てるという意識を教師側はもっておくことが必要である。その上で、自分との共通点を知るために聞くということが大切である。相手の話を聞いて共通点を見つける力と同時に、共通点となりそうなことを聞き出す力も必要になる。相手のことをよく知るために質問することが、人と積極的に関わるという態度の育成にもつながる。

具体例

○例えば、「好きなこと」でゲームが好きであることが同じだったとする。そこで終わりにせずに、「どんなゲームが好きなの？」という質問ができるようにしたい。好きなゲームが同じであった場合、そのゲームについて「どのキャラクターが好きなの？」「どういう場面が好きなの？」というように「好きなこと」が掘り下げられるような聞き方の指導を活動の前に入れておくとよい。

〈言語活動の工夫〉

教科書にも記載があるが、「もっと楽しもう」ということで、グループの人数を増やしたりテーマを決めて共通点を見つけたりするという言語活動も考えられる。これらの言語活動は、授業として行うこともできるし、朝学習などで取り組むことも可能である。その際に、「情報」を記録し集めるということのよさを実感させたい。

具体例

○例えば、右の表は、縦軸が子供の名前で、横軸が好きなことである。この場合は、テーマをスポーツに限定している。好きなことは、食べ物でもできるし、好きな本や作家でもできる。テーマを限定して、回数を重ねれば学級全員の情報を共有できる。テーマごとに集計するグループをつくって、好きなことの集計表にするというのもいいだろう。ただ、教師が一方的に「こうしましょう」というのではなく、子供と相談しながら、どんなことを知りたいか、どのようにまとめ、発表するのかを考えていくのもよい。

好きなこと（スポーツ）／人	サッカー	テニス	バスケット	野球
A		○		
B	○			
C			○	
D				○
E		○		
F	○			

みんなの好きなこと（スポーツ）メモ

本時案

こんなところが同じだね　1/1

本時の目標

・２人組や少人数グループの友達と自分の共通点を見つけられるように、相手に質問したり自分で話したりすることができる。

本時の主な評価

❶様子や行動、気持ちや性格を表す語句の量を増し、会話の中で使っている。【知・技】
❷必要なことを記録したり質問したりしながら聞き、話し手が伝えたいことや自分が聞きたいことの中心を捉え、自分の考えをもっている。【思・判・表】
❸進んで日常生活の中から話題を決め、２人１組や４人１組で話し合って、互いの共通点を見つけようとしている。【態度】

資料等の準備

・話し方・質問の仕方のモデル　01-01
・メモ用紙　01-02

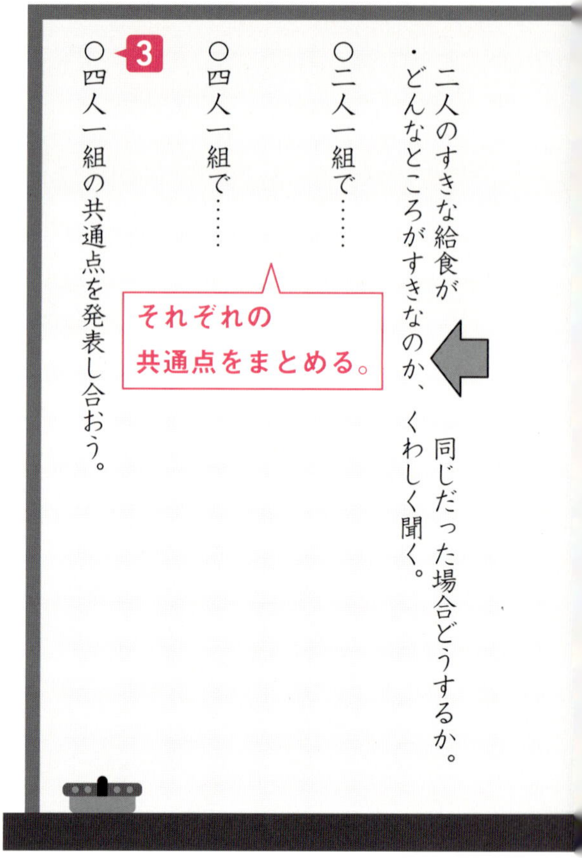

授業の流れ ▷▷▷

1　２人１組で話したり質問したりして共通点を見つける　〈10分〉

○自分と友達の共通点を探す活動をすることを知り、質問したり話したりするための項目について全体で話し合う。

T　新しい友達は、できましたか。今日は、自分のことを話したり、友達に質問したりして、互いの共通点や違う点を見つけましょう。

○友達のどんなことを知りたいか、どんなことであれば共通点や違いが見つかるかを挙げさせて、いくつかの項目について話したり質問したりするとよい。

○４人１組のグループで、２人１組ずつつくり、決まった項目について話し合い、メモを利用しながら共通点や違いを見つける。

2　４人１組になって、共通点を見つける　〈20分〉

○２人１組で行った話し合いの活動をもとにして、４組で共通点を見つける。

T　２人１組での活動では、共通点や違いについて見つかりましたか。

・好きなスポーツは同じだったけど、好きな選手は違いました。

T　次は、４人１組で話し合って、共通点や違う点を見つけてみましょう。

○メンバーを替えたり、項目を変えたりして、活動する。

こんなところが同じだね

友だちとの共《きょう》通点やちがいを見つけ合おう。

1 友だちのどんなことを知りたいか。（テーマ）

① すきな遊び（しゅ味）
② すきな色
③ すきな給《きゅう》食
④ すきな本
⑤ 休みの日のすごし方
⑥ すきな動物
⑦ すきなテレビ番組
⑧ すきな教科
⑨ すきな曲（歌手）
⑩ すきなスポーツ

テンポよくまとめていく。

2 自分と友だちの共通点やちがいの見つけ方

○どのように話したりしつ問したりすればいいか。

Aさん　ぼくのすきな遊びは、まんがをかくことです。
Bさん　わたしのすきな遊びは、公園でぶらんこに乗ることです。

二人のすきな遊びがちがった場合どうするか。

・他のテーマにして、話題をかえる。

Aさん　ぼくのすきな給食は、あげパンです。
Bさん　わたしのすきな給食もあげパンです。

3 四人一組（グループ）の共通点を発表し合う　〈15分〉

T　それでは、グループの共通点を発表し合いましょう。

○共通点だけでなく、違いについても発表できるよう、教師が発表のモデルを示すのもよい。

・ぼくたちのグループでは、みんなスポーツが好きだということが分かりました。

・しかし、好きなスポーツの種類は違いました。

・BさんとFさんは、サッカーが好きなところが共通していて、AさんとEさんは、テニスが好きなところが共通していました。

よりよい授業へのステップアップ

「何が」より「どんな」を質問する

子供に質問をさせると、例えば「好きな食べ物は何ですか」という質問になる。答えるほうは、「すしです」と答えて終わってしまう。したがって、「どんなすしが好きですか」というように、内容を掘り下げる質問ができるようにしたい。

今後の学習につなげる

話し合いをして、共通点や相違点が出ることは、これからの学習でも起こることである。折を見て、話し合い後には、共通点と相違点を整理して発表するということを継続していきたい。

資料

1 話し方・質問の仕方のモデル 01-01

年　組　名前（　　　　　　　　）

①すきなものがちがう場合

Aさん　ぼくのすきな遊びは、まんがをかくことです。

Bさん　わたしのすきな遊びは、公園でぶらんこに乗ることです。

他の話題にして、話をかえる

②すきなものが同じ場合

Aさん　ぼくのすきな給《きゅう》食は、あげパンです。

Bさん　わたしのすきな給食もあげパンです。

どんなところがすきか、くわしく聞く

2 メモ用紙 01-02

こんなところが同じだね　メモ

年　組　名前（　　　　　　　　）

友だちとの共《きょう》通点やちがいについて、メモを取って聞いてみよう

話題

共通点	ちがう点

みんなにしょうかいすること

春のうた　1時間扱い

〔知識及び技能〕(1)ク　〔思考力、判断力、表現力等〕C読むことエ

単元の目標

・場面の様子を思い浮かべたり、かえるの気持ちや情景を想像したりしながら音読することができる。

評価規準

知識・技能	❶詩全体において、構成や内容の大体を意識しながら音読している。(〔知識及び技能〕(1)ク)
思考・判断・表現	❷「読むこと」において、かえるの気持ちや情景について、場面の移り変わりと結び付けて具体的に想像している。(〔思考力、判断力、表現力等〕Cエ)
主体的に学習に取り組む態度	❸進んで音読したり、かえるの気持ちや情景を具体的に想像したりしようとしている。

単元の流れ

時	主な学習活動	評価
1	**学習の見通しをもつ** 「ケルルン　クック」を音読したり、輪読したりして、どんな情景が思い浮かんだかを発表し合う。 「春のうた」全体を音読したり群読したりして、場面の様子やかえるの気持ちを想像する。 **学習を振り返る** 「春のうた」から想像できたことや感想を伝え合う。	❶❷ ❸

授業づくりのポイント

〈単元で育てたい資質・能力〉

本単元のねらいは、春になり地上に出たかえるの気持ちを想像したり、想像した場面の様子や気持ちを意識したりしながら音読する力を育むことである。

そのために、声に出して読むことを中心に学習活動を展開する。始めに、「ケルルン　クック」という言葉から音読するのは、声に出して読むことを楽しむためにある。最初のうちは、何を言い表しているか子供は分からないだろう。繰り返し声に出して読んでいくと子供も「かえるの鳴き声のようだ」と気付き始める。気付いたところで、かえるがどんな気持ちなのかや、どんな場面で鳴いているのかということを想像してもよい。このように、言葉から気持ちや場面の様子を想像する楽しさを味わうことができる。

さらに、教科書を開き、「春のうた」を紹介する。ここでは、すでに地上に出た瞬間のかえるの視点になって読まれていることを確認する。地下の暗い世界と地上の明るい世界を五感を使って対比的に捉えながら、かえるの気持ちを想像することができる。

具体例

○地上に出た最初の一言が「ほっ　まぶしいな。」であることに着目すると、地下は暗かったことが分かる。また「ほっ　うれしいな。」と続くことから、地上に出られたことがうれしいことが分かる。そして「ほっ」にも「おっ」という驚きのような意味があったり、「おっ」とは違うやわらかさがあったりと言葉の一つ一つに着目することで、かえるの気持ちが想像できるだろう。さらに、水の感じや風の音、空気のにおいに感動していたり、近くから遠くへ視線が動いていたりすることも想像していけると、声とともに体や表情まで付けて音読することができる。

〈言語活動の工夫〉

音読の仕方には、1人読みから2人読み、少人数読み、大人数読みというように人数を増やしていったり読む箇所によって人数を変えたりする群読がある。輪読と合わせて、音読の仕方の工夫に位置付けると、本単元に限らず、他の詩や文章を読むときにも楽しく音読することができる。

具体例

○群読の例を挙げる。例えば、4グループあるとする。人数は4人から10人程度なら息は合う。第1グループが「ほっ　まぶしいな。」、第2グループが「ほっ　うれしいな。」、第3グループが「みずは　つるつる。」、第4グループが「かぜは　そよそよ。」とそれぞれの行を読んだ後、第3連「ケルルン　クック。／ああいいにおいだ。／ケルルン　クック。」を全員で読む。また、第1グループは、「ほっ　まぶしいな。」を読んだ後、すべての行を読んでいくという方法もある。

本時案

春のうた

1/1

本時の目標

・かえるの気持ちや情景について意識しながら音読することができる。

本時の主な評価

❶詩全体において、構成や内容の大体を意識しながら音読している。【知・技】
❷かえるの気持ちや情景について、具体的に想像している。【思・判・表】
❸進んで音読したり、かえるの気持ちや情景を具体的に想像したりしようとしている。【態度】

資料等の準備

・地上に出たかえるの絵 02-01
・地下にいるかえるの絵 02-02

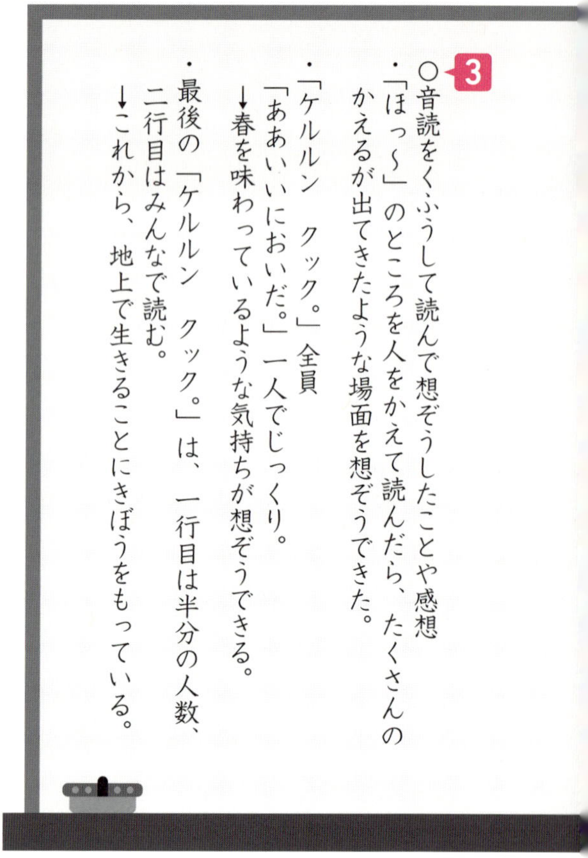

3
○音読をくふうして読んで想ぞうしたことや感想
・「ほっ～」のところを人をかえて読んだら、たくさんの
かえるが出てきたような場面を想ぞうできた。
・「ケルルン　クック。」全員
「ああいいにおいだ。」一人でじっくり。
↓春を味わっているような気持ちが想ぞうできる。
・最後の「ケルルン　クック。」は、一行目は半分の人数、
二行目はみんなで読む。
↓これから、地上で生きることにきぼうをもっている。

授業の流れ ▷▷▷

1 「ケルルン　クック」だけを音読して情景を語る 〈10分〉

○「ケルルン　クック」という言葉だけを音読し、どのような情景が想像できるかを発表し合う。

T 「ケルルン　クック。」を声に出して読んでみましょう。1・2班が先に読んで、3・4班は後に読みますよ。交互に読んでみましょう。どんなことが想像できるかな。

・交互に読むと、言い争いをしているみたいです。
・続けて読むと、かえるの鳴き声のように聞こえてきます。

○様々な方法を試して音読する。

2 「春のうた」を音読し、情景を想像する 〈25分〉

○「春のうた」全体を音読し、場面の様子やかえるの気持ちを想像する。

T この「ケルルン　クック。」は「春のうた」という詩の中の1文なのですが、今日は、音読を工夫して、「春のうた」から場面の様子やかえるの気持ちを想像してみましょう。

・かえるは、冬の間、早く春にならないかなと思っていたから、春になってうれしい気持ちなんじゃないかな。
・じゃあ、うれしい気持ちを表すには、どういうふうに音読すればいいかな。

春のうた

1 「ケルルン　クック。」
「ケルルン　クック。」
交ごに読んだり、続けて読んだりすると、どんなふうに聞こえるか。
・言いあらそっているみたい。
・かえるの鳴き声のようだ。

テンポよくまとめていく。

2 音読をくふうして、「春のうた」を読んで、場面の様子やかえるの気持ちを想ぞうしよう。

・冬の間、暗い土の中にいたから地上に出られてうれしい。
・春の水や風が気持ちいい。
・「ケルルン　クック。」が歌っているみたい。

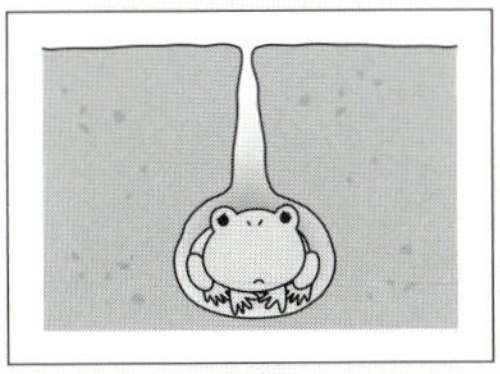

音読のくふう

ぐん読　人数をかえながら読んでいく。

りん読　じゅん番に少しずつずれて読んでいく。

3 詩を読んで、想像したことや感想を話し合う　〈10分〉

T　みんなで群読や輪読をしてきて、改めてこの詩から想像できたことや感想はありますか。

・「ほっ」の文が何回も出てくるので、順番に一人ずつ読んだら、たくさんのかえるが土から出てきたのかもしれないと思いました。
・「ケルルン　クック。」をみんなで読んで、「ああいいにおいだ。」を一人でゆっくり読むと、春の空気を味わっているように聞こえました。

○群読や輪読など、音読の工夫をしていたグループに発表してもらうなどして、音読の工夫を今後も楽しめるようにする。

よりよい授業へのステップアップ

群読や輪読で音読を工夫する

これまでに、音読の工夫として、群読や輪読をしているのであれば、グループに分かれて活動できるだろう。しかし、経験のない場合は、学級全体でひとまず経験するという活動にしたほうがよい。

群読は、行や連によって人数を変えるという方法がやりやすい。初めは、1行ずつ人数を増やしていったり、減らしていったりすると群読を理解しやすい。慣れてくれば、読む部分によって人数を調整するようにする。

1 場面と場面をつなげて、考えたことを話そう

白いぼうし　7時間扱い

〔知識及び技能〕(1)オ、ク　〔思考力、判断力、表現力等〕C読むことイ、オ　関連する言語活動例C(2)イ

単元の目標

・松井さんの行動や気持ちについて、叙述を基に考えることができる。
・「本の人物を紹介！　タクシー運転手松井さん」をまとめながら、登場人物の気持ちや性格を表す語句の量を増し、語彙を豊かにすることができる。

評価規準

知識・技能	❶様子や行動、気持ちや性格を表す語句の量を増し、言葉には性質や役割による語句のまとまりがあることを理解し、語彙を豊かにしている。(〔知識及び技能〕(1)オ) ❷文章全体の構成や内容の大体を理解しながら音読している。(〔知識及び技能〕(1)ク)
思考・判断・表現	❸「読むこと」において、登場人物の行動や気持ちなどについて叙述を基に捉えている。(〔思考力、判断力、表現力等〕Cイ) ❹「読むこと」において、文章を読んで理解したことに基づいて、感想や考えをもっている。(〔思考力、判断力、表現力等〕Cオ)
主体的に学習に取り組む態度	❺登場人物の気持ちや性格について学習課題に沿って、進んで叙述から読もうとしている。

単元の流れ

次	時	主な学習活動	評価
一	1	『車のいろは空のいろ』シリーズを知る。 **学習の見通しをもつ** 登場人物の松井さんはどんな人物か、「本の人物をしょうかい！　タクシー運転手松井さん」について書くというめあてをもって「白いぼうし」を読み、感想をもつ。	❷
	2	教科書 p.16L 1 ～p.20L 6 を読み、松井さんの行動や性格を読み取る。	
	3	教科書 p.20L 8 ～p.24L12を読み、松井さんの行動や性格を読み取る。	
	4	前時までの学習を整理して、「白いぼうし」での松井さんの人物をまとめる。	
二	5	『車のいろは空のいろ』シリーズから、話を選び、松井さんの行動や性格を読み取る。	❶❸
	6	「白いぼうし」の松井さんに、シリーズ本から読み取った松井さんの性格を付け足して、「本の人物をしょうかい！　タクシー運転手松井さん」を書く。	❸❺
三	7	**学習を振り返る** 「本の人物をしょうかい！　タクシー運転手松井さん」を読み合って、感想を伝え合う。	❹

授業づくりのポイント

〈単元で育てたい資質・能力〉

本単元のねらいは、登場人物の行動や気持ちを叙述に基づいて想像したり、同じ登場人物について複数の境遇を読んだりして、登場人物の性格を読む力を育むことである。

そのためには、複数の叙述を根拠にして読むことが必要である。その際に着目するポイントとして、具体例に示すような叙述がある。

具体例

○松井さんの性格を表す語句は、例えば「優しい」という語句が書かれているわけではない。だが、ぼうしの下のちょうを逃がしてしまった代わりに夏みかんを入れてあげたり、ぼうしが飛ばないように石を置いたりしていることから「松井さんらしさ」が想像できる。小さな野原で、飛んでいるちょうをぼんやり見ているうちに、「よかったね。」「よかったよ。」という小さな小さな声が聞こえるというのも、「松井さんには」と記述されているように「松井さんらしさ」なのである。それらを結び付けて「優しい」と表現する子供もいれば、「おだやか」と表現する子供もいて、松井さんの行動から語彙が豊かになり、松井さんの人柄についての想像も豊かになる。

〈教材・題材の特徴〉

本単元では、松井さんの気持ちや性格を表す語句に着目しているが、実に多彩な表現の工夫がなされている。１つは、挿絵がなくても場面の様子や情景を想像できる表現である。色を表す語、においや感じを表す語が多く使われている。同時に、比喩も多く、「〜ような」や「まるで〜」という語句が使われている。さらに、同じ表現が繰り返し使われている部分もある。これらの特徴は、〔知識及び技能(1)オ〕の後段にある「言葉には性質や役割による語句のまとまりがあることを理解し、語彙を豊かにすること」につなげられる。

具体例

○例えば、「緑がゆれているやなぎの下に、かわいい白いぼうしが、ちょこんとおいてあります。」という１文に、やなぎとぼうしには色を付けていること、ぼうしがちょこんとおいてあるという言い回しがある。「ちょこん」については、女の子がタクシーに乗っているのも「ちょこん」であり、小ささや軽さというようなことが連想できる。また、「小さな団地の前の小さな野原」、「シャボン玉のはじけるような、小さな小さな声」というところで、小ささが強調されている。

〈言語活動の工夫〉

子供は、シリーズで読書をする傾向にある。『車のいろは空のいろ』は、学習や授業以外で読む機会はあまり望めないが、教科書にある「ルドルフ」に限らず、様々なシリーズ本を知って、愛読している。そこで、本単元で、「本の人物を紹介する」という言語活動を行うことで、シリーズ本を読む際に、それぞれのシリーズで登場人物の性格に着目して読むという楽しみ方が１つ増える。

具体例

○朝の会等のスピーチで互いに好きなシリーズ本の人物を紹介したり、読書感想文を書く代わりに「好きな登場人物紹介文」を書いたりと、４年生の読書生活を広げる言語活動にすることができる。

本時案

白いぼうし

1/7

本時の目標

・「白いぼうし」を読んで、松井さんについて最初の感想をもつことができる。

本時の主な評価

❷文章全体の構成や内容の大体を意識しながら音読している。【知・技】
・文章を読んで理解したことに基づいて、感想や考えをもっている。

資料等の準備

・『車のいろは空のいろ』シリーズの本
・松井さんをイメージした絵（教師の手描き）

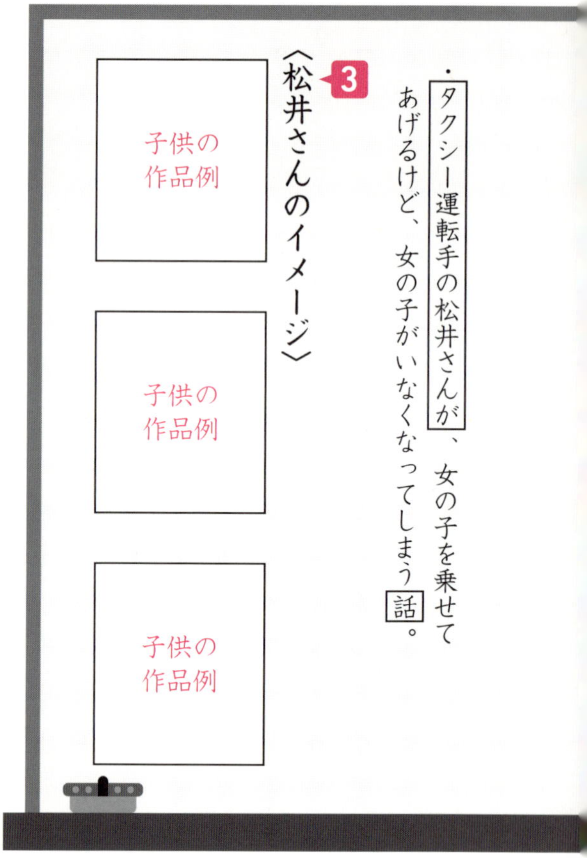

授業の流れ ▷▷▷

1 『車のいろは空のいろ』シリーズの松井さんを知る 〈10分〉

○本の中で、好きなシリーズを発表し合う。
T　みなさんは、よく読書をしていますね。好きなシリーズがある人はいますか。
○好きな理由を聞く。
○登場人物について発言が出るとよい。
○『車のいろは空のいろ』シリーズの松井五郎について知る。
T　あまんきみこさんという作家は知っていますか。あまんさんの作品の中に、『車のいろは空のいろ』というシリーズがあります。
○実際の本を用意して見せるとよい。
T　これらの本すべてに登場するのが「松井五郎」という人です。

2 単元のめあてをもち、「白いぼうし」を読む 〈20分〉

○シリーズの中から、「白いぼうし」を読んで松井さんの人物を紹介するめあてをもつ。
T　松井さんの仕事はタクシーの運転手です。「白いぼうし」を読んで、松井さんがどんな人物かを想像してみましょう。
○教師の範読を聞き、音読する。
○「白いぼうし」の筋を確かめる。
T　「白いぼうし」はどんな話でしたか。
・松井さんがもんしろちょうを逃がしてしまう話です。
・松井さんが女の子を乗せてあげるけど、いなくなってしまう話です。

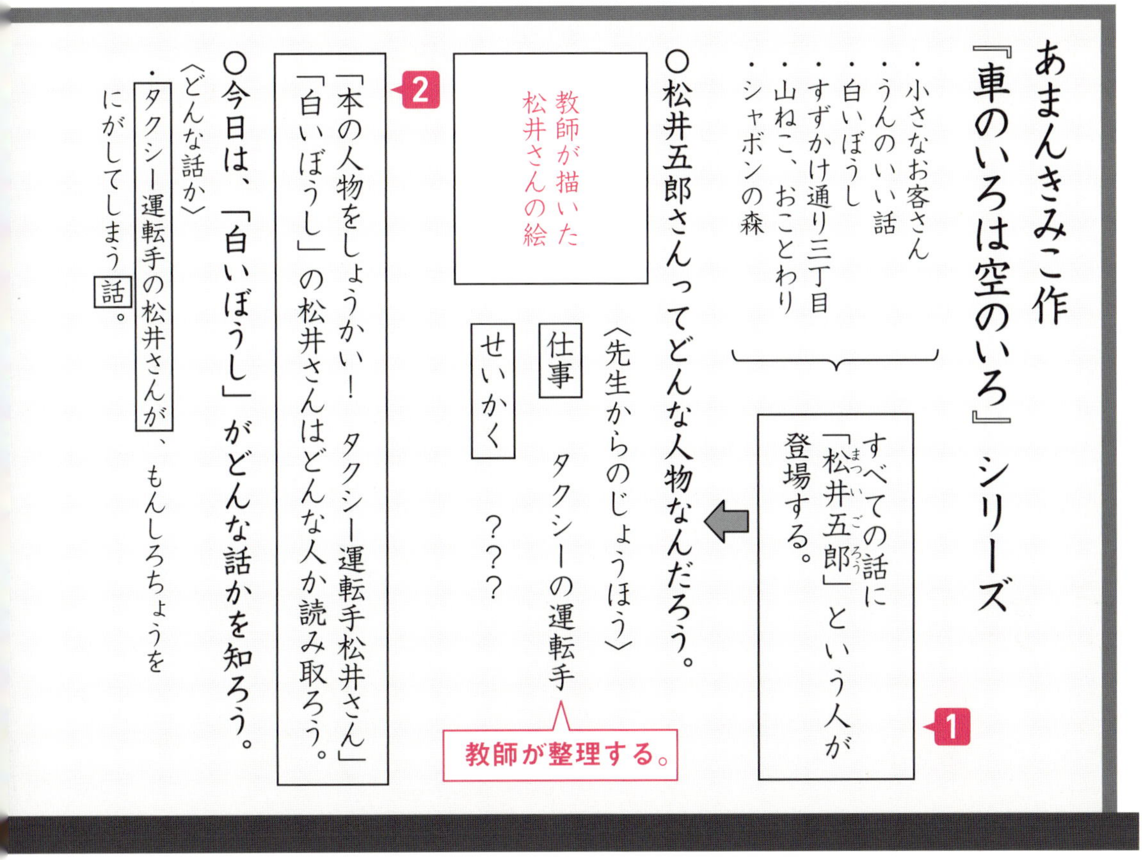

3 作品の感想を述べ合い、松井さんの絵を描く 〈15分〉

T　みんなの感想を聞きたいところですが、では松井さんは、どんな人物でしょうか。想像して絵に描いてみましょう。それから、どんな人なのかも書いておきましょう。

○松井さんの行動を想像しながら、顔を想像して絵に表す。

・優しそうな顔かな。
・どのくらいの年齢なんだろう。
・「おふくろ」とか「車がひいてしまうわい」と言っているから、結構年上かもしれないな。
・どんな人か絵にするのは難しいな。もう一回よく読んでみよう。

よりよい授業へのステップアップ

シリーズに関心をもたせる導入

子供は、あまんきみこ作品に親しんできているが、意識しないで読んでいるだろう。改めて、あまん作品であることを認識させて、『車のいろは空のいろ』に関心をもたせるために、シリーズ以外の作品を紹介してもよい。

松井さんの絵を単元で活用する

本単元では、松井さんの人物を紹介するため、顔をはじめ、年格好をイメージして表しておくことで、次の展開にも活用できるようにする。

本時案

白いぼうし

2/7

本時の目標

・「白いぼうし」を読んで、松井さんの行動から性格を具体的に想像できる。

本時の主な評価

・様子や行動、気持ちや性格を表す語句の量を増し、語彙を豊かにしている。
・松井さんの行動や気持ち、性格などについて叙述を基に捉え、具体的に想像している。

資料等の準備

・松井さんの絵（子供が前時に描いた作品）

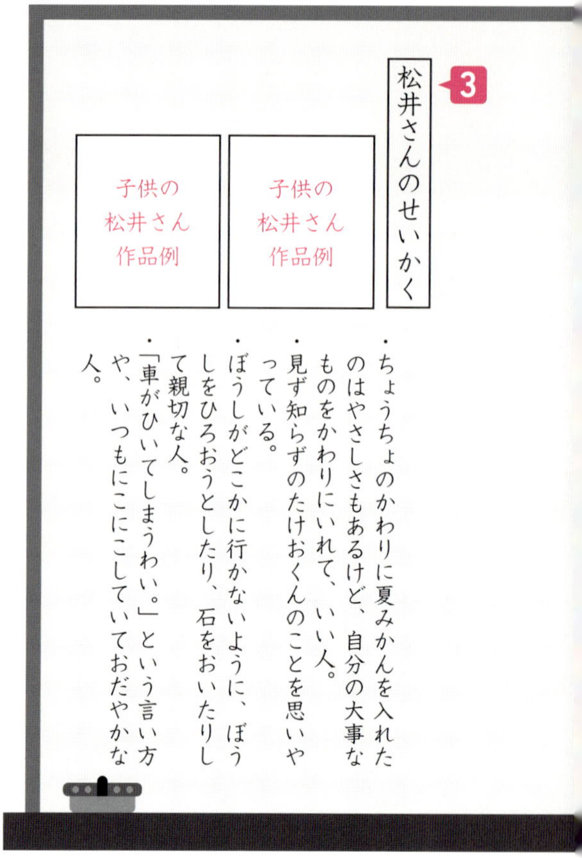

3
松井さんのせいかく
子供の松井さん作品例
子供の松井さん作品例
・ちょうちょのかわりに夏みかんを入れたのはやさしさもあるけど、自分の大事なものをかわりにいれて、いい人。
・見ず知らずのたけおくんのことを思いやっている。
・ぼうしがどこかに行かないように、ぼうしをひろおうとしたり、石をおいたりして親切な人。
・「車がひいてしまうわい。」という言い方や、いつもにこにこしていておだやかな人。

授業の流れ ▷▷▷

1 前時に記述した松井さんがどんな人かを共有する 〈10分〉

○前時の終末に子供が記述した松井さんがどんな人かについてを、教師が整理して提示する。

T　みなさんが、前回書いてくれた松井さんがどんな人かについて、一覧にしてみました。配りますから見てください。みんなは、松井さんをどんな人と見ているでしょうか。

・いつもにこにこしています。
・ちょうちょの代わりに夏みかんを入れてやさしい人です。

○教科書冒頭から p.20L 6 までの松井さんの行動から読み取ることを確かめる。

T　女の子がタクシーに乗る前までの松井さんの行動を読んでみましょう。

2 本文を読み、松井さんの行動を表す語句を見つける 〈20分〉

○本文を読む。

T　松井さんの行動には、線を引いて印をつけて読みましょう。

・にこにこして答えました。
・いなかにお母さんがいる。
・夏みかんのにおいがうれしい。
・白いぼうしをつまみ上げる。
・ちょうちょが逃げたので、あわててぼうしを振り回した。
・ちょうちょの代わりに夏みかんを入れた。
・飛ばないように、石でつばを押さえた。

白いぼうし

1 ○松井さんはどんな人か。〈前回〉

・いつもにこにこしている。

・（にがしてしまった）ちょうちょのかわりに夏みかんをぼうしの中に入れてやさしい。

・ちょうちょの声が聞こえて、へんな人。

授業開始前に書いておいてもよい。

2 松井さんの行動から、松井さんのせいかくを想ぞうして読もう。

○はじめ～20ページ6行目

〈たけおくんのぼうしのちょうちょをにがしてしまい、かわりに夏みかんを入れる場面〉

松井さんの行動（話したこと）

・にこにこして答えました。

・いなかにお母さんがいる。

・夏みかんのにおいがうれしい。

・「おや、……小さなぼうしが落ちているぞ。風がもうひとふきすれば、車がひいてしまうわい。」

・白いぼうしをつまみ上げる。

・ちょうちょがにげたので、あわててぼうしをふり回した。

・ちょうちょのかわりに夏みかんを入れた。

・飛ばないように、石でつばをおさえた。

3 松井さんの行動を整理して性格を想像する 〈15分〉

○松井さんの行動をまとめて、性格を想像する。

T　それでは、本文から読み取った松井さんの行動と、そこから想像できる松井さんの性格をまとめていきましょう。

・ふつうなら、ちょうちょが逃げても、知らんふりして行ってしまいそうなのに、松井さんは、自分の大切な夏みかんを入れてあげて優しいです。

・行動ではないのですが、松井さんは独り言で「小さなぼうしが落ちているぞ。風がもうひとふきすれば、車がひいてしまうわい。」と言っていて、親切な人です。

よりよい授業へのステップアップ

行動や性格を表す語句を集める

子供は、人物を表す語句については豊かではない。例えば、松井さんと言えば、「優しい」という語句でしか表現できない場合がある。したがって、本時のように、「親切」「思いやりのある」「おだやか」という語句は、性格を表す語句として短冊にする等して集めていくとよい。

会話も性格を表す

人は、行動だけでなく会話からも、その人の性格が分かることを認識させるとよりよい。

本時案

白いぼうし

3/7

本時の目標

・「白いぼうし」を読んで、松井さんの行動から性格を具体的に想像できる。

本時の主な評価

・様子や行動、気持ちや性格を表す語句の量を増し、語彙を豊かにしている。
・松井さんの行動や気持ち、性格などについて叙述を基に捉え、具体的に想像している。

資料等の準備

特になし

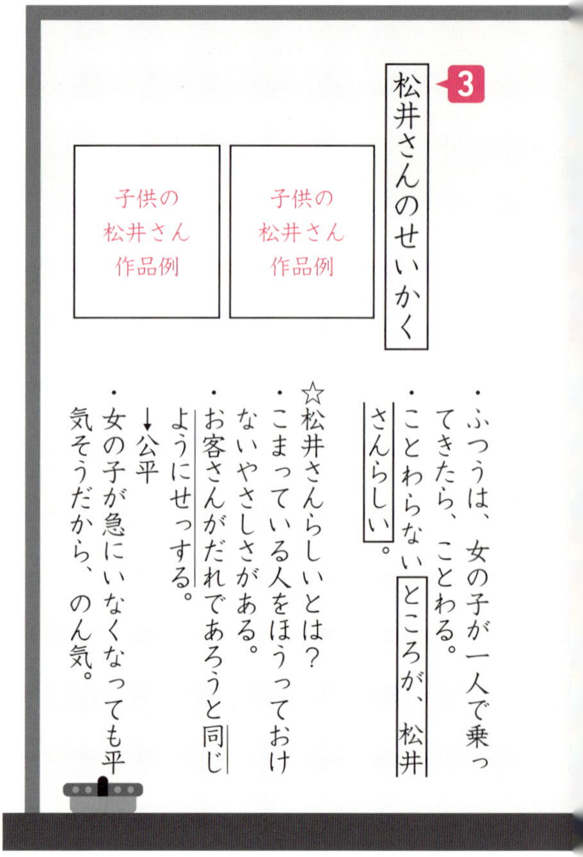

3
松井さんのせいかく
・ふつうは、女の子が一人で乗ってきたら、ことわる。
・ことわらないところが、松井さんらしい。
☆松井さんらしいとは？
・こまっている人をほうっておけないやさしさがある。
・お客さんがだれであろうと同じようにせっする。
→公平
・女の子が急にいなくなっても平気そうだから、のん気。
子供の松井さん作品例
子供の松井さん作品例

授業の流れ ▷▷▷

1 前時に読み取った松井さんがどんな人かを共有する 〈10分〉

○前時に読み取った松井さんがどんな人かについて想起する。

T　前回、松井さんについて、20ページ６行目までを読んでどんな人かを読み取りました。どんな人か覚えていますか。

・親切な人。
・思いやりのある人。
・おだやかな人。

T　どんな性格なのかを表す言葉が増えてきましたね。今日は、女の子をタクシーに乗せてからを読んでいきましょう。

2 本文を読み、松井さんの行動を表す語句を見つける 〈20分〉

○本文を読む。

T　松井さんの行動に線を引いて、印を付けて読みましょう。

・女の子を乗せた。
・女の子にもていねいな言葉で話している。
・男の子がぼうしを開けたときのことを想像している。想像して笑っている。
・白いぼうしをつまみ上げる。
・客の女の子がいなくなったのに、野原の白いちょうをぼんやり見ている。
・「よかったね。」「よかったよ。」が聞こえてきた。

白いぼうし

1 ○松井さんはどんな人か。〈前回〉
・いい人。
・思いやりのある人。
・親切な人。
・おだやかな人。

簡単にまとめる。

2 松井さんの行動から、松井さんのせいかくを想ぞうして読もう。

○20ページ8行目〜終わり
〈女の子を乗せてから小さな団地の小さな野原でちょうちょを見ている場面〉

松井さんの行動（話したこと）
・女の子を乗せた。
・女の子にもていねいな言葉で話している。
・男の子がぼうしを開けたときのことを想ぞうしている。
・想ぞうしてわらっている。
・白いぼうしをつまみ上げる。
・客の女の子がいなくなったのに、野原の白いちょうちょうをぼんやり見ている。
・「よかったね。」「よかったよ。」が聞こえてきた。

3 「松井さんらしい」ところを見つける 〈15分〉

・ふつうは、女の子が一人だったら乗せないと思うけど、松井さんらしいと思いました。

T　今、君たちの中から、「松井さんらしさ」という言葉が聞こえてきました。他にも、松井さんらしいときってあるかな。

・困っている人をほうっておけない優しさがある。
・お客さんが誰であろうと同じように接する。→公平
・女の子が急にいなくなっても平気そうだから、のん気。

よりよい授業へのステップアップ

子供の発言を焦点化する

子供は、並列的に発言してくる。自分の意見で授業を深めようという考えはない。そこで、教師が「間」をつくり、立ち止まって問いを焦点化することで、授業に抑揚が出てくる。

夏みかんと作品全体の印象を大切に

本作品では、大切な場面では必ず「夏みかん」が登場する。例えば、ちょうちょの代わりだったり、車の中にかすかに残っていたりする。その夏みかんの存在に気付かせ、作品のイメージに生かす。

本時案

白いぼうし

4/7

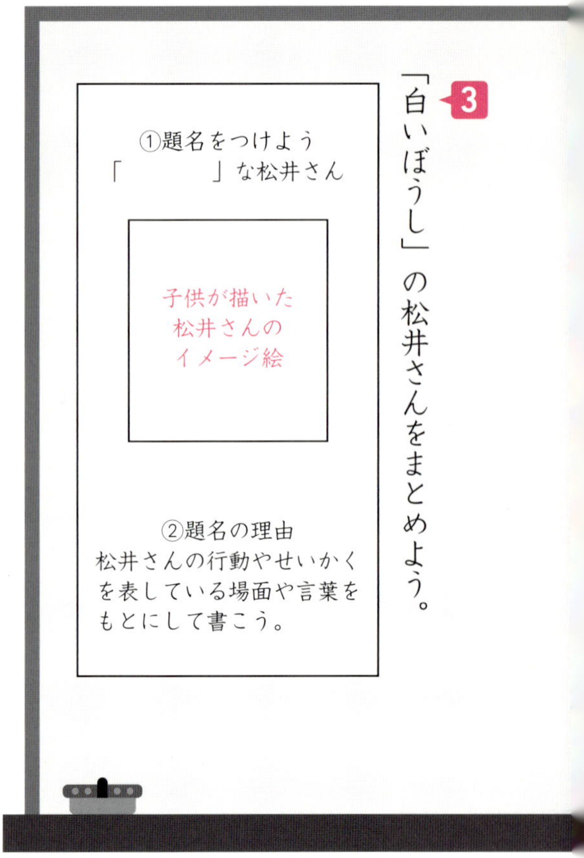
3
「白いぼうし」の松井さんをまとめよう。
①題名をつけよう
「　　　」な松井さん
子供が描いた
松井さんの
イメージ絵
②題名の理由
松井さんの行動やせいかく
を表している場面や言葉を
もとにして書こう。

本時の目標

・「白いぼうし」を読んで、松井さんの行動から性格を具体的に想像できる。

本時の主な評価

・様子や行動、気持ちや性格を表す語句の量を増し、語彙を豊かにしている。
・松井さんの行動や気持ち、性格などについて叙述を基に捉え、具体的に想像している。

資料等の準備

・松井さんの絵
・ワークシート 03-01

授業の流れ ▷▷▷

1 前時に読み取った松井さんの行動の疑問を考える 〈10分〉

T　今日は、これまでに読んできた松井さんがどんな人なのかをまとめるのですが、前回の最後にみんなが不思議に思っていた、女の子がいなくなって、小さな野原で、「よかったね。」「よかったよ。」が聞こえてきたというところから、松井さんについてどんな人か読んでみましょう。
・もしかして、女の子のことを、白いちょうだと思って、「よかったね。」「よかったよ。」が伝わってきたのかもしれない。
・「おどるように飛んでいる」というふうに書いてあるから、ちょうちょたちが、気持ちよさそうで「よかったね。」「よかったよ。」言っているのかなと思った。

2 改めて松井さんがどんな人かを考える 〈10分〉

○「よかったね。」「よかったよ。」と聞こえた松井さんについて、改めてどんな人物として捉えられるかを考える。
T　ここから、松井さんがどんな人なのかを考えてみましょう。
・ちょうちょのような小さな生き物でも大事にする優しい人だと思います。
・小さな小さな声だから、本当は松井さんに聞こえていないのだろうけど、ちょうちょの気持ちになると、そう聞こえた。だから、他の気持ちになれる人だと思います。

白いぼうし

1 松井さんの行動で分からなかったこと

・「よかったね。」「よかったよ。」が聞こえてきた。

「シャボン玉のはじけるような、小さな小さな声」がどうして松井さんには聞こえてきたのだろうか。

・いなくなった女の子がちょうちょだと思って、一人じゃなくてみんなと会えてよかったと思った。

・やっぱり、ちょうは野原で飛び回るのがいいと思った。

・さっき男の子のぼうしからちょうちょをにがしてしまったけど、にげたちょうちょがその野原でみんなといっしょにいてよかったなと思った。

2 ここから、松井さんがどんな人か考えてみよう。

テンポよくまとめる。

・小さな生き物でも大事にするやさしい人。

・ちょうちょの気持ちになると、そう聞こえた。だから、他の気持ちになれる人。

3 「白いぼうし」の松井さんをまとめる 〈25分〉

T　それでは、これまで「白いぼうし」を読んできて、松井さんってこんな人だよというのを、自分が書いた絵の用紙に付け足していきましょう。

○松井さんに題名を付ける。

「思いやりのタクシー運転手」松井さん

「夏みかん大すき」松井さん

「だれにでもやさしい人」松井さん

○題名を付けた根拠を記述する。

よりよい授業へのステップアップ

まとめたものを共有する

3の活動で、時間的に余裕のある子供には、互いのものを見合って、感想を伝え合えるような場所等の環境を整えるとよい。

〈教室イメージ〉

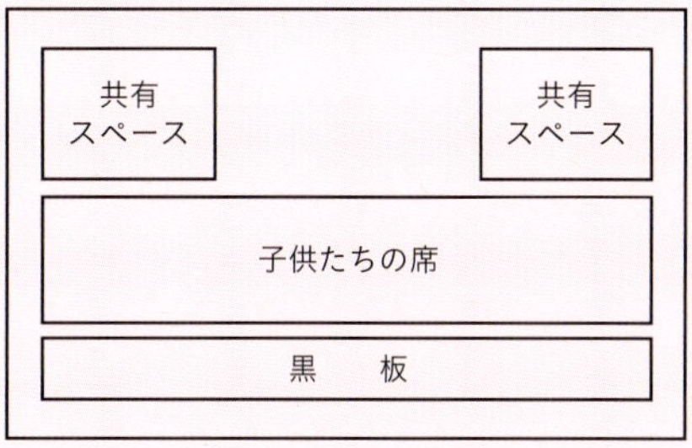

本時案

白いぼうし

5/7

本時の目標

・『車のいろは空のいろ』シリーズを読んで、松井さんの行動から性格を具体的に想像できる。

本時の主な評価

❶様子や行動、気持ちや性格を表す語句の量を増し、語彙を豊かにしている。【知・技】

❸登場人物の行動や気持ち、性格などについて叙述を基に捉え、具体的に想像している。【思・判・表】

資料等の準備

・『車のいろは空のいろ』シリーズ一覧 03-02
（拡大したもの、子供の手元用）

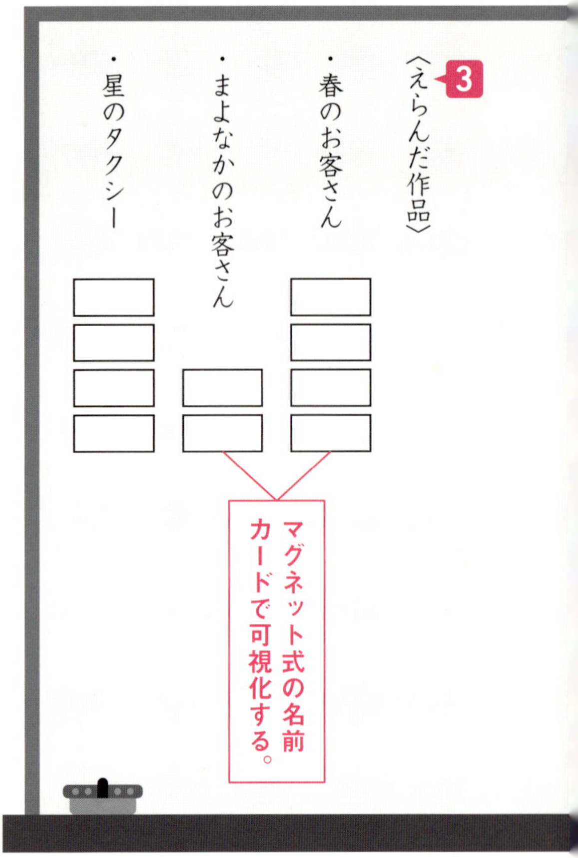

3
〈えらんだ作品〉
・春のお客さん
・まよなかのお客さん
・星のタクシー
マグネット式の名前カードで可視化する。

授業の流れ ▷▷▷

1 『車のいろは空のいろ』シリーズの題名を読む 〈10分〉

○『車のいろは空のいろ』シリーズの題名から関心をもった作品を選ぶ。

T　ここに、「白いぼうし」が入っている『車のいろは空のいろ』のシリーズを用意しました。題名から関心のある作品を選んで読んでみましょう。「白いぼうし」の松井さんと比べて読んでみましょう。

○事前に、題名の一覧表を用意しておき、黒板に提示する。

2 選んだ作品を読む 〈30分〉

○選んだ作品を読む。

T　それでは、関心のある題名の作品を読んでみましょう。どんな話か楽しみですね。松井さんは、どんなお客さんや出来事と会うのでしょうね。

○できれば、同一作品を複数用意したい。

○同一作品が複数人出た場合は、共同して読む。

○作品をなかなか選べない子供には、無理に選ばせずに、シリーズ本を読書させてもよい。どの作品の松井さんがどうだったかをまとめさせるという活動に切り替えてもよい。

○どんどん読める子供には、それぞれの作品の松井さんの行動や性格を整理させておく。

『車のいろは空のいろ』の松井さん

1 『車のいろは空のいろ』の他の話を読んで、松井さんのことをもっと知ろう。

2 『車のいろは空のいろ』　あまんきみこ

作品一らん　れい

『春のお客さん』

・春のお客さん
・きりの村
・やさしいてんき雨
・草木もねむるうしみつどき
・雲の花
・虹《にじ》の林のむこうまで
・まよなかのお客さん

『星のタクシー』

・ぼうしねこはほんとねこ
・きりの村
・星のタクシー
・しらないどうし
・ほたるのゆめ
・ねずみのまほう
・たぬき先生はじょうぶです
・雪がふったら、ねこの市

3 読んだ作品についての感想を書く 〈5分〉

T　今日読んだ作品の、松井さんについてや作品への感想を書いておきましょう。

・「春のお客さん」、たぬきって分かっても、「そのままの方が、ずうっといい。」と言っていて、ここでも、松井さんは思いやりのある行動をしています。
・いくつか松井さんが出てくる話を読んで、思ったのは、松井さんの周りでは、不思議なことがたくさん起こるんだけど、松井さんはいつもにこにこしています。

よりよい授業へのステップアップ

読書カードの活用

『車のいろは空のいろ』は、短い話がいくつもあるので、読書カードに感想等を記録していくことも、授業を離れたところで、継続的にシリーズの話を読むことにつなげられる。

【読書カードの例】

月　　日（　　）名前
本の名前
書いた人
感想・内容

本時案

白いぼうし

6/7

本時の目標

・『車のいろは空のいろ』シリーズを読んで、松井さんの行動から性格を具体的に想像できる。

本時の主な評価

❸登場人物の行動や気持ち、性格などについて叙述を基に捉え、具体的に想像している。【思・判・表】

❺人物紹介を書くために、作品から登場人物の気持ちや性格を読み取ろうとしている。【態度】

資料等の準備

・子供が選んだ作品一覧
・松井さんの人物紹介（「白いぼうし」で作成したもの）

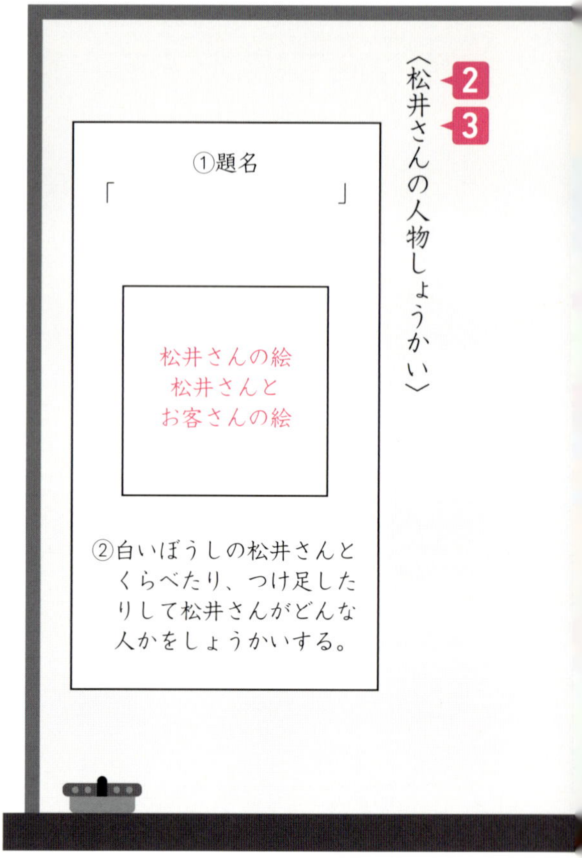

〈松井さんの人物しょうかい〉
2
3
①題名
「　　　　　」
松井さんの絵
松井さんと
お客さんの絵
②白いぼうしの松井さんとくらべたり、つけ足したりして松井さんがどんな人かをしょうかいする。

授業の流れ ▷▷▷

1 選んだ作品を再読する 〈10分〉

○『車のいろは空のいろ』シリーズから選んだ作品を再読する。

T　今日は『車のいろは空のいろ』のシリーズの松井さんについて、「白いぼうし」の松井さんと比べたり付け足したりして人物紹介を完成させましょう。

○前時で、既に他の作品を読んで、人物紹介に付け足している子供には、他の作品を読んでさらに比べてみることを促す。

○選ぶことができない子供には、多くの作品を読んで、松井さんについての感想を書くことを助言する。

2 松井さんの人物紹介に付け足す 〈30分〉

○松井さんの人物紹介に、選んだ作品での松井さんの行動から想像できる性格、「白いぼうし」との比較から想像できる性格について書いてまとめる。

T　シリーズの中から選んだ作品と白いぼうしの松井さんを比べられましたか。それでは、人物紹介を書いてみましょう。

○「白いぼうし」の松井さんの人物紹介に付け足してもよいし、新しい用紙に、松井さんが行動している場面の絵を想像して描き、新しい題名や性格について書くのもよい。

『車のいろは空のいろ』の松井さん

1

『車のいろは空のいろ』の他の話を読んで、松井さんの人物しょうかいにつけ足そう。

みんながえらんだ作品

・春のお客さん

・まよなかのお客さん

・星のタクシー

3 人物紹介が書けたことを確かめる 〈5分〉

T 『車のいろは空のいろ』の「白いぼうし」以外のお話に出てくる松井さんについても、想像してどんな人かを書くことができましたか。

○次時に、人物紹介について読み合うことを知り、見通しをもつ。

よりよい授業へのステップアップ

想像したことを絵でも表す

『車のいろは空のいろ』には、松井さんと様々なお客さんとの関わりが書かれている。松井さんがどんなお客さんを乗せたかということ、どんな表情で関わっていたかということを絵にすることで、想像したことを共有できる。

本時案

白いぼうし

7/7

本時の目標

・友達と「人物しょうかい」を読み合い、感想を伝え合うことができる。

本時の主な評価

❹物語を読んで理解したことに基づいて、感想や考えをもっている。【思・判・表】

資料等の準備

・子供が選んだ作品一覧
・感想を伝え合う付箋やメモ用紙等

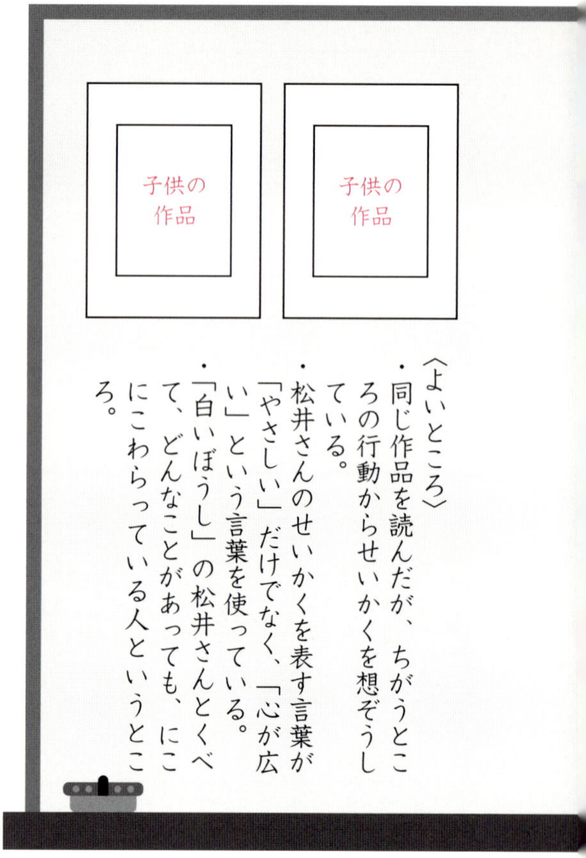
子供の作品
子供の作品
〈よいところ〉
・同じ作品を読んだが、ちがうところの行動からせいかくを想ぞうしている。
・松井さんのせいかくを表す言葉が「やさしい」だけでなく、「心が広い」という言葉を使っている。
・「白いぼうし」の松井さんとくべて、どんなことがあっても、にこにこわらっている人というところ。

授業の流れ ▷▷▷

1 本時の活動やめあてを確かめる 〈5分〉

T　今日は、みんなが作った「人物しょうかい」を読み合って、感想を伝え合いましょう。付箋を用意しましたので、読んだら書いて伝えましょう。

○次の観点に気を付けて友達の「人物しょうかい」を読む。
・どんな題名を付けているか。
・どんな性格を想像しているか。
・どのような場面から想像しているか。
・自分との共通点や相違点はどこか。

2 友達の「人物しょうかい」を読む 〈30分〉

○友達の「人物しょうかい」を読み、感想を伝え合う。

○学級の実態に応じて、グループ内で回し読みをする。もしくは、自由に作品を交換しながら読むこともできる。

○グループ内で読むときは、一人分をグループの人数分コピーして、みんなで同じものを読んで、グループ内で感想を口頭で伝え合うという学習ができる。

○自由に作品を交換する場合は、読んだら付箋に感想を書いて伝える。その際、読まれない子供の作品や内容に配慮する必要がある。

『車のいろは空のいろ』の松井さん

1 友だちの「松井さんの人物しょうかい」を読んで、感想をつたえ合おう。

みんながえらんだ作品

・春のお客さん

・まよなかのお客さん

・星のタクシー

2 3 ○いんしょうにのこった友だちの「松井さんの人物しょうかい」

授業前に貼っておいてもよい。

3 印象的な「人物しょうかい」を取り上げる 〈10分〉

○読んだ中で、印象的な「人物しょうかい」を発表し合い、よいところを全体で共有する。

T 今日は、友達が書いた「人物紹介」を読んできました。全員分は読めませんでしたが、この人のこういうところがよかったというものがありましたか。

・◇◇さんと同じ「春のお客さん」を読んだのですが、私は松井さんがたぬきねいりをしたところで、やさしいなと思いました。でも、そのままのほうがいいですよといったところを心の広い人と書いていて、とてもいいなと思いました。

よりよい授業へのステップアップ

性格を表す語句を整理する

本時は、単元の最後であり、これまで松井さんの性格を表す言葉を集めてきている。それを整理して、確認する時間を取ることで、性格を表す語句が増えることを期待する。

〈松井さんの性格を表す語句例〉

明るい／思いやりがある／おだやかな／落ち着いている／お人よし／温こうな／けんきょな／さわやかな／親切な／信じやすい／すなおな／せい実な／世話ずき／たよりになる／たよりがいがある／のんびり／人がいい／プラス思考／前向き／まじめな／やさしいなど

資料

1 第4時資料　ワークシート 03-01

本の人物をしょうかい！　タクシー運転手松井さん

年　組　名前（　　　　　　　　　　　）

題名

松井さんの絵

○松井さんの行動から想ぞうできるせいかく

2 第5時資料 『車のいろは空のいろ』シリーズ一覧 03-02

『車のいろは空のいろ』 あまんきみこ ポプラ社

年 組 名前（ ）

作品一らん れい

『白いぼうし』
・小さなお客さん
・うんのいい話
・白いぼうし
・すずかけ通り三丁目
・山ねこ、おことわり
・シャボン玉の森
・くましんし
・ほん日は雪天なり

『春のお客さん』
・春のお客さん
・きりの村
・やさしいてんき雨
・草木もねむるうしみつどき
・雲の花
・虹《にじ》の林のむこうまで
・まよなかのお客さん

『星のタクシー』
・ぼうしねこはほんとねこ
・星のタクシー
・しらないどうし
・ほたるのゆめ
・ねずみのまほう
・たぬき先生はじょうずです
・雪がふったら、ねこの市

○えらんだ作品の題名

○えらんだ理由

本は友達

図書館の達人になろう　1時間扱い

〔知識及び技能〕(3)オ

単元の目標

・図書館の工夫を知り、読みたい本を探したり、情報を収集したりするのに役立つことに気付くことができる。

評価規準

知識・技能	❶幅広く読書に親しみ、読書が、必要な知識や情報を得ることに役立つことに気付いている。(〔知識及び技能〕(3)オ)
主体的に学習に取り組む態度	❷図書館についての知識や情報を、図書館利用に役立て、積極的に読書をしようとしている。

単元の流れ

時	主な学習活動	評価
1	学習の見通しをもつ 本のラベルを基に本を探し、ラベルに書かれている番号や文字が何を表すかを調べる。 探した本を基に、気付いたことを発表し、本の分類法や本の配置について話し合う。 学習を振り返る 話し合って分かったことを、「達人の極意」としてまとめる。	❶❷

授業づくりのポイント

〈単元で育てたい資質・能力〉

本単元のねらいは、図書館を身近に感じ、うまく利用できる力を育むことである。そのために、分類法によって本が配置され、情報収集をしやすいように図書館が様々な工夫していることなどを、体験しながら学びたい。学校図書館探検をして、あまり図書館を利用していない子供たちにも関心をもたせたい。図書館には、読書のための本だけでなく、調べたいことの資料もあることを知り、図書館は情報収集に役立つことを実感し、うまく図書館を利用できるようにしたい。

具体例

「このラベルはどの本？」というクイズを通して、自分で図書館の本から探す活動をする。どの本か、どの本棚にあったのか、ラベルの番号のなぞは？ など、気付いたことを話し合い、図書館についての知識を広めていく。学校の図書館の工夫を知り、地域の図書館にも関心を広げ、図書館を身近に感じられるように学んでいく。

〈教材・題材の特徴〉

４年生になると、読書が好きな子とそうでない子がはっきりしてくる。「図書館の達人になろう」というこの教材は、図書館についての客観的な事実、知識を学べるので、読書にあまり関心のない子供でも意欲的に取り組める。また、図書館についての知識をもつことで、図書館が身近に感じられ、利用しやすくなる。学校図書館を利用しながら、子供の興味を引き出していく教材である。

具体例

本のラベルの秘密を探るため、ラベルを提示して自分たちでその本を探し、ラベルに書かれている番号や文字は何を表すのかを見つける活動をする。ラベルから分かることをみんなで話し合い、図書館の本の配置の特徴を知る。司書の先生から、学校独自に工夫していることを聞く活動を入れるとさらに図書館が身近になるだろう。意欲的に図書館を探検しようとする気持ちを大切にしたい。

〈言語活動の工夫〉

本のラベルから分かったこと、図書館の工夫について気付いたことを話し合い、知識を広げ、一人一人自分の言葉でまとめる。まとめたものを交流して、これからの図書館利用に生かしていくことにつなげたい。自分で調べて気付いたことを相手に分かりやすく伝えるためには、言葉を選んで、自分の言葉を使う必要がある。交流の中で言葉の力を深めたい。

具体例

「達人の極意」として自分の学びを画用紙にまとめる。読みたい本、調べたい事柄が分かる資料を効率よく探すにはどのようにしたらよいのか、分類法も含めて、おすすめの図書館利用法や図書館のとっておき情報を自由にまとめる活動をする。子供のオリジナリティが発揮でき、意欲的に取り組めるだろう。友達との極意の交流をして、図書館への関心を高めたい。

本時案

図書館の達人になろう 1/1

本時の目標

・図書館の工夫を知って、図書館の本や資料が知識や情報を得るのに役立つことに気付くことができる。

本時の主な評価

❶図書館に関心をもち、読書に親しんだり、情報を得ることに役立たせようとしている。【知・技】

❷図書館についての知識や情報を利用しようとしている。【態度】

資料等の準備

・学校図書館にある本を数冊
・ラベルの拡大コピー
・ワークシート 04-01〜02

授業の流れ ▷▷▷

1 図書館にある本のラベルを読み解く 〈10分〉

T （何枚かの図書ラベルを示す）
さあ、このラベルを見たことありますか？いったい何を表しているのでしょう。

○図書館の本に付いているラベルであることを、実際の本で確かめる。
○ラベルごとに違っているところは何か、なぜなのかを話し合う。
○予想を立てた後、図書室に行き、ラベルの本を探す。ラベルや気付いたことをワークシートに記す。
○グループの数に合わせて、ラベルを用意して、グループごとに探すとよい。
○探し当てたい本が、どの棚にあったか、周辺のラベルについてなどを確かめる。

2 学校の図書館を見学して、図書館の工夫を知る 〈15分〉

T ラベルがなぜ付いているのか、その他に図書館を使うときに知っておくといいことは何かを、司書の先生にお話していただきましょう。

○司書の先生にあらかじめ、図書館の工夫についての説明をしてもらうよう、お願いしておく。
○図書館の本は日本十進分類法によることや、本棚の配列についての説明を聞く。
○調べ学習に使う資料集めには、どんな知識をもっているとよいのか、説明を聞く。説明をワークシートにまとめておくことで、「図書館 達人の極意」を作るときに役立つ。
○学校の図書館の工夫を見つけ、話し合う。

図書館の達人になろう

◇1 ラベル

比較させることで、違いに着目させたい。

913
も

28
エ

E
ロ

何の本でしょう。

図書館のひみつを知り、図書館の達人になろう。

◇2 図書館のひみつを見つけよう。

し書の先生の話から
・分るいしてならべている
・あんない図
・本のしょうかいコーナー
・けんさく用パソコン

◇3 「図書館　達人の極意《ごくい》」を作ろう

〜これさえあれば、図書館利《り》用はらっくらく〜

3 「図書館　達人の極意」を作る〈20分〉

T　図書館の秘密が分かってきましたね。図書館を上手に利用できる「図書館の達人」になって、「極意」をまとめましょう。

○「極意」とは、「その道のとても深い知識」ということを確認する。

○八切の画用紙を一枚ずつ配り、二つ折りにして、内側の見開きのレイアウトは子供たちに任せる。

○司書の先生の説明や自分で発見したことを、ノートに簡単にまとめる。

○図書館を利用する上で、知っていると得をすることを、分かりやすく書く。

○自分の言葉で、分かりやすく伝える工夫をして書くことをめあてとする。

よりよい授業へのステップアップ

身近な学校図書館で発見をすること

図書館に関する知識は、教えられるばかりにならないように、自分で図書館の秘密を探り出すことで、主体的な学びにつなげていきたい。

ラベルから本を探す活動は、分類法と本の配置との両方を学べることになる。

司書の先生とのコラボ授業を

図書館の知識というのは専門性が高い。学校図書館で学んだことは、どこの図書館でも生かすことができる。そうした知識を司書の先生から分かりやすく伝えてもらうことで、図書館がより身近になり、読書への関心も高まっていく。

資料

1 「図書館のひみつを見つけよう！」ワークシート 04-01

〈図書館のひみつを見つけよう！〉

年　組　名前（　　　　　　　　　　）

◇本をさがしやすくするくふう

○

○

○

○

○

◇ちいきの図書館はどんなときに役立つと思いますか。

2「本のラベルのなぞをとこう！」ワークシート 04-02

〈本のラベルのなぞをとこう！〉

年　組　名前（　　　　　　　　　　）

◇ いろいろな本のラベルを書いてみましょう。

◇ 集めたラベルから気がついたことを書きましょう。

言葉

漢字の組み立て／漢字辞典の使い方

4時間扱い

〔知識及び技能〕⑵イ、⑶ウ

単元の目標

・漢字が、かんむり・あし・にょう・たれ・かまえなどとその他の部分によって構成されることを理解できる。
・漢字辞典の使い方を理解し、分かっている情報を基に引くことができる。

評価規準

知識・技能	❶漢字辞典を音訓・部首・総画数から引く方法を理解し、使っている。（〔知識及び技能〕⑵イ） ❷漢字が、かんむり・あし・にょう・たれ・かまえなどとその他の部分によって構成されることを知り、実際の漢字についてその構成を理解している。（〔知識及び技能〕⑶ウ）
主体的に学習に取り組む態度	❸漢字の組み立てや、部首の名称に関心をもち、理解した漢字辞典を用いて、進んで調べようとしている。

単元の流れ

次	時	主な学習活動	評価
一	1	学習の見通しをもつ 漢字を部分に分けたカードを組み合わせる問題に取り組み、かんむり、あし、にょう、たれ、かまえのある漢字集めをする。	
	2	それぞれの部分が何に関係のある漢字を作っているかを予想し、調べる。	❷
二	3	漢字辞典を音訓・部首・総画数から引く方法を知る。調べたい漢字集めをする。	❶
	4	漢字辞典を使って、漢字の読み方、意味、使い方などを調べ、「わたしの／ぼくの漢字辞典」を作る。 学習を振り返る 学習をして、気付いたことや思ったことをまとめる	❸

授業づくりのポイント

〈単元で育てたい資質・能力〉

本単元のねらいは、漢字が、部分によって構成されることを理解し、そのことを用いて漢字の意味や成り立ちに興味を深めることで、漢字辞典の使い方を理解し、分かっている情報を基に引くことができ、そのことを学校や家での日々の学習の中で実践する子供を育てることである。楽しみながら引いて漢字辞典に親しみ、知りたい情報が得られた実感のある場面を設定したい。

具体例

○「遠」「近」「通」に使われているしんにょうは、「道を行く」「進む」という意味を表す形である。このような意味を想起することで、意味を推測したり覚えたりすることがしやすくなる。

○漢字辞典で調べてみたい漢字を集めてもち寄り、「漢字の組み立て」と併せて展開してもよい。

〈教材・題材の特徴〉

３年で学習した、へんやつくりに加え、漢字の構成としてかんむり・あし・にょう・たれ・かまえなどがあることを学ぶ教材である。

また、漢字辞典を音訓・部首・総画数の各索引から引くことを学習する。分かっている情報が何か、その場合どの索引から引くことができるか、子供自身が判断できることを目指したい。

具体例

○「『花』と『菜』は分かるけど、『薬』はどうして、くさかんむりなのかな……」「『悪』も『意』も『感』も全部心の動きを表しているから『心』がついているんだ」といった子供たちのつぶやきや発見を大切にし、学習につなげていきたい。

○初めのうちは、部首を判断することが難しく、総画索引で引かざるを得ないと子供自身が判断する場合もあるだろう。その場合も否定せず、引いた漢字の部首が何であったか注目するよう に促す。部首で引けるようになると短い時間で引けるという喜びを実感させたい。

〈言語活動の工夫〉

漢字の学習が子供たち一人一人の日常の関心とつながるように、子供たちに身近な関心のある文章などから漢字の例を見つけ、調べる活動を行う。

漢字の読み方、意味、使い方などを漢字辞典を引いて調べ、「わたしの／ぼくの漢字辞典」にまとめる。成り立ちや言葉遊びなども書き込み、楽しみながら主体的に漢字に親しめるようにする。

具体例

○各自が関心のある文章などから、かんむり、あし、にょう、たれ、かまえのある漢字をもち寄り、付箋などを用いて同じ部分の漢字を集める。それぞれの部分が何に関係のある漢字を作っているかを予想し、調べる。

○「わたしの／ぼくの漢字辞典」は、ノートの１ページを１つの漢字に充てる。または、B４のコピー用紙の半分を１字に充て、貼り合わせ、年間で１冊の「漢字辞典」を作る。

本時案

漢字の組み立て　1/4

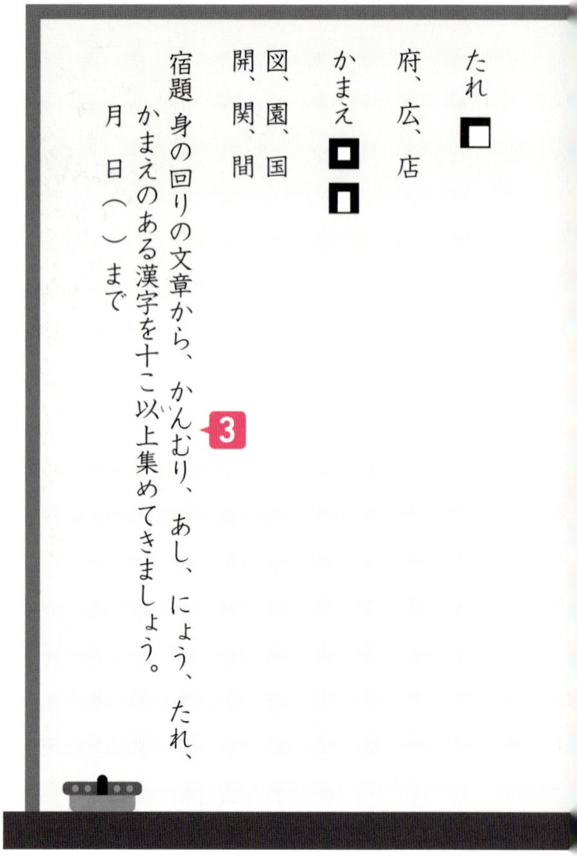

たれ ▛
府、広、店
かまえ ◘ ▜
図、園、国
開、関、間
宿題　身の回りの文章から、かんむり、あし、にょう、たれ、
かまえのある漢字を十こ以《い》上集めてきましょう。
月　日（　）まで
3

本時の目標

・漢字が、かんむり・あし・にょう・かまえなどと、その他の部分などから構成されることを理解できる。

本時の主な評価

・漢字が、かんむり・あし・にょう・かまえなどと、その他の部分などから構成されていることについて理解している。
・漢字の組み立てや、部首の名称に関心をもとうとしている。

資料等の準備

・黒板用漢字カード　05-01
・学習班用漢字カード　05-02
・班発表用ホワイトボード

授業の流れ ▷▷▷

1　「へん」と「つくり」の学習を思い出す　〈５分〉

○日頃から漢字の学習の際に、「へん」と「つくり」を学習用語として用いておくとよい。

T　３年生のとき、「へん」と「つくり」の学習をしたのを覚えていますか。「へん」と「つくり」とは何でしょう。

・「へん」は、漢字の左半分の部分です。
・「つくり」は、漢字の右半分にあります。

T　「へん」と「つくり」にはどのようなものがありますか。

・「糸（いとへん）」「木（きへん）」「亻（にんべん）」「氵(さんずい)」があります。
・「つくり」には何があったかな……。

T　例えば、頭のつくりの「頁（おおがい）」、助のつくりの「力（ちから）」がありますね。

2　漢字のカードを組み合わせて漢字を作る　〈35分〉

○黒板用漢字カード：道、悪、宿、広、間を部分に分けたものをあらかじめ、黒板用に大きく書いて切り、用意しておく。

T　これは元の漢字を部分に分けたカードです。何という字ができるでしょうか。

○学習班用漢字カード：花、菜、薬、家、安、筆、箱、雲、雪、悪、意、感、照、熱、遠、近、通、府、広、店、図、園、国、開、関、間を部分に分けたものを班ごとに配布する。

T　今度は、このカードを班のみんなで協力して組み合わせてみましょう。

T　教科書 p.32、p.33を開きましょう。上下に分けられる字の上の部分をかんむり、下の部分をあしといいます。▙をにょう、▛をたれ、◘や▜をかまえといいます。

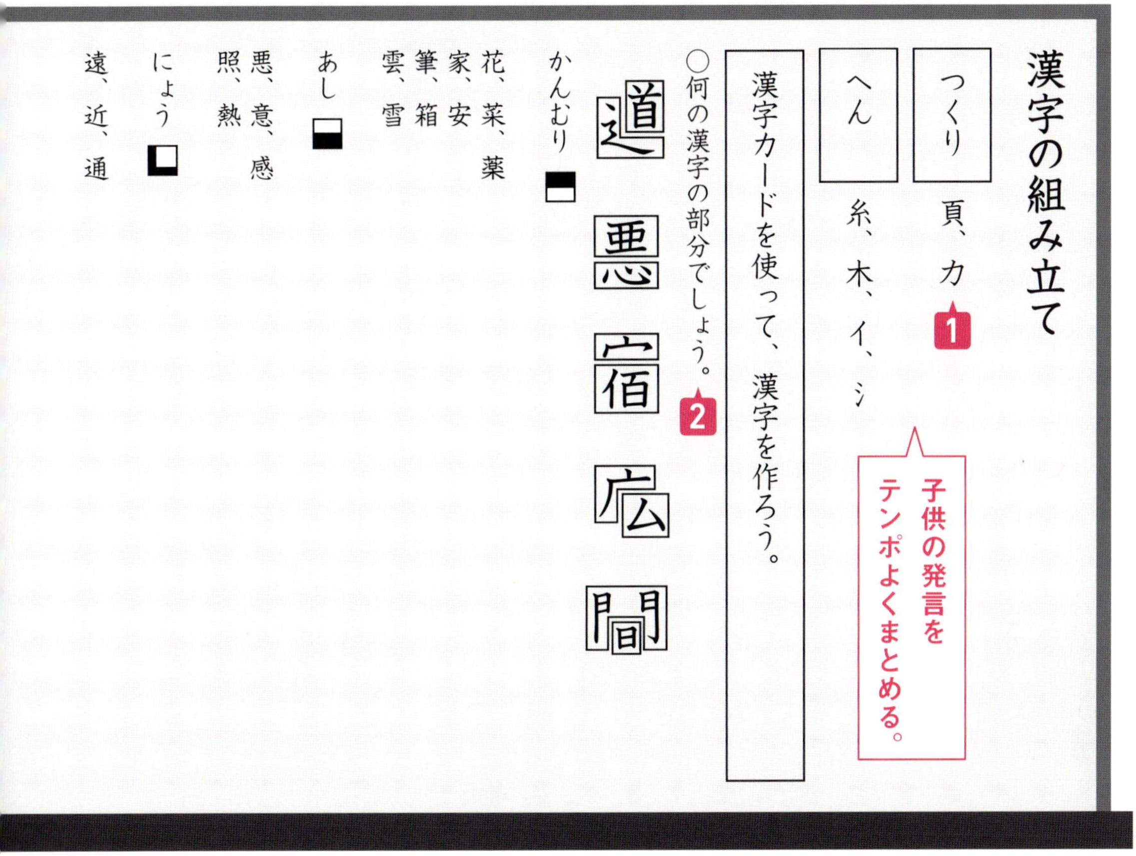

3 振り返る 〈5分〉

T　気付いたことや思ったことを振り返りに書きましょう。

・他にもかんむり、あし、にょう、たれ、かまえの種類はあるのかな。

・花と菜は植物だからくさかんむり。薬はどうしてくさかんむりなのだろう。

T　みなさんの、身の回りの文章にもかんむり、あし、にょう、たれ、かまえのある漢字が見つかるでしょうか。10枚付箋を渡しますので、１枚に１文字、名前ペンで大きく書いて、次の時間に持ってきましょう。

よりよい授業へのステップアップ

漢字の組み立てと部分の意味

ものを絵で表すことから生まれた漢字の歴史を思い起こさせる漢字の部分の由来と意味の学習は、漢字へのイメージを深め、言葉への感性を育てるきっかけになる。

漢字辞典や漢字の由来の本に親しみながら、「政治の『治』がさんずいなのが不思議だったけど、川の流れを穏やかに鎮めることから来ているんだね」という発見がある教室にしたい。

本時案

漢字の組み立て　2/4

本時の目標

・漢字のかんむり・あし・にょう・かまえなどとその他の部分などには、名前や意味があることを理解できる。

本時の主な評価

❷漢字が、かんむり・あし・にょう・かまえなどと、その他の部分などから構成されていること、また、その意味について理解している。【知・技】

資料等の準備

・班発表用ホワイトボード
・１人または２人に一冊の漢字辞典
・班に１冊以上、漢字の成り立ちが調べられる本
・ワークシート　05-03

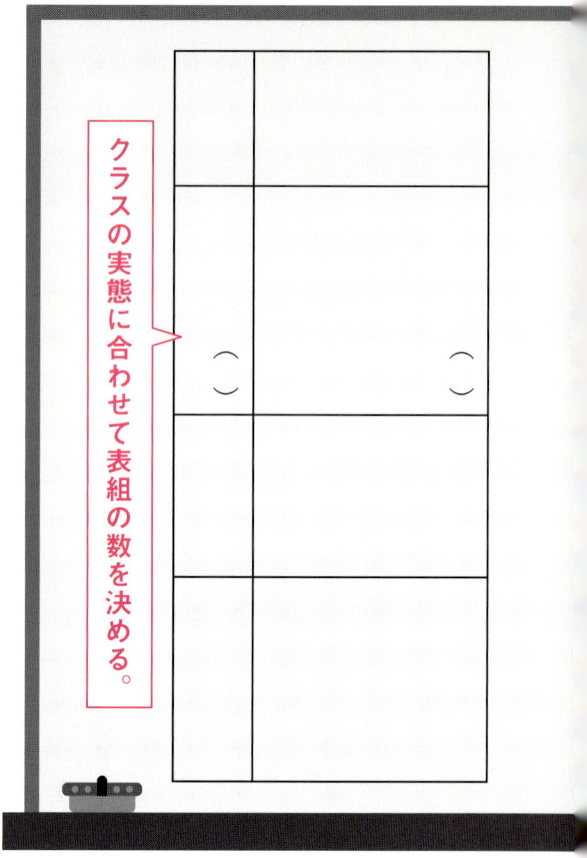

授業の流れ ▷▷▷

1　集めた漢字をグループに分け、予想を立てる　〈10分〉

○各自が集めてきた漢字が書かれた付箋を用意する。

T　付箋を班のホワイトボードに貼りながら、共通する部分がないかをよく見て、集めた漢字をグループに分けましょう。また、それぞれ何に関係のある漢字か予想を立てましょう。

T　予想を立てているうちに、問いも出てきましたね。予想や問いをみんなに教えてくれる人はいますか。

・返、送、遠、近、道は、何かが動いている感じがする。
・感、思は心に関係のある漢字だよね。急はどんなふうに心に関係があるのかな。
・電は、雨かんむりだから雨に関係があるはずだけど、どうして雨に関係があるのだろう。

2　調べる　〈30分〉

T　それぞれの部分が何に関係のある漢字なのか、調べていきましょう。

　漢字の部分について調べる場合は、漢字辞典が便利です。部首索引が表紙の裏に画数順に載っています。例えば、れんがは三画です。そのページを開くと、部首の見出しに意味が載っています。

　１つの漢字について調べる場合は、漢字の成り立ちについて書かれた本を見てみましょう。

T　分かったことをワークシートにまとめましょう。

漢字の組み立て

漢字の組み立てを調べよう。

しゅるい	部分の名前	予想・問い	けっか
にょう	しんにょう（しんにょう）	何かが動いている感じ。	行く、進むの意味に関係がある。
あし	こころ（心）	心 急は心に関係あるのか。	心やせいしんに関係がある。急は、せかせかと追いつくような、少しも手をぬけない気持ち。
かんむり	あめかんむり（雨）	雨 電はどうして雨かんむりか。	雨に関係している。電はいな光

3 振り返る 〈5分〉

T　気付いたことや思ったことを振り返りに書きましょう。

・「薬」は元々、草から作っていたからくさかんむりだと分かりました。

・「電」は、稲光という意味だからあめかんむりなのでした。

・「急ぐ」は動きだから心と関係ないと思っていたけど、「せかせかと追いつくような、少しも手を抜けない気持ち」という心と関係あることが分かっておもしろかった。

・もっと、調べてみたい。

よりよい授業へのステップアップ

漢字辞典の選び方・揃え方

家庭で購入してもらう場合は、子供と一緒に書店に行き、1種類の漢字を複数の辞典で引いて見比べて、見やすい・使いやすいと子供が感じるものを選ぶよう保護者に伝えるとよい。小さなバッグに入れて、机のフックにかけて、いつでも引けるようにしておく。

学校のものを共有する場合は、図書の予算に組み込んでおき、年に数冊ずつ新しいものに入れ替わるように計画しておくとよい。移動式のラックに入れて廊下に置いておき、必要なときにすぐ使えるようにしておく。

本時案

漢字辞典の使い方 3/4

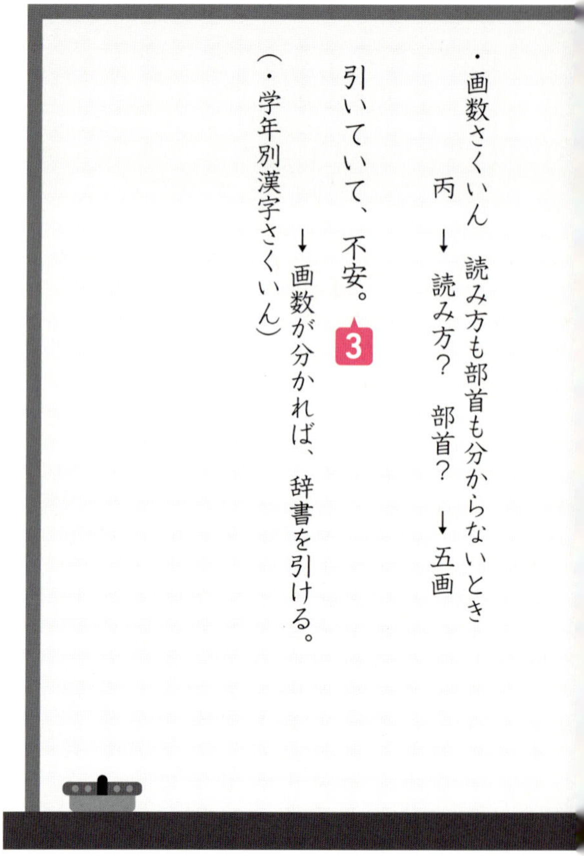

・画数さくいん　読み方も部首も分からないとき
丙　→　読み方？　部首？　→五画
引いていて、不安。
3
→画数が分かれば、辞書を引ける。
（・学年別漢字さくいん）

本時の目標

・漢字辞典を音訓・部首・総画数から引く方法を理解することができる。

本時の主な評価

❶漢字辞典を音訓・部首・総画数から引く方法を理解し、使っている。【知・技】

資料等の準備

・１人または２人に１冊の漢字辞典

授業の流れ ▷▷▷

1 漢字辞典の基本的な作りを知る〈５分〉

T　漢字辞典の引き方を学ぶために、まずは、漢字辞典がどのようにできているか見ておきましょう。１つの漢字について、どのようなことが載っていますか。

・読み方。　・成り立ち。　・意味。　・筆順。

・その漢字を使った語句。　・画数。

T　では、漢字辞典には、３つ、または４つの索引があるのですが、見つかりますか。

・部首索引：表紙を開いたところにある。

・音訓索引：漢字がいっぱい載っている。辞書には全部で何字の漢字が載っているのですか。3,000字載っているって書いてある。

・画数索引：終わりのほうに載っている。

・学年別漢字索引：ない辞書もある。

2 索引ごとの辞書の引き方を知る〈35分〉

T　では、索引ごとに引き方を確認しましょう。

◯部首索引　部首が分かるとき、予想できるとき

部首についての教科書の説明を読み、同じ部分をもっていても、部首が異なる場合があることを確認する。「信」を引く。

◯音訓索引　読み方が分かるとき

読み方が50音順に並んでいることを確認する。「湖」を引く。

◯総画索引　読み方も部首も分からないとき

画数についての教科書の説明を読み、「折れ」や「曲がり」は１画と数えること、ひと続きに見えても、２画と数えるものがあることを確認する。「丙」を引く。

漢字辞典の使い方

漢字辞典の引き方にはどんな方法があるかを知ろう。

◎漢字辞典はどのようにできているか。 1

〇一つずつの漢字について

・読み方　・成り立ち　・意味　・筆順

・その漢字を使った語句《く》　・画数

〇漢字辞典のさくいん

・部首さくいん　部首が分かるとき、予想できるとき 2

信　→にんべん　二画

にんべんのページを開いてからも、また、さがさなきゃいけない。

→にんべんの二画をのぞいた画数の順番でのっている。

・音訓さくいん　読み方が分かるとき

湖　→　みずうみ

たくさんの漢字がのっていて、さがすのがたいへん。

→部首で引けるものをふやしていこう。

3 学習を振り返る　〈5分〉

T　実際に漢字辞書を引いてみて、困ったことや大変だったことはありますか。

・にんべんのページを開くと、にんべんの漢字がたくさん載っていて、そこからまた、探さないといけないから大変です。

・音訓索引には、たくさんの漢字が載っていて、探すのが結構大変でした。

・読み方も部首も分からない字を引くのは不安でした。分からなくても漢字辞書が引けてびっくりしました。

T　次回までに、漢字辞典を引いて調べたい漢字を集めてきましょう。身の回りの文章などで、意味や成り立ちを知りたい漢字、読み方を知りたい漢字を見つけて、メモしてきましょう。

よりよい授業へのステップアップ

漢字辞典を楽しむ

「この辞典に載っている一番画数が多い漢字は『鬱』だ。」「先生、一番画数が多い漢字って何ですか。」「この辞典には、3000字載っているんだって。」「漢字って全部で何字あるの。」「ショウって読む字がこんなにあるの！」

漢字辞典はワンダーランドである。自分の名前の漢字や、興味のある漢字を漢字辞典で調べたいという好奇心を発揮する時間を確保したい。また、漢字についての本や、一般用の厚い「漢字大辞典」を並べて、自由に手に取れるようにして、漢字の世界を広げたい。

本時案

漢字辞典の使い方 4/4

本時の目標

・漢字辞典の使い方を理解し、分かっている情報を基に引くことができる。

本時の主な評価

❸漢字辞典の使い方を理解し、分かっている情報を基に引き方を選ぼうとしている。【態度】

資料等の準備

・１人または２人に一冊の漢字辞典
・「わたしの／ぼくの漢字辞典」のプリント 05–04

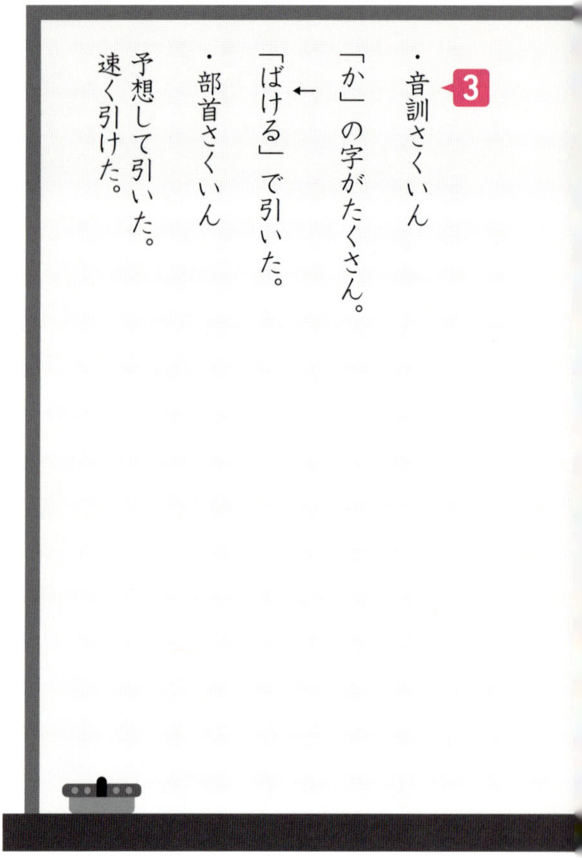
3
・音訓さくいん
「か」の字がたくさん。
↓
「ばける」で引いた。
・部首さくいん
予想して引いた。
速く引けた。

授業の流れ ▷▷▷

1 調べたい漢字を共有する 〈５分〉

T 今日、漢字辞典で引いてみたい字は何ですか。

・「化」片仮名のイとヒみたいで、どうやってできたのかなと思ったからです。
・「飛」かっこいい形だからです。
・「凸」なんて読むのか分からないから調べてみたいです。
・自分の名前の漢字を調べたいです。

2 漢字辞典で調べて、「わたしの／ぼくの漢字辞典」にまとめる 〈35分〉

T どうやったら引けるかを班の中でアドバイスし合いましょう。

○１文字に１ページを充て、貼り合わせていく。年間を通して取り組み続けると、「わたしの／ぼくの漢字辞典」として１冊の本になる。

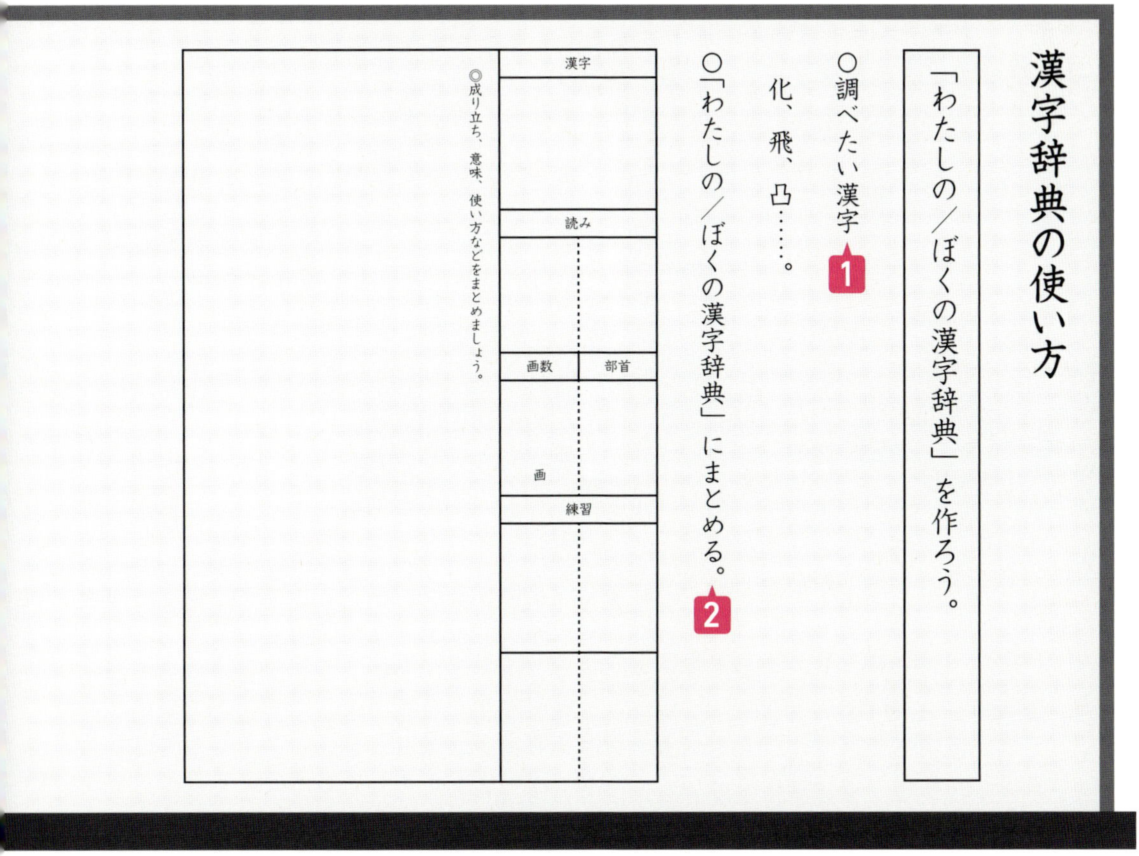
漢字辞典の使い方
「わたしの／ぼくの漢字辞典」を作ろう。
○調べたい漢字
1
化、飛、凸……。
○「わたしの／ぼくの漢字辞典」にまとめる。
2
漢字
読み
画数
部首
画
練習
◎成り立ち、意味、使い方などをまとめましょう。

3 学習を振り返る 〈5分〉

T　漢字辞典を引いて調べて、気付いたことや思ったことを書きましょう。

・漢字辞典を引くのは大変でした。化という字を引こうと思って、音訓索引を見たら、「か」という字がたくさんあって困りました。
・「ばける」で引いたらありました。
・部首を予想して引いたら、載っていてうれしかったです。
・部首が分かっていると速く引けました。

T　部首索引が使えるようになると、速く引けますね。これからも、新しい漢字や調べたい漢字に出合う度に、漢字辞典を引いて、漢字辞典に親しんでいきましょう。

よりよい授業へのステップアップ

「わたしの／ぼくの漢字辞典」の継続

今回、自分の調べたい漢字のまとめに使った「わたしの／ぼくの漢字辞典」の形式を、今後、新出漢字を調べる際に使い、年間を通して継続していく。

学校で送り仮名や筆順などの注意点を確認した後、家庭学習で成り立ち、意味・使い方などを、興味に応じて選択し、紙面を構成していく。イラストで由来を描き、理解していく子、漢字を使った文を書いていくうちに、続き物を書く子など、様々な子が調べ、使っていく中で、漢字に習熟していくことを目指す。

資 料

1 第１時資料　黒板用漢字カード　05-01

首	辶	亜	心	宀	佰	广	厶	門	日

2 第１時資料　学習班用漢字カード　05-02

艹	化	艹	采	艹	楽	宀	豕	宀	女
⺮	聿	⺮	相	雨	云	雨	ヨ	亜	心
立	日心	咸	心	昭	灬	埶	灬	袁	辶
斤	辶	甬	辶	广	付	广	厶	广	占
囗	义	囗	袁	囗	玉	門	开	門	关
門	日								

3 第2時資料　ワークシート 05-03

漢字の組み立て　　　　年　組　名前（　　　　　　）

しゅるい	部分の名前	予想・問い	けっか
（例）にょう	しんにょう（しんにょう）	何かが動いている感じ。	「行く」、「進む」の意味に関係がある。

ふり返り

4 第4時資料　わたしの／ぼくの漢字辞典 05-04

漢字		読み		部首		練習		
				画数	画			

◎成り立ち、意味、使い方などをまとめましょう。

きせつの言葉１

春の楽しみ　２時間扱い

〔知識及び技能〕(1)オ　〔思考力、判断力、表現力等〕Ｂ書くことア

単元の目標

・春の行事について説明する文章を書くことを通して、様子や気持ちを表す語句について理解を深めることができる。

・春の行事について書くことを選び、集めた材料を比較したり分類したりして、伝えたいことを明確にして書くことができる。

評価規準

知識・技能	❶様子や行動、気持ちや性格を表す語句の量を増し、言葉には性質や役割による語句のまとまりがあることを理解し、語彙を豊かにしている。(〔知識及び技能〕(1)オ)
思考・判断・表現	❷「書くこと」において、相手や目的を意識して、経験したことや想像したことなどから書くことを選び、集めた材料を比較したり分類したりして、伝えたいことを明確にしている。(〔思考力、判断力、表現力等〕Ｂア)
主体的に学習に取り組む態度	❸粘り強く書き表し方を工夫し、学習の見通しをもって説明する文章を書こうとしている。

単元の流れ

次	時	主な学習活動	評価
一	1	春という言葉から連想することを共有し、春のイメージを膨らませる。 春の行事といえばどのような行事があるかを考え、友達と共有する。 **学習の見通しをもつ** 春の行事について説明したモデル文を読み、学習の見通しをもつ。 調べたい春の行事を選び、辞書や図鑑等を使って調べる。	 ❶
二	2	春の行事について調べたことを改めて見直し、伝えたいことを明確にする。 モデル文を参考にしながら、春の行事について説明する文章を書く。 **学習を振り返る** 書いた文章を友達と読み合う。	❸ ❷

授業づくりのポイント

〈単元で育てたい資質・能力〉

本単元のねらいは、様子や気持ちを表す語句についての理解を深めさせることである。

そのために、春の行事について調べたことをただまとめるのではなく、その行事がどのような様子であるのかを説明する文章を書かせる。様子を表す語句を自然と思い浮かばせるために、まずは子供自身が春という季節や春の行事、行事に関わる様々なものについて、どのようなイメージをもっているかを出させたい。その上で、どのように書けば、春の行事の様子を説明できるのかをつかませるために、モデル文を提示したり、様子を表す語句の例を示したりするとよい。

具体例

○春の行事（行事に関わるもの）
- お彼岸、春分の日（お墓参り、ぼた餅、牡丹の花）
- お花見（初桜、花冷え、桜前線、花吹雪）
- 端午の節句（五月人形、菖蒲湯、鯉のぼり、吹き流し、かしわ餅）

○様子を表す言葉
- 美しい、おいしい、肌寒い、感動的、新しい、懐かしい、勇ましい、おもしろい、かわいらしい

〈教材・題材の特徴〉

伝えたい春の行事の名前と、その行事について短く説明する文章を書く活動である。カードに書かせることで、書いたものを共有したり、比較・分類したりしやすくなるようにする。説明の部分は二段落で構成させ、一段落目にはその行事の簡単な説明を書き、二段落目には自分が特に印象に残ったことについて、その様子が分かるように書く。教科書にあるモデルや、教師が書いたモデルを子供に読ませ、何がどのように書かれているか、子供自身に見いださせたい。

春の行事については、子供が既に知っている行事だけでなく、辞書や図鑑を調べさせ、新たに知った行事や情報について書かせるのもよい。

具体例

○モデルのカードを子供に配布し、何が書かれているのかサイドラインや説明を書かせながらつかませる。特に二段落目には様子が書かれていることを確認するようにする。

○書いたカードを共有する場面では、同じ行事について説明したカードを並べて比較することで、同じ行事を説明していても様子を表す言葉が異なることに気付かせたい。

〈他教材との関連〉

「夏の楽しみ」と関連させて学習させると、子供の言葉の力を育むのに効果的である。「夏の楽しみ」においては、行事について説明する文章ではなく、俳句で表す言語活動を行う。説明する文章で使う言葉と、俳句のように情景を表現する文章で使う言葉は異なる。本単元で様子を表す言葉をたくさん知り理解を深めておくことが、俳句づくりの際、言葉をさらに吟味することにつながっていく。

具体例

○例えば、楽しい行事の様子を「楽しい」と表現するのではなく、「心おどる」と表現するなど、本単元で磨いた様子を表す言葉を、何かにたとえたり、物語の表現を真似たりしながら吟味させることで、子供の言葉の力をさらに育むことができるだろう。

本時案

春の楽しみ

1/2

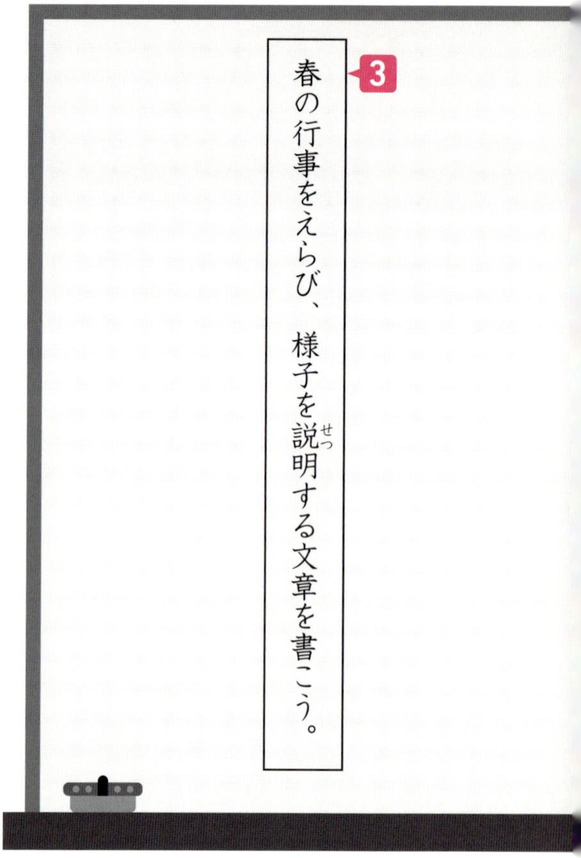
3
春の行事をえらび、様子を説《せっ》明する文章を書こう。

本時の目標

・春の行事について書くことを選び、集めた材料を比較したり分類したりして、伝えたいことを明確にして書くことができる。

本時の主な評価

❶様子を表す語句の量を増し、語彙を豊かにしている。【知・技】

資料等の準備

・教科書 p.38の「大だこ祭り」のモデル文のコピー
・春の行事について調べられる図鑑、辞書、春の行事の名前を書いたカード

授業の流れ ▷▷▷

1 春の行事といえばどのような行事があるか考え、友達と共有する 〈10分〉

T 春といえば、どのような行事がありますか。
・お花見。
・ひな祭り。
・子どもの日。
○子供からは身近である行事しか出されないことが考えられるため、「お彼岸」や「八十八夜」など、春に行われる行事をあらかじめカードに書いておき、提示するのもよい。
T それぞれの行事と関係する言葉を考えてみましょう。例えば「子どもの日」と関係する言葉はどのような言葉がありますか。
・かしわもち。
・こいのぼり。
・かぶと。

2 春の行事について説明したモデル文を読み、学習の見通しをもつ〈10分〉

T この文章は春の行事について説明したものです。どのようなことが書かれていますか。段落ごとに考えましょう。
○教科書 p.38のモデル文を、サイドラインを引きながら読ませることで、何がどのように書かれているのかを子供自身につかませたい。
・最初の段落は行事の説明が書かれています。
・次の段落の最後には「かっこいい。」って書いてあって、その行事がどんな様子かを書いています。
T みんなも紹介したい春の行事を一つ決めて、このモデル文のように説明する文章をカードに書きましょう。

春の楽しみ

1 春の行事といえば

・お花見
・ひな祭り
・子どもの日（かしわもち、こいのぼり、かぶと）
・おひがん
・八十八夜
・春分の日

2 〈モデル文〉

教科書 p.38 のモデル文

最初の段落…行事の説明

大だこ祭り
こどもの日に、子どもの成長をねがって行われる。始まりはえど時代だという。十メートルをこえる大きなたこが、いくつもあがる様子は、とてもかっこいい。

その行事がどんな様子か。

3 調べたい春の行事を選び、辞書や図鑑等を使って調べる 〈25分〉

T 調べたい春の行事を一つ決めて、辞書や図鑑を使って調べましょう。

〇子供が春の行事について調べられるよう、あらかじめ図鑑を教室に用意しておくとよい。

・私は八十八夜にしようかな。

・ぼくはお花見の説明を書いてみよう。

〇まずは調べたことのメモや下書きをノートに書かせておく。次時にノートに書いたことを基にカードに書けるようにすることが本時の目標である。

〇次時にカードに書き、共有することを知らせておくことで、子供の調べる意欲を高めるようにするとよい。

よりよい授業へのステップアップ

様子を表す言葉を集める

様子を表す語彙を豊かにすることで、説明したい行事の様子にぴったりな表現を子供が選べるようにしたい。そのために、あらかじめ子供とともに様子を表す言葉にはどのような言葉があるか考えたり、こちらから提示したりするとよい。

モデル文の提示

教科書のモデル文を提示するのもよいが、教師が書いたものを併せて提示することで、子供は学習に対する意欲が高まるとともに、学習の見通しをもちやすくなる。

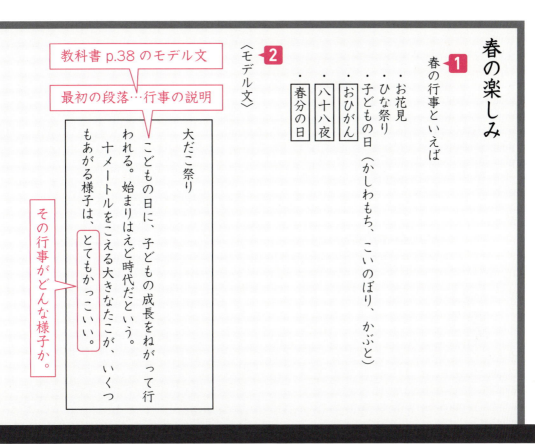

本時案

春の楽しみ

2/2

本時の目標

・春の行事について説明する文章を書くことを通して様子や気持ちを表す語句について理解を深めることができる。

本時の主な評価

❷相手や目的を意識して、経験したことや想像したことなどから書くことを選び、集めた材料を比較したり分類したりして、春の行事について伝えたいことを明確にしている。【思・判・表】

❸粘り強く書き表し方を工夫し、学習の見通しをもって説明する文章を書こうとしている。【態度】

資料等の準備

・教科書 p.38の「大だこ祭り」のモデル文コピー
・春の行事ついて調べられる図鑑、辞書

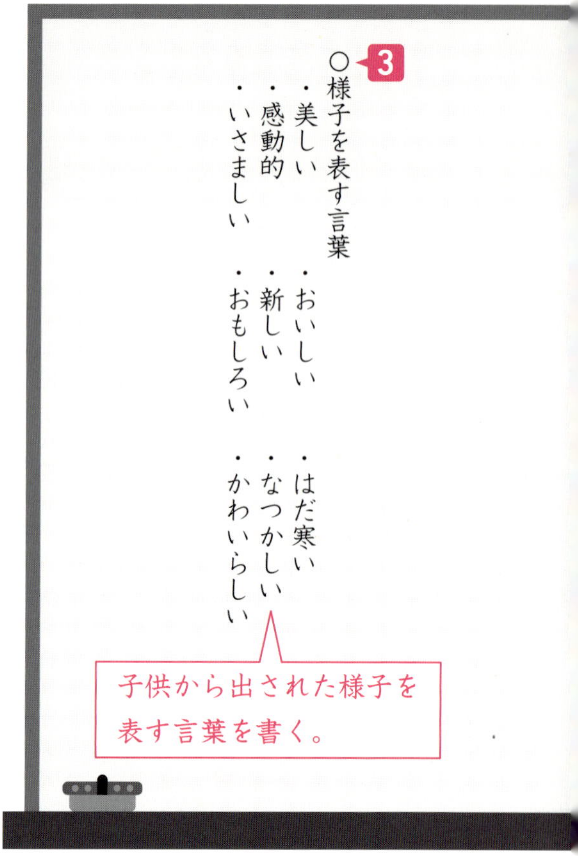

3
○様子を表す言葉
・美しい
・おいしい
・はだ寒い
・感動的
・新しい
・なつかしい
・いさましい
・おもしろい
・かわいらしい
子供から出された様子を表す言葉を書く。

授業の流れ ▷▷▷

1 春の行事について調べたことを改めて見直し、伝えたいことを明確にする〈5分〉

T　前の時間は図鑑や辞書を使って、春の行事について調べましたね。ノートにメモをしたことを見直して、何の行事をどのように説明するかを考えましょう。

・私は八十八夜について説明する文章を書こう。八十八夜とは立春から八十八日目のことで、お茶つみをするらしい。どんな様子かな。

○様子を表す言葉については、前時に確かめたものを掲示しておき、見直させることで子供が書きやすくなるようにする。

2 モデル文を参考にしながら、春の行事について説明する文章を書く〈25分〉

○書かせる前に、前時に確かめたモデル文を再度読ませ、構成や表現の仕方を確かめるようにするとよい。

・最初の段落は説明を書いて、次の段落は様子を表す言葉を書くんだったな。

T　ノートに書いたことをもとに、カードに文章を書きましょう。

○カードを配り書かせることで、共有したり教室に掲示したりしやすくなるようにする。

春の楽しみ

1 春の行事について説《せつ》明する文章を書き、読み合おう。

〈モデル文〉

教科書 p.38 のモデル文

最初の段落…行事の説明

大だこ祭り

こどもの日に、子どもの成長をねがって行われる。始まりはえど時代だという。十メートルをこえる大きなたこが、いくつもあがる様子は、とてもかっこいい。

その行事がどんな様子か。

2 ○春の行事

・ひな祭り
・こどもの日
・八十八夜
・おひがん
・お花見

子供が選んだ春の行事名を書く。

3 書いた文章を友達と読み合う 〈15分〉

T　書いたカードを友達と読み合いましょう。読んで分かったことや、聞きたいことを伝え合いましょう。

・「いさましい」って表現がいいね。どういう様子を表しているのかもう少し詳しく教えて。

・同じひな祭りを説明していても、説明の仕方が違っていておもしろいね。

○書いたカードを共有する場面では、グループで読み合ったり、同じ行事について説明した友達とカードを並べて比較したりすることが考えられる。同じ行事を選んだ友達との共有では、同じ行事を説明していても様子を表す言葉が異なることに気付かせたい。

よりよい授業へのステップアップ

言葉をためておく

子供から出された様子を表す言葉は「言葉の玉手箱」等として、教室掲示に残したり、ノートに書かせたりしてこれからの学習や生活の必要な場面でいつでも使えるようにしておくとよい。

交流の視点

カードを読み合う場面では、よいと思った表現、自分と異なる（似ている）説明の仕方などの交流の視点を示すことで単なる発表会にならないようにする。

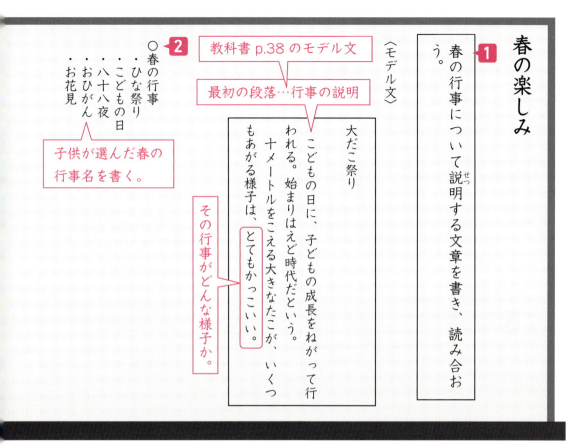

大事なことを落とさずに聞こう

聞き取りメモのくふう　（6時間扱い）

〔知識及び技能〕⑴イ、⑵イ　〔思考力、判断力、表現力等〕A話すこと・聞くことエ　関連する言語活動A⑵イ

単元の目標

・必要なことを記録しながら聞き、話し手が伝えたいことや自分が聞きたいことの中心を捉えることができる。

評価規準

知識・技能	❶相手を見て話したり聞いたりするとともに、言葉の抑揚や強弱、間の取り方などに注意して話している。（〔知識及び技能〕⑴イ） ❷必要な語句などの書き留め方を理解し使っている。（〔知識及び技能〕⑵イ）
思考・判断・表現	❸「話すこと・聞くこと」において、必要なことを記録しながら聞き、話し手が伝えたいことや自分が聞きたいことの中心を捉えている。（〔思考力、判断力、表現力等〕Aエ）
主体的に学習に取り組む態度	❹目的に合った聞き取りメモを取るための工夫について、考えようとしている。

単元の流れ

次	時	主な学習活動	評価
一	1	学習の見通しをもつ メモを取った経験を振り返る。 話を聞きながらメモを取り、仲間と比較しながら、メモの取り方の工夫を整理する。	
二	2	話を聞く相手を決め、聞きたいことを整理する。	❷
	3	話を聞き、工夫してメモを取る。	❸
	4	メモを使って発表する。	❶
三	5	目的に合ったメモの取り方について考え、「メモの取り方とらのまき」にまとめる。	❹
	6	学習を振り返る 「メモの取り方とらのまき」を読み合い、学習を振り返る。	

授業づくりのポイント

〈単元で育てたい資質・能力〉

本単元のねらいは、必要なことを記録しながら聞き、話し手が伝えたいことや自分が聞きたいことの中心を捉えることである。そのうち、特に聞き取りメモを取ることに重点をおいている。メモの取り方を振り返る観点としては、話のどこを中心として捉えたか、どのくらい長くあるいは短く書き取ったか、事柄と事柄の並べ方や関係付け方などが挙げられる。

具体例

メモを取ることには、連絡事項を自分のためにメモするときのように単語だけを短く書けばよい場合や、新聞やレポートに載せるインタビューのように、相手の話した単語や言い回しと書かれていることにずれがないことに注意をすべき場合、間投詞や語尾まで書ける限り詳しく記述したほうがいい場合などがある。どのような場合には、どのような工夫をしてメモを子供たち自身が判断し実行できるように育てていきたい。

〈教材・題材の特徴〉

話を聞く相手の選択は、メモを工夫して取る動機付けに大きく関わる。話を聞く相手の選択・依頼を含めて、子供自身に行わせたい。話を聞く相手の選択・依頼をする過程は、なぜ、話を聞きたいか、何を聞き取りたいかを改めて明らかにする過程になるであろう。

なお、インタビューや口頭での連絡などの音声言語は、その場限りで消えてしまうもので後から振り返ることが難しい。メモが適切であったかの振り返りにおいては、タブレットなどの録画機能やボイスレコーダーを適宜活用して、活動を共有したり振り返ったりしていきたい。

具体例

○「それぞれの委員会がどんな仕事をしているのか—委員会活動をする上級生に」「街のくらしでこまっていること—しょうがいをもつ方、お年より、小さい子どもを育てている方などに」など、子供たちが聞きたい、調べたいと感じている題材であること、また、メモを発表して聞き合う必然性があることを大切にした学習環境を設定したい。

〈言語活動の工夫〉

自分が取ったメモから自分が聞いたことを思い出して発表したり、仲間のメモを使った発表を聞いた後メモを見せてもらったりしながら、目的に合ったメモの取り方について考え、「メモの取り方とらのまき」にまとめる。

具体例

○自分のメモに足りなかったことやメモの工夫のよさを自覚するきっかけとして、自分が取ったメモを基に発表することや、発表したことに対しての質問に答えることを設定する。メモの取り方の気付きは、見出しを書く、短い言葉で書く、記号を使う、といった書き方のコツはもとより、質問したいことを間を空けて書き出しておくといった準備のコツ、話を聞き終わったらすぐにメモを読み返して必要なことを書き足すといった、終わった後にしたいことの気付きなどがあるだろう。それらを後から自分が見やすいようにまとめることを呼びかける。

本時案

聞き取りメモのくふう　1/6

本時の目標

・メモを取った経験を思い出し、目的に合った聞き取りメモを取るための工夫に関心をもつことができる。

本時の主な評価

・目的に合った聞き取りメモを取るための工夫について、考えようとしている。

資料等の準備

・特になし

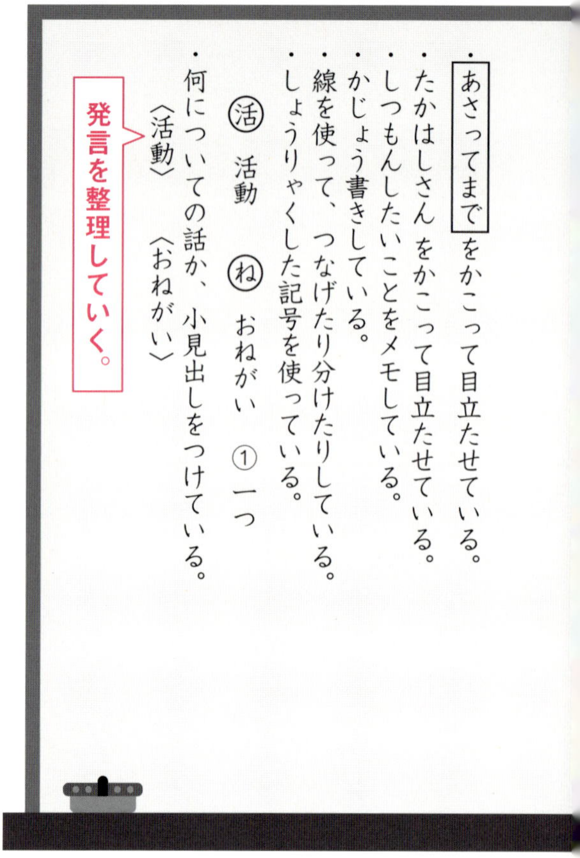

・あさってまでをかこって目立たせている。
・たかはしさんをかこって目立たせている。
・しつもんしたいことをメモしている。
・かじょう書きしている。
・線を使って、つなげたり分けたりしている。
・しょうりゃくした記号を使っている。
㊖ 活動　ね おねがい　① 一つ
・何についての話か、小見出しをつけている。
〈活動〉〈おねがい〉
発言を整理していく。

授業の流れ ▷▷▷

1 メモを取った経験を思い出し、学習の見通しをもつ　〈10分〉

T　みなさんは、話を聞いて、メモを取った経験がありますね。どんなときにメモを取りますか。

・連絡帳。　・社会科見学。　・自由研究。

T　そのとき、「メモを取ってよかったなということや困ったな」、「こんなメモを取ればよかった」ということはありますか。

・時間がなくて、聞いたことを全部書き切れなかった。

・書いてあることが分からなくて、後で使えなかった。

○学習の見通しを示し、提案する。

2 メモを取る　〈5分〉

T　メモを取る前に、どのような準備が必要ですか。

・ノートを書きやすい平らな場所に置く。

・鉛筆を用意する。

・ノートに日付を書く。

聞き取りメモのくふう

1
○メモを取ったときに、こまったこと
・時間がなくて、聞いたことを全部書き切れなかった。
・書いてあることが分からなくて、後で使えなかった。

〈学習の見通し〉
□メモの取り方のくふうを考える。
□聞きたいことを整理する。
□インタビューのおねがいに行く。
□インタビューしてメモを取る。
□メモを使って、話の内容《よう》をみんなに知らせる。
□聞き取りメモのこつを「とらのまき」にまとめる。

2
話を聞きながらメモを取ろう。

3
○メモの取り方のくふう
・にているところ
・ちがうところ

3 メモの取り方の工夫について振り返り、考える 〈30分〉

T　ペアの相手とメモを見せ合って、似ているところや違うところを見つけましょう。聞き取りメモには、どんな工夫がありましたか。

・あさって まで が大事なので目立たせました。
・何に書いて出すのかが分からなかったから、質問したいことをメモしました。

○各時間に出た、聞き取りメモの取り方の工夫を書き溜めていき、第５時に用いる。

よりよい授業へのステップアップ

学習の見通しの掲示

単元の流れを、画用紙等に書いて掲示しておくことで、見通しをもたせる。子供たちの自発的な学びを促したい。

〈学習の見通し〉
□メモの取り方のくふうを考える。
□聞きたいことを整理する。
□インタビューのおねがいに行く。
□インタビューしてメモを取る。
□メモを使って、話の内容《よう》をみんなに知らせる。
□聞き取りメモのこつを「とらのまき」にまとめる。

本時案

聞き取りメモのくふう

2/6

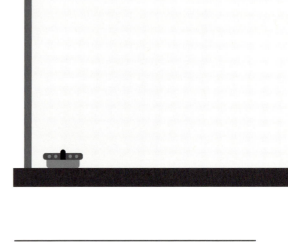

本時の目標

・相手に聞きたいことを挙げ、整理することができる。

本時の主な評価

❷必要な語句などの書き留め方を理解し、使っている。【知・技】

資料等の準備

・特になし

授業の流れ ▷▷▷

1 誰にインタビューするかを決め、聞きたいことを整理する 〈25分〉

○どの委員会の人にインタビューしたいかの希望を聞き、１対１になるよう割り振る。

T　あなたやクラスのみんなが知らないことについて、委員会の人に話を聞きます。何を質問したら詳しく話が聞けるでしょうか。

・委員会の仕事。

・入ってから意外だなと思ったこと、驚いたこと。

・大変なこと。

・おもしろいこと。

・来年委員会を選ぶ４年生に一言。

T　質問したいことを考えてノートに書き出しましょう。また、順番が分かるようにしましょう。

2 聞き方のこつを考える 〈15分〉

○悪い例とよい例を実演し、２つを比較して、聞き方のこつを見つける。教科書 P.44–45も参考にするとよい。

〈悪い例〉

・相手の顔を見ないで、返事をしたりメモを取ったりしている。

・ぶっきらぼうな言い方で、不機嫌に見える。

・はい、いいえで答えて終わってしまう質問。

〈よい例〉

・相手の顔を見て、話しかけている。

・優しい話し方で、笑顔が感じよい。

・相手の考えや思いを引き出す質問。

○よい例を「聞き方のこつ」としてまとめ、単元を通して掲示しておく。

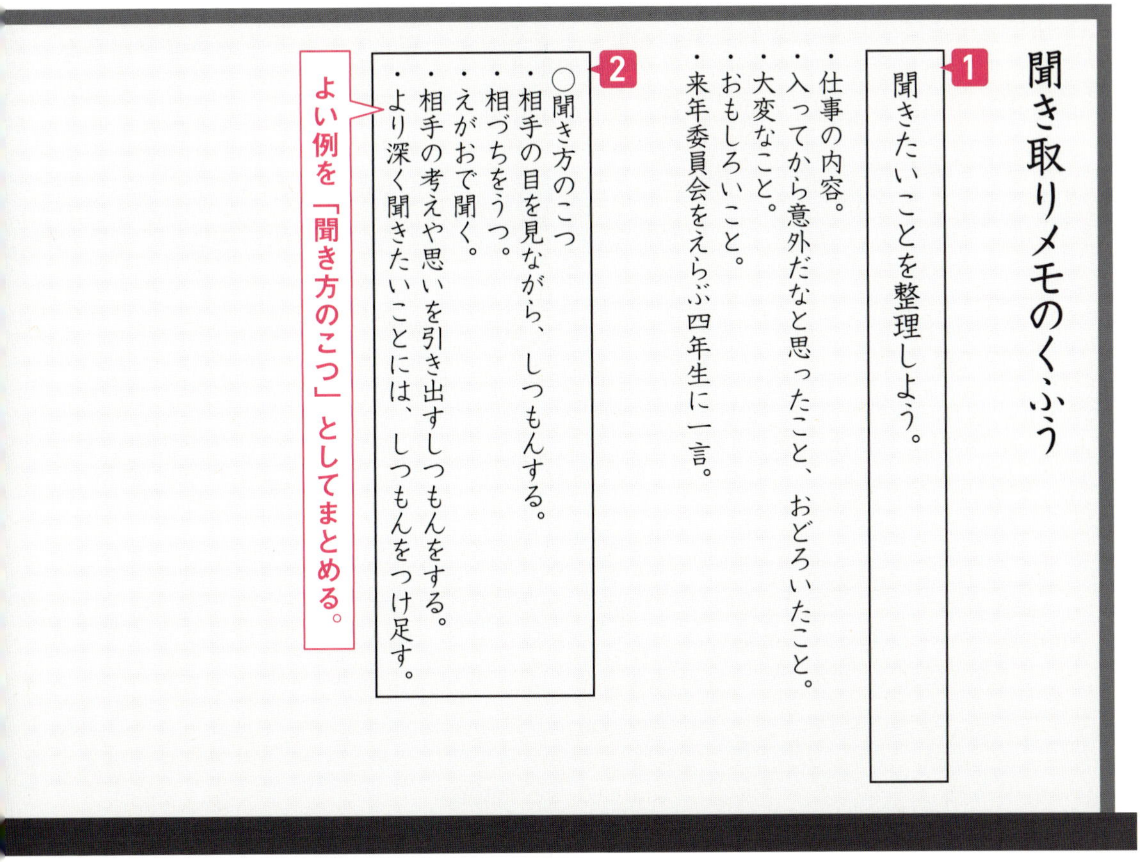
聞き取りメモのくふう
1
聞きたいことを整理しよう。
・仕事の内容。
・入ってから意外だなと思ったこと、おどろいたこと。
・大変なこと。
・おもしろいこと。
・来年委員会をえらぶ四年生に一言。
2
○聞き方のこつ
・相手の目を見ながら、しつもんする。
・相づちをうつ。
・えがおで聞く。
・相手の考えや思いを引き出すしつもんをする。
・より深く聞きたいことには、しつもんをつけ足す。
よい例を「聞き方のこつ」としてまとめる。

3 振り返る 〈5分〉

T　気付いたことや思ったことをふり返りに書きましょう。

・インタビューして、新しいことが知りたいです。
・クラブについて、３年生から聞かれるとしたら、こういうことかなと考えて質問を書きました。
・ぼくは、ときどき、ぶっきらぼうに話してしまうことがあるので、直したい。

○朝の時間等を使って、インタビューのお願いに行き、相手と顔合わせをしておく。

よりよい授業へのステップアップ

振り返りの習慣を付ける

子供が自分自身の言葉で学習を振り返る習慣を付ける。振り返ることは、学んだ事柄について認識する力を育て、学びの定着や他の場面での応用につながっていく。

振り返りを学習時間の最後に共有したり、次時の始めに教師から紹介したりすることで、その子だけでなく、周りの子供たちの学びとしても広がる。

本時案

聞き取りメモのくふう　3/6

本時の目標

・話を聞き、工夫してメモを取ることができる。

本時の主な評価

❸必要なことを記録しながら聞き、話し手が伝えたいことや自分がききたいことの中心を捉えている。【思・判・表】

資料等の準備

・特になし

授業の流れ ▷▷▷

1 インタビューをしてメモする 〈20分〉

○互いの声が十分に聞き取れるように、スペースにゆとりがある環境で、インタビューする。

○前時でまとめた聞き方のこつを再掲しておく。

T　今日は、忙しい中５年生にインタビューの時間をいただきました。よく聞いて、しっかりメモをしましょう。

2 メモを見直し、自分の感想を書く。伝える準備をする 〈20分〉

T　メモを見直して、後から読んだときに分かるように、インタビュー中に書き取れなかったことを足したり、気付いたことや思ったことを書いたりしましょう。また、大事なことを丸で囲んで、次回にみんなに伝える準備をしましょう。

・聞いているときは書き切れなかったけれど、覚えていた。すぐに見直してよかった。

○話を末尾までメモをしていて、大事なことが書き取れていない子どもには、個別に支援をする。

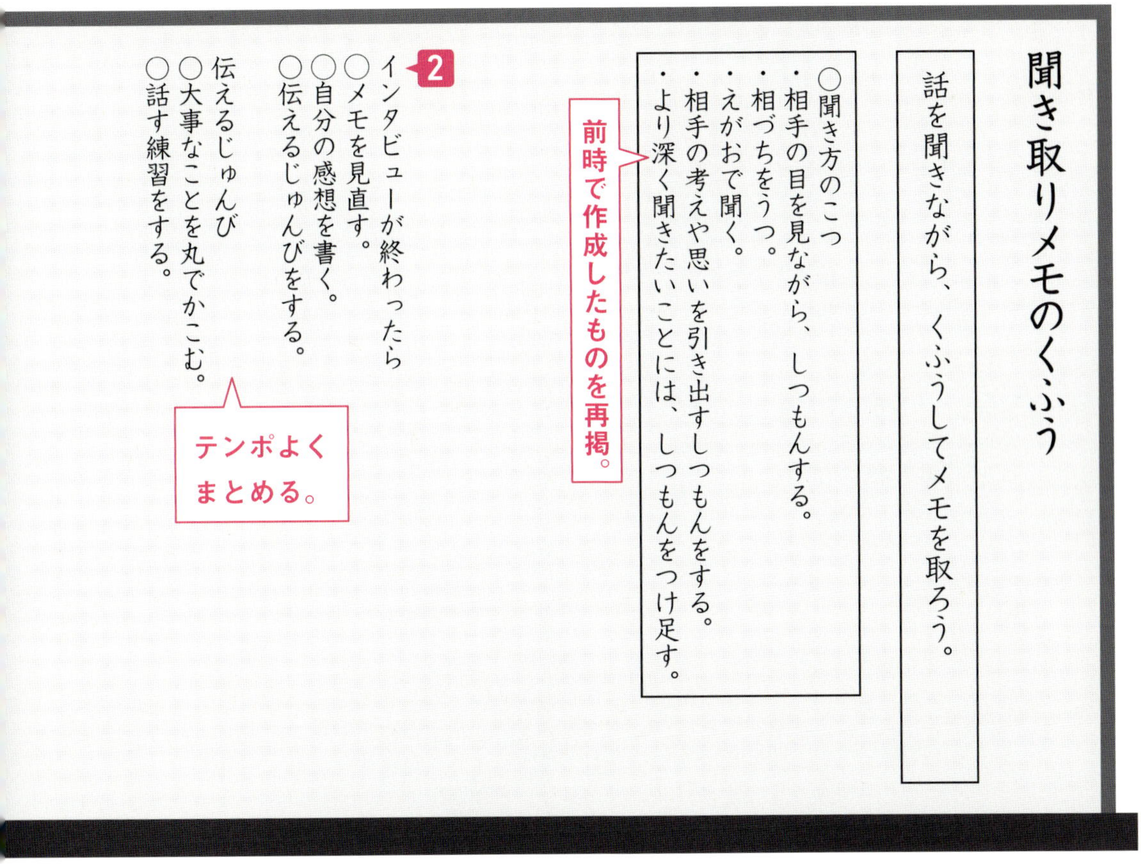
聞き取りメモのくふう
話を聞きながら、くふうしてメモを取ろう。
○聞き方のこつ
・相手の目を見ながら、しつもんする。
・相づちをうつ。
・えがおで聞く。
・相手の考えや思いを引き出すしつもんをする。
・より深く聞きたいことには、しつもんをつけ足す。
前時で作成したものを再掲。
2
インタビューが終わったら
○メモを見直す。
○自分の感想を書く。
○伝えるじゅんびをする。
伝えるじゅんび
○大事なことを丸でかこむ。
○話す練習をする。
テンポよくまとめる。

3 振り返る 〈5分〉

T 実際に、話を聞きながら聞き取りメモを書いて、どうでしたか。うまくいったことや困ったことを振り返りましょう。

・相づちを打つと、相手が話しやすそうにしている感じがしました。
・用意していなかった質問を、聞いているうちにしたくなってしたら、詳しく聞くことができました。
・聞きながらメモをするのは、大変だったけど、線でつなげるというのをやってみたら、ちょっと、メモが分かりやすくなった気がします。

よりよい授業へのステップアップ

相手との関係づくり

緊張した雰囲気でのインタビューでは、相手の考えや思いをうまく引き出せない結果に終わってしまう。適度に打ち解けた雰囲気ならば、聞く側が適切な質問を付け足したり相づちを打ったりしやすくなり、結果的に、話し手の考えや思いが引き出しやすくなる。

そうした相手との関係づくりを目指し、事前にあいさつをして顔を合わせておく、他のグループとの適度な距離が保てる場所を確保する、和やかな雰囲気で始める、などの手立てを取っておきたい。

本時案

聞き取りメモのくふう 4/6

本時の目標

・聞き取りメモを使って、大事なことを落とさずに、発表をすることができる。

本時の主な評価

❶相手を見て話したり聞いたりするとともに、言葉の抑揚や強弱、間の取り方などに注意して話している。【知・技】

資料等の準備

・特になし

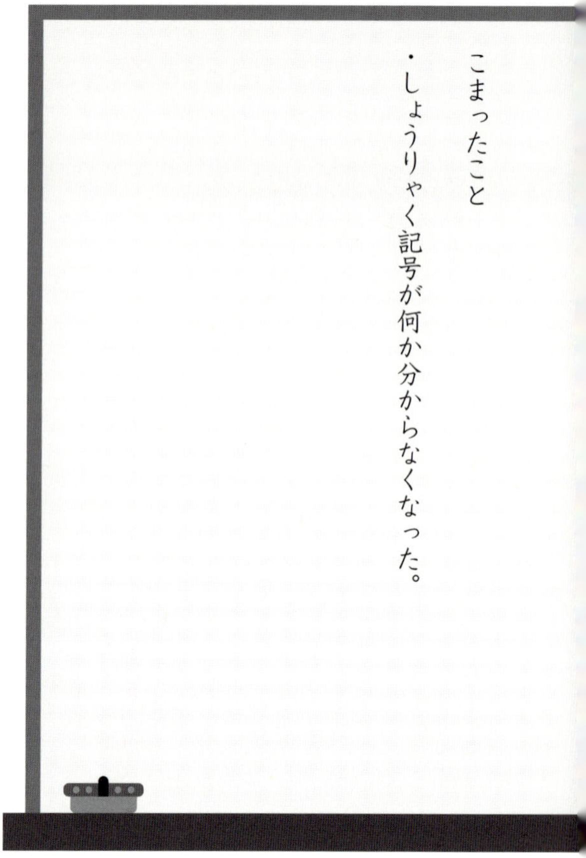

こまったこと
・しょうりゃく記号が何か分からなくなった。

授業の流れ ▷▷▷

1 聞き取りメモを使って、聞いてきた内容を伝える 〈20分〉

○伝える内容が重ならないように、あらかじめグループを分けておく。4～8人のグループ内でメモを使って、聞いてきたことを伝える。

T　前回、インタビューをして、どんなことが分かりましたか。グループの人に伝えましょう。

2 聞き取りメモについて、ふり返る 〈20分〉

T　聞き取りメモを使って、伝えてみて、どうでしたか。メモの取り方で工夫したことは役に立ったでしょうか。うまくいったことや困ったことを教えてください。

・聞いている間に大事なことを丸で囲んでおくと、伝えるときにも、それが大事だと思って伝えられました。

・小見出しはいらないんじゃないかと思っていたけど、伝えるときに便利でした。

・私は、省略してメモすると、後で分からなくなってしまいます。丸で囲んだり小見出しを付けたりすることで分かりやすくしたいです。

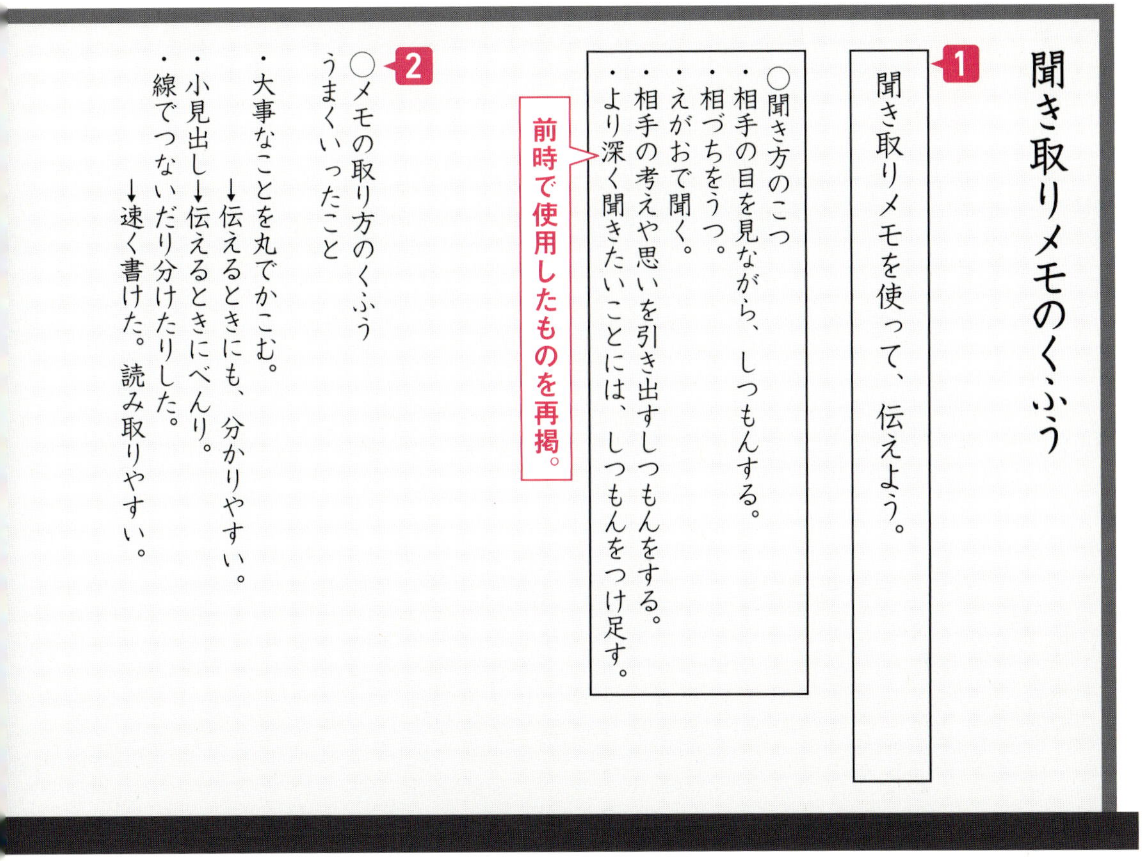
聞き取りメモのくふう
1
聞き取りメモを使って、伝えよう。
○聞き方のこつ
・相手の目を見ながら、しつもんする。
・相づちをうつ。
・えがおで聞く。
・相手の考えや思いを引き出すしつもんをする。
・より深く聞きたいことには、しつもんをつけ足す。
前時で使用したものを再掲。
2
○メモの取り方のくふう
うまくいったこと
・大事なことを丸でかこむ。
↓伝えるときにも、分かりやすい。
・小見出し↓伝えるときにべんり。
・線でつないだり分けたりした。
↓速く書けた。読み取りやすい。

3 振り返り 〈5分〉

T　今日の学習を振り返りましょう。

・○○さんは、省略が苦手と言っていたけれど、ぼくは、省略の記号や線を使って書くと、話がよくメモできたし、内容が分かりました。

○どのメモのこつが使いやすいかには、個人差があるので、自分が書きやすく、また、後で使いやすい方法を選択できるようにしていく。

よりよい授業へのステップアップ

他者の振り返りから自分を見つめる

自分の書いたメモを使って伝えることで、自分のメモの長所や短所に気付くことをねらった活動である。自分について語り、他者の振り返りから自分との共通点や相違点を見つけ、自分を見つめる。困ったことや、自分のメモの課題を卑下せずに語れる関係を日頃から築いておきたい。

また、不得意なことが何かに気付いて、それをどんな手段でフォローできるかということまで考えて、次回につなげられるようにしたい。

本時案

聞き取りメモのくふう 5/6

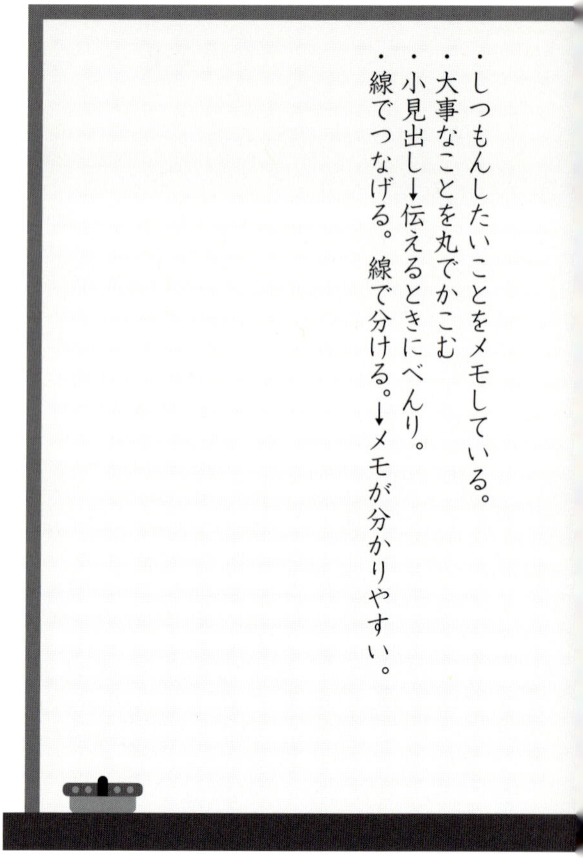
・しつもんしたいことをメモしている。
・大事なことを丸でかこむ
・小見出し↓伝えるときにべんり。
・線でつなげる。線で分ける。↓メモが分かりやすい。

本時の目標

・目的に合った聞き取りメモを取るための工夫について、自分の考えをまとめることができる。

本時の主な評価

❹目的に合った聞き取りメモを取るための工夫について、自分の経験から考えようとしている。【態度】

資料等の準備

・「聞き取りメモとらのまき」用の用紙 07-01

授業の流れ ▷▷▷

1 「聞き取りメモとらのまき」を作るイメージをもつ 〈5分〉

○本時までの学習においての、「聞き取りメモのこつ」を掲示しておく。

T これまでの学習を通して、みなさんは、たくさんの聞き取りメモのこつを見つけてきました。自分が発見したこつや、仲間が見つけたこつで「なるほど取り入れたい」と思ったものをまとめて「聞き取りメモとらのまき」を作りましょう。次のどちらかの３つの視点で、まとめるのがおすすめです。

・聞く前、聞いている間、聞いた後
・基本のキ、できるといいな、できたら名人

2 「聞き取りメモとらのまき」を作る 〈35分〉

T 自分が今度インタビューするときに、実際に使えるように具体的に書きましょう。

○具体例を入れたり、イラストを入れたりして、自分が本当に使いたくなる「聞き取りメモとらのまき」になるように、丁寧に作ることを促す。

○題名、名前、メモの取り方のこつ、自分の感想が入るようにする。

聞き取りメモのくふう

1

「聞き取りメモとらのまき」を作ろう。

○自分に分かるように書く。
・具体的に。
・イラストなども入れて。

2

○三つの視《し》点でまとめる。
話を聞く前
聞いている間
聞いた後

基《き》本のキ
できるといいな
できたら名人

○自分の感想を書く。
聞き取りメモのこつ
・大事なことをかこって目立たせている。
→伝えるときにも、分かりやすい。

3 振り返る 〈5分〉

T 「聞きとりメモとらのまき」を作って、気付いたことや思ったことを書きましょう。

・ぼくは、「基本のキ」と「できるといいな」はできていた。○○さんのメモを見て、いいなと思ったことを「できたら名人」に書いた。

よりよい授業へのステップアップ

視点の提示

子供たちがまとめ方を考える拠りどころとして、3つずつ2種類の視点を提示した。聞く段階に着目した、話を聞く前・聞いている間・聞いた後。聞き手の技の難しさに着目した、基本のキ・できるといいな・できたら名人。「違う視点でもいいですか」と子供たちから第3の案が出てくるとよりよい。

本時案

聞き取りメモのくふう 6/6

本時の目標

・目的に合った聞き取りメモを取るための工夫について、仲間のまとめから学び、考えを新たにすることができる。

本時の主な評価

・目的に合った聞き取りメモを取るための工夫について、考えようとしている。

資料等の準備

・前時に作った「聞き取りメモとらのまき」 07-01
・付箋

授業の流れ ▷▷▷

1 読み合う視点を確認する 〈5分〉

T 共通するところ、自分の「聞き取りメモとらのまき」にはないところ、アドバイスはないかという視点で、仲間の「聞き取りメモとらのまき」を読みましょう。伝えたいことを具体的に丁寧に付箋に書いて、相手のノートに貼ります。

◯自分の机に「聞き取りメモとらのまき」と開いたノートを用意する。全員が自分の名前を書いた付箋を持って、読んで回り、よかったところを具体的に書く。同じ学習班の子には必ず書くなどのルールをあらかじめ伝える。

2 「聞き取りメモとらのまき」を読み合う 〈35分〉

T よく読んで、いいところを見つけましょう。

◯仲間のアドバイスを受けて、自分の書いたことに付け足したり文字を直したりということを自発的に行うこともあるだろう。

◯付箋の言葉は、相手に敬意をもって書くことを促す。

聞き取りメモのくふう

1 「聞き取りメモとらのまき」を読み合おう。

・共通するところ
・自分の「聞き取りメモとらのまき」にはないところ
・アドバイス

2 例

名前
聞いた後に、見直して
付け足すということを
ぼくもやってみたいです。

3
・「聞きとりメモとらのまき」を作って気づいたことや思ったこと。
・「とらのまき」ができてうれしかった。
・校外学習に行く前に、自分の「聞きとりメモとらのまき」を見てからインタビューしたい。

時間に余裕があれば、全体で振り返りを共有する。

3 聞き取りメモの工夫の単元を振り返る 〈5分〉

T　聞き取りメモの工夫の学習全体を通して、気付いたことや思ったことを「聞き取りメモとらのまき」の「ふり返り」に書きましょう。

・「とらのまき」ができてうれしいです。
・校長先生の話をメモしてみました。
・校外学習に行く前に、自分の「聞き取りメモとらのまき」を見てからインタビューしたいです。

○「聞き取りメモとらのまき」は、子供たちの手元に早めに返し、実際にインタビューの前に見ることができるようにする。

よりよい授業へのステップアップ

相手への敬意

読み合いの活動の際に大切なのは、相手、つまり書き手への敬意である。他者の「聞き取りメモとらのまき」に丁寧に扱って読む。よいところやアドバイスを敬意をもって付箋に書く。相手への敬意は、ひいては自分への敬意でもあり、言葉への敬意にもつながる。

資　料

1 第５、６時資料　聞き取りメモとらのまき　フォーマット 07-01

紙の表裏に印刷し、半分に折って冊子状にして使います。

表　紙	裏表紙
聞き取りメモとらの巻 年　組　名前（　　　　　　）	ふり返り

1ページ目

〈その一〉

〈その二〉

2ページ目

〈その三〉

漢字の広場①　2時間扱い

〔知識及び技能〕(1)エ　〔思考力、判断力、表現力等〕B書くことエ

単元の目標

・教科書の絵を見て、その場にいるつもりになって想像したことを書くことができる。

評価規準

知識・技能	❶第3学年及び第4学年の各学年においては、学年別漢字配当表の当該学年までに配当されている漢字を読むこと。また、当該学年の前の学年までに配当されている漢字を書き、文や文章の中で使うとともに、当該学年に配当されている漢字を漸次書き、文や文章の中で使うこと。(〔知識及び技能〕(1)エ)
思考・判断・表現	❷「書くこと」において、間違いを正したり、相手や目的を意識した表現になっているかを確かめたりして、文や文章を整えること。(〔思考力、判断力、表現力〕Bエ)
主体的に学習に取り組む態度	❸読み手に伝わるように、正確に漢字を用いたり、漢字を使った言葉を組み合わせたりして工夫しようとしている。

単元の流れ

次	時	主な学習活動	評価
一	1	**学習の見通しをもつ** 教科書に載っている町の住人になりきって、町や周りの様子を紹介するというめあてを確認する。 教科書に示された漢字の読み方を確認する。 教科書の絵を見て、自分が紹介したいことを文章にして書く。	❶❷
二	2	前時に書いた紹介したい文章を、生活班内で紹介し合う。 互いに「よかったところ」を中心にして感想を述べ合う。 生活班の中で、みんなに紹介したいと思う文章を一つ選び、学級全体に紹介する。 **学習を振り返る** 学習の振り返りをする。	❸

授業づくりのポイント

〈単元で育てたい資質・能力〉

本単元では、「3年生で習った漢字を正確に書けること」が主たるねらいとなっている。漢字は学校生活や日常生活で多く使う。「漢字の定着」は国語の授業が担う重要な事項の一つである。漢字を正確に書けることがねらいであるが、子供が進んで学習するために楽しさを感じられるようにしたい。教科書の絵を活用しながら、主体的に学べるような工夫も必要となる。

具体例

漢字は日常生活の中で書くことによって定着していく。教科書の絵には、町を紹介するための題材となる漢字がちりばめられている。一単語で文章を作ることにこだわらず、できるだけ多くの単語を使って文章を作ることで、漢字の定着に加えて文章を構成する力も養うことが期待できる。聞き手が、「この町に行ってみたいな、と感じることができるような紹介文を作ろう」と投げかけることも有効である。

〈教材・題材の特徴〉

前の学年で習った漢字を復習することは重要であるが、ただ復習するだけでなく、教科書の絵にある町の住人になりきるという言語活動で授業を進める。町の絵を見て、想像を広げさせることによって、文章を書くことに楽しさを感じられるような授業展開が考えられる。楽しさを感じさせることによって、子供たちが進んで、また正確に漢字を使った文章を書けるようにする。

具体例

少し長い文章を作ることも、楽しい紹介文にするコツである。

「町の南にいちする商店がいにはやおやがあります。そのやおやには名物店主がいて、安売りのときには行列ができるほど人気があります。」と、教科書に載っていない漢字も使って文章を作ることによって、より広く漢字の定着をねらうこともできる。

〈言語活動の工夫〉

町の住人になりきって紹介文を作ったら、互いに紹介し合う。まずは、生活班などの少人数で紹介し合うことで、どの子も紹介できる場を設定する。それぞれのよいところやおもしろいところを見つけるということを投げかけ、互いのよさを認め合えるようにする。終末には、グループの中で特によかった紹介文を選び、学級全体で紹介し合う。

具体例

○「よいところ」とは、例えば「自分がその場にいるように感じることができる紹介文だった」や「実際にそこに行ってみたくなった」という観点を示してもよい。

○漢字の間違いを見つけた場合は、優しく指摘できるようにしたい。

○1・2年生で習った漢字や、4年生で既に学習した漢字も使うことによって、より想像の広がる紹介文を作ることも考えられる。

本時案

漢字の広場①　1/2

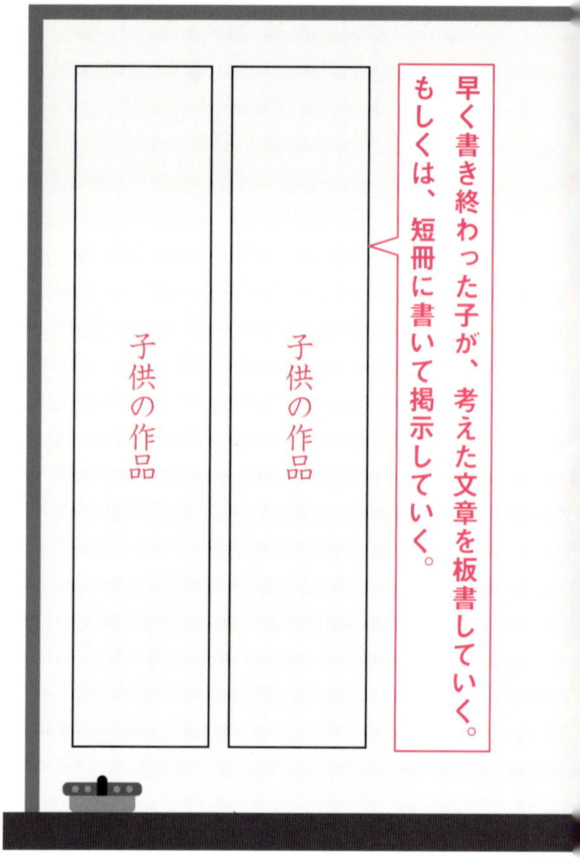
早く書き終わった子が、考えた文章を板書していく。
もしくは、短冊に書いて掲示していく。
子供の作品
子供の作品

本時の目標

・３年生までに学習した漢字を使って、条件に合った文章を書くことができる。

本時の主な評価

❶教科書に載っている絵に合った文章を、漢字を使って書いている。【知・技】
❷文章を読み返して整えている。【思・判・表】

資料等の準備

・特になし

授業の流れ ▷▷▷

1　本時のめあてと学習活動を確認する　〈５分〉

T　今日は、教科書に載っている町の住人になりきって、町や周りの様子をしょうかいする文章を書きます。
○教科書の挿絵を見て、町の住人になりきって文章を作る。
○３年生までに習った漢字を使って書く。

2　漢字の読み方を確認する　〈10分〉

○教科書に載っている漢字の読み方を確認する。
T　このページに載っているのは、３年生で学習した漢字です。読み方を確認しましょう。
○学級の実態に応じて教科書では示されていない読み方も確認する。

宿（やど）　宿泊（しゅくはく）
温（あたた）かい　温室（おんしつ）
主（あるじ）　店主（てんしゅ）
など

漢字の広場①

1

町の住人になりきって、町やまわりのことをしょうかいしよう。

2

宿　やど　宿泊　しゅくはく

温かい　あたたかい　温室　おんしつ

主　あるじ　店主　てんしゅ

【例】3

○宿の横にある道を進んでいくと、坂道があります。その先には、お宮があります。

○温室では、くだ物を育てています。その横には畑があり、野さいのたねを植えています。

3　3年生までに学習した漢字を使って文章を書く　〈30分〉

○町や周りの様子を紹介する文章であることを意識して書く。

・宿の横にある道を進んでいくと、坂道があります。その先には、お宮があります。

・温室では、くだ物を育てています。その横には畑があり、野さいのたねを植えています。

・鉄橋の近くには、タワーがあります。そのタワーに登ると、島が見えます。島には大きなとう台がたっています。

よりよい授業へのステップアップ

教科書には載っていない漢字も使って書く

本時では、教科書の挿絵を見て文章を作ることになっている。挿絵には3年生までに学習した漢字がいくつか載っているが、1・2年生で学習した漢字や4年生で既に学習している漢字を使って文章を書いてもよい。

パソコンで文章を作ることの多い時代であるが、漢字を知らなければ誤った言葉で文章を作ってしまうこともある。

漢字を学習する意義についても、本単元で触れておくとよい。

本時案

漢字の広場①

2/2

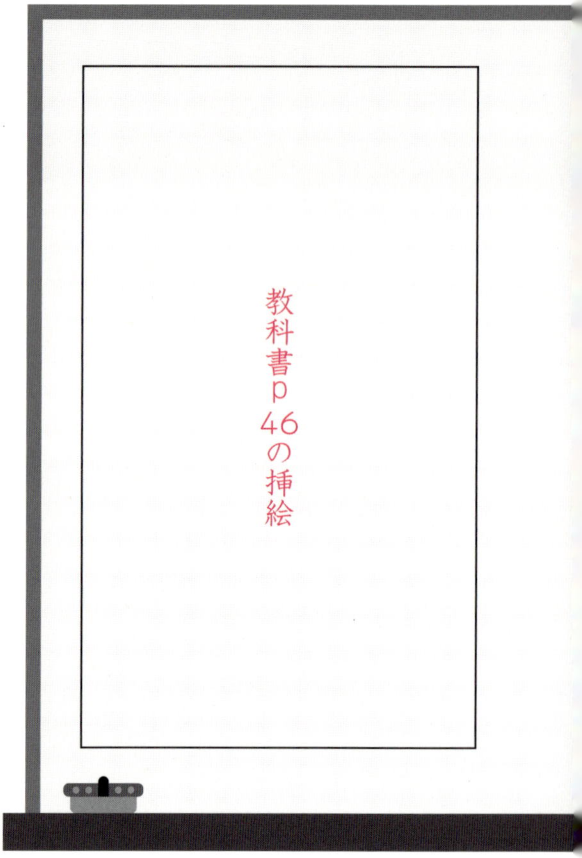

本時の目標

・書いた文章を互いに読み、感想を伝え合うことができる。

本時の主な評価

❸読み手に伝わるように、正確に漢字を用いたり、漢字を使った言葉を組み合わせたりして工夫しようとしている。【態度】

資料等の準備

・教科書の挿絵を拡大したもの

授業の流れ ▷▷▷

1 互いの文章を読み、感想を伝え合う 〈20分〉

T 前時に書いた町を紹介する文章を読んで、感想を伝え合います。相手の文章のよいところを伝えましょう。また、正しく漢字が書けているかも確認してあげましょう。

後で、班の代表の人が全体に発表しましょう。

・その場にいるように書かれていておもしろい。

・どうして行列ができているのかがよく分かる。

2 班の代表者が、学級全体に発表する 〈20分〉

○「読み合うときのポイント」を示す。

T 読み合うときには、互いのよいところを伝えます。漢字を正しく書けているかを確認してあげましょう。間違っていたら、正しい漢字を教え合います。

○「発表の手順」を示す。

○班の代表は、投票や話し合いで決めるとよい。

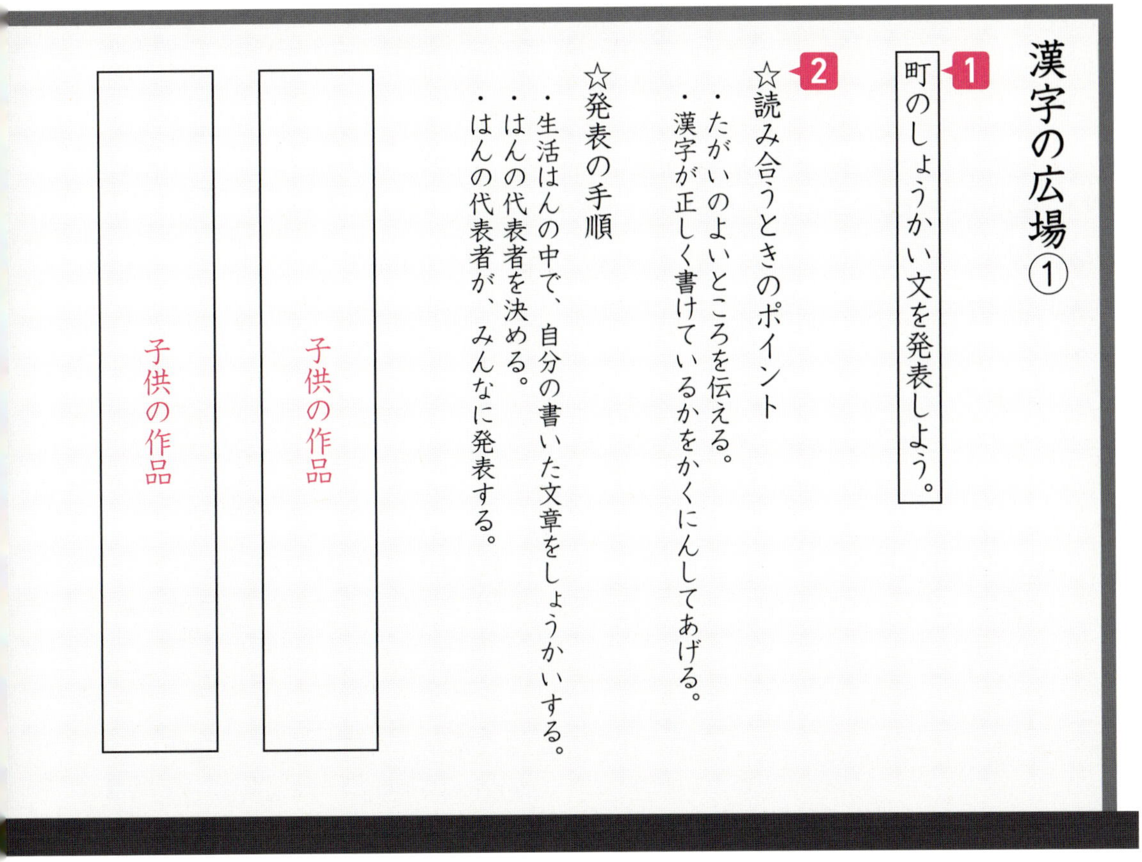
漢字の広場①
1
町のしょうかい文を発表しよう。
2
☆読み合うときのポイント
・たがいのよいところを伝える。
・漢字が正しく書けているかをかくにんしてあげる。
☆発表の手順
・生活はんの中で、自分の書いた文章をしょうかいする。
・はんの代表者を決める。
・はんの代表者が、みんなに発表する。
子供の作品
子供の作品

3 学習の振り返りをする 〈5分〉

T 前時も含めて、3年生の漢字を使って文章を作った感想をノートに書きましょう。

・3年生のころはおぼえていたけど、今書いてみたらわすれていた。思い出すきっかけになった。
・ただ漢字の練習をするだけじゃなくて、町の人になりきって書くのがおもしろかった。
・教科書にのっている漢字を組み合わせて文章を作るのは、かんたんそうだけどむずかしかった。
・1・2年生の漢字でわすれていた漢字もあったから、今度は、1・2年生の漢字も使って文章を書いてみたい。

よりよい授業へのステップアップ

少人数で共有すること

書いた文章を共有することで、自分の文章を見直すことができる。自分1人では気付けなかったことも、友達の感想をもらうことで、分かることがある。

また、友達の文章を読むことで表現の幅を広げることもできる。「自分や友達の文章のよさを見つける」という目的をもって共有できるようにしたい。

2 筆者の考えをとらえて、自分の考えを発表しよう

思いやりのデザイン／アップとルーズで伝える

（8時間扱い）

〔知識及び技能〕(1)カ、(2)ア　〔思考力、判断力、表現力等〕C読むことア、オ　関連する言語活動C(2)ア

単元の目標

・筆者の考えを読み取るために、事実と意見の関係や意見と事例の関係を捉えて、段落相互の関係を話し合うことができる。

・筆者の考えを捉え、「伝える」ことについて自分の考えをもち、発表することができる。

評価規準

知識・技能	❶主語と述語との関係、就職と被修飾との関係、指示する語句と接続する語句の役割、段落の役割について理解している。(〔知識及び技能〕(1)カ) ❷考えとそれを支える理由や事例、全体と中心など情報と情報との関係について理解している。(〔知識及び技能〕(2)ア)
思考・判断・表現	❸「読むこと」において、段落相互の関係に着目しながら読み、考えとそれを支える理由や事例との関係について、叙述に基づいて捉えている。(〔思考力、判断力、表現力等〕Cア) ❹「読むこと」において、文章を読んで理解したことに基づいて、感想や考えをもっている。(〔思考力、判断力、表現力等〕Cオ)
主体的に学習に取り組む態度	❺粘り強く目的を意識して、中心となる語や文を見つけて要約し、学習課題に沿って分かったことや考えたことを説明しようとしている。

単元の流れ

次	時	主な学習活動	評価
一	1	第3学年までに学習した説明文を振り返り、説明文はどんな書き方になっていたかを想起する。 学習の見通しをもつ 「伝える」ことについての考えをもつために、どのように学習するかの見通しをもつ。	
	2	「思いやりのデザイン」を、段落のつながりや事実・筆者の考えの関係を捉えながら読む。	
二	3	「アップとルーズで伝える」を読み、文章の構成を捉え、筆者の考えを見つける。	❸
	4	第1～3段落を読み、段落の役割を考えながら、話題は何かを捉える。	❷
	5	第4～7段落を、対比されていることは何かを読み取る。	❶
	6	第8段落に書かれている筆者の考えを読み取り、感想や考えをもつ。	❹
三	7	要点を整理し、全体の文章構成について考える。	❸
	8	学習を振り返る 筆者の考えを基に、「伝える」ことについて自分の考えをまとめ、発表し交流する。	❺

授業づくりのポイント

〈単元で育てたい資質・能力〉

本単元のねらいは、段落と段落との関係を捉えて、対比された事例に着目して筆者の考えを読み取ることである。叙述に基づいて丁寧に読んでいくと、筆者の論理的な説明の仕方に気付くことができる。読み取った筆者の考えを基に、伝えることについての自分の考えをまとめ、相手に分かりやすく説明することは、文章を的確に理解する力と同時に、説明の仕方を工夫し分かりやすく伝える力も必要となる。自分の言葉で相手に伝える力を育みたい。

具体例

話題提起の段落の中でも、「アップ」と「ルーズ」を対比して説明している。「アップ」と「ルーズ」の言葉の意味も押さえながら、段落の中にある対比された言葉を抜き出して比べてみると、その違いが明らかになってくる。事例を通して筆者の考える「伝える」ことの意味を読み取り、筆者の考えに対する自分の意見を自分の言葉でまとめていく。

〈教材・題材の特徴〉

第４段落と第５段落は見開きのページになっていて、写真でもその違いが分かるように工夫されている。また、「アップ」と「ルーズ」を説明する一文一文が対応するように書かれている。「アップ」と「ルーズ」では、伝える側の意図が違うことに気付き、伝えるときは、相手の立場から考える視点をもつことが大切だと読み取らせたい。これは、「思いやりのデザイン」の内容ともつながり、子供たちにとっては、伝えるときの新たな視点となるだろう。

具体例

第４段落と第５段落は、写真のコピーを見開きのノートに貼り、「アップ」と「ルーズ」それぞれの内容を読み取った後、特徴を書き抜き、実際に並べて比べてみると２つのものを比べて説明すると、違いがはっきり分かることが実感できる。そのまとめが「このように」から始まる第６段落であり、この２つはそれぞれの目的に合わせて使い分けられていることを読み取っていく。

〈言語活動の工夫〉

文章全体の段落の構成図を作る。小さい段落カードを作り、それを並べて関係図を作ることで、文章の全体像が見えてくる。「初め」「中」「終わり」も具体的な段落カードで分かりやすい。また、結論の第８段落の内容も強調される。具体的な操作と言葉の可視化によって深い学びにつなげていく。さらに、段落相互の関係を構成図に表すときに、段落ごとの内容を叙述に戻って確かめることを大切にしたい。

具体例

○文章全体の段落の構成図を作る。画用紙を８等分し、一枚ずつ、第１段落から第８段落まで内容が一目で分かるように短い言葉で表し、カードにする。８枚の段落カードをグループで話し合いながら、段落と段落の関係図を作り、その理由を発表する。理由を話すことで、論理性が求められる。

○筆者の考えを読み取り、「伝える」について自分の考えを発表する。分かりやすく自分の考えを説明できるように、「分かりやすい説明アイテム」を使う。説明文の学習を生かして、何か一つ自分のアイテムを準備する。

本時案

思いやりのデザイン／アップとルーズで伝える 1/8

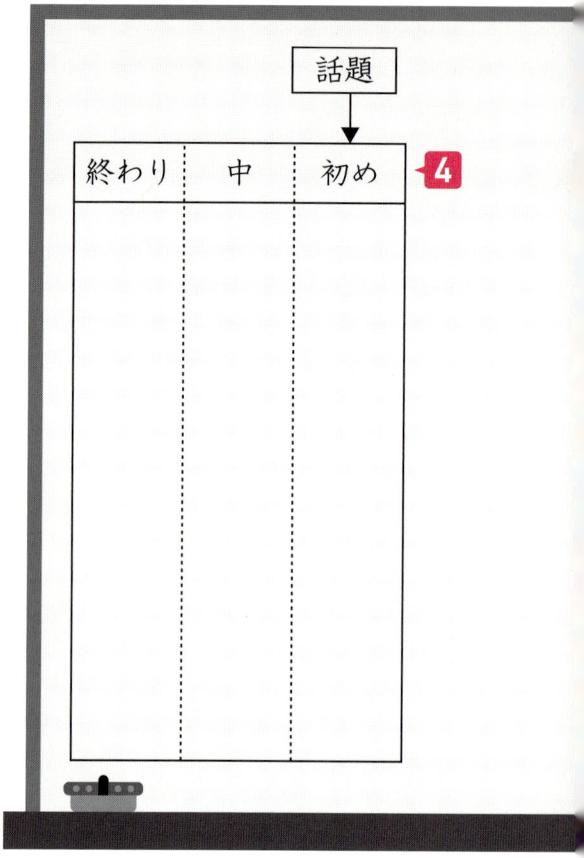

本時の目標

・学習の見通しをもち、「筆者の考え方を捉えて、自分の考えを発表する」という活動に意欲をもつことができる。

本時の主な評価

・既習の学習を想起し、「筆者の考えを捉えて、自分の考えを発表する」という活動に意欲をもち、進んで読もうとしている。

資料等の準備

・「ありの行列」「すがたをかえる大豆」イラスト
・国語辞典
・説明文の構成図を拡大したもの

授業の流れ ▷▷▷

1 既習の説明文で学習したことを振り返る 〈5分〉

T　この文章はどんな種類の文章でしょう。
○説明文と物語文の違いを確かめる。
T　3年生ではどんな説明文の学習をしましたか。
○3年生のときに学習した説明文の挿絵を提示して、既習事項を想起させる。
○文のまとまりのことを「段落」ということや、文章が「初め・中・終わり」という大きなまとまりに分かれていたことを確認する。
○これまでの説明文では、「初め」に問いや話題提示があり、「中」に実験など具体例や答え、「終わり」にはまとめなどがあったことなどを振り返らせる。

2 単元のめあてを確認する 〈5分〉

T　説明文でみんなが学びたいことはどんなことですか。
・段落ごとにどんなことが書いてあるか。
・筆者の言いたいことは何か。
○子供の発言からめあてを引き出すとよい。
T　この単元では、2つの説明文を読みます。説明文の説明の工夫を考えながら、筆者の考えを読み取ります。最後に、筆者の考えに対して自分はどう考えるかを発表しましょう。
○学習の見通しと学習方法を示しておくことは、学習意欲につながる大事なことである。

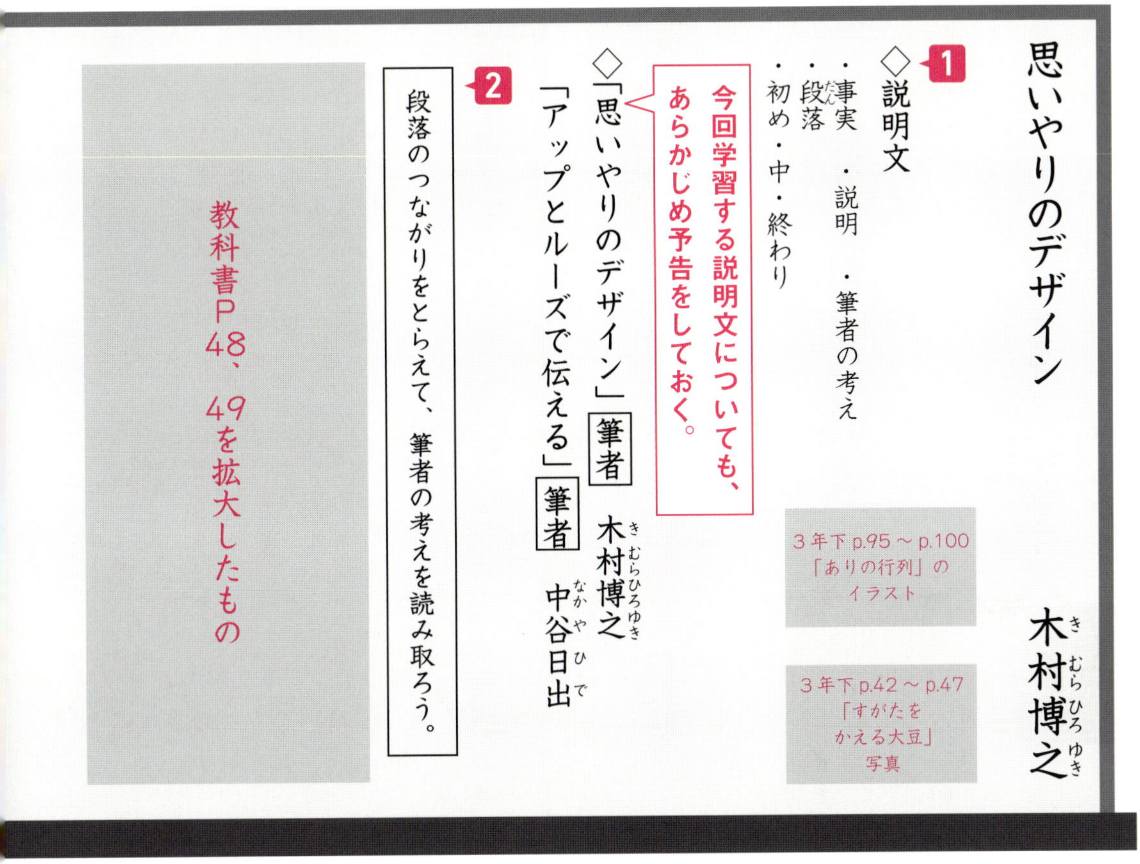

3 「思いやりのデザイン」を読む〈20分〉

T　これから「思いやりのデザイン」を読みます。筆者がどんなことを伝えたいのかを考えながら聞きましょう。

○印象に残ったことを発表させて、大体の内容をつかませるようにする。

T　音読をしましょう。

○新出漢字や難語句など、子供が読み違える言葉は全体で確認する。

○段落を意識して音読をさせる。

○全員が一段落音読できるように、何回も読む。

4 文章の構成と話題を捉える〈15分〉

T　文章の「初め・中・終わり」には、それぞれどんなことが書かれていますか。

○段落に着目させるために「段落の役割を考えてみましょう」「どの段落はどんな役割をしていますか」などの発問が考えられる。

○話題提示の段落、問いの段落、説明の段落、筆者の考えの段落など、役割を大まかに捉えさせると、文章全体の構成が見えやすくなる。

○発問の例として、「どんな話題ですか」「例を挙げているのは何段落ですか」「2つの例はどんな関係になっていますか」「筆者が伝えたいことはどんなことでしょう」などが考えられる。

本時案

思いやりのデザイン／アップとルーズで伝える 2/8

本時の目標

・段落相互の関係を捉えながら、筆者の考えを読み取ることができる。
・筆者の説明の仕方の工夫に気付くことができる。

本時の主な評価

・筆者の説明の仕方の工夫に気付き、段落相互の関係を捉えていながら、筆者の考えを読み取っている。

資料等の準備

・文章構成図ワークシート 09-01
・教材文を拡大したもの

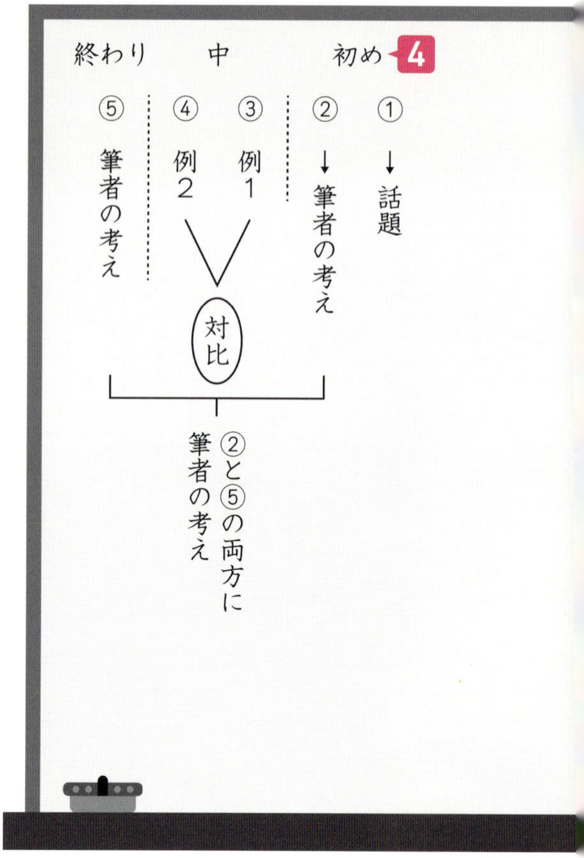

授業の流れ ▷▷▷

1 本時のめあてを確認して全文を読む 〈5分〉

○拡大した教材文を貼り、この文章は、①〜⑤段落であることや、「初め・中・終わり」の構成を確認してから音読する。

T 今日は、「中」と「終わり」のまとまりを読んでいきます。筆者はどんな説明の仕方をしているのかをつかんで、筆者の考えを読み取りましょう。

○音読をした後で、「初め」（①②段落）に書かれているこの文章の話題は何かを確認する。

○「インフォグラフィクス」とは何か、「中」の部分では何を説明しようとしているのかを確かめて、全体で共有する。

2 「中」の内容と役割を捉え、対比の効果を考える 〈15分〉

○③④段落をみんなで音読する。

T 「中」の部分、③段落と④段落を読んで、気が付いたことはありますか。

・どちらも町の案内図のことです。
・Aの案内図とBの案内図を比べています。
・例を挙げています。

T Aの案内図とBの案内図を比べて、分かりやすくまとめるには、どんな書き方がありますか。

・文章構成図に対比させて要点を書きます。

○欄外に書いてある「対比」という言葉の説明を読み、説明の工夫の一つであることを確かめる。

○「いっぽう」や「しかし」の役割を押さえる。

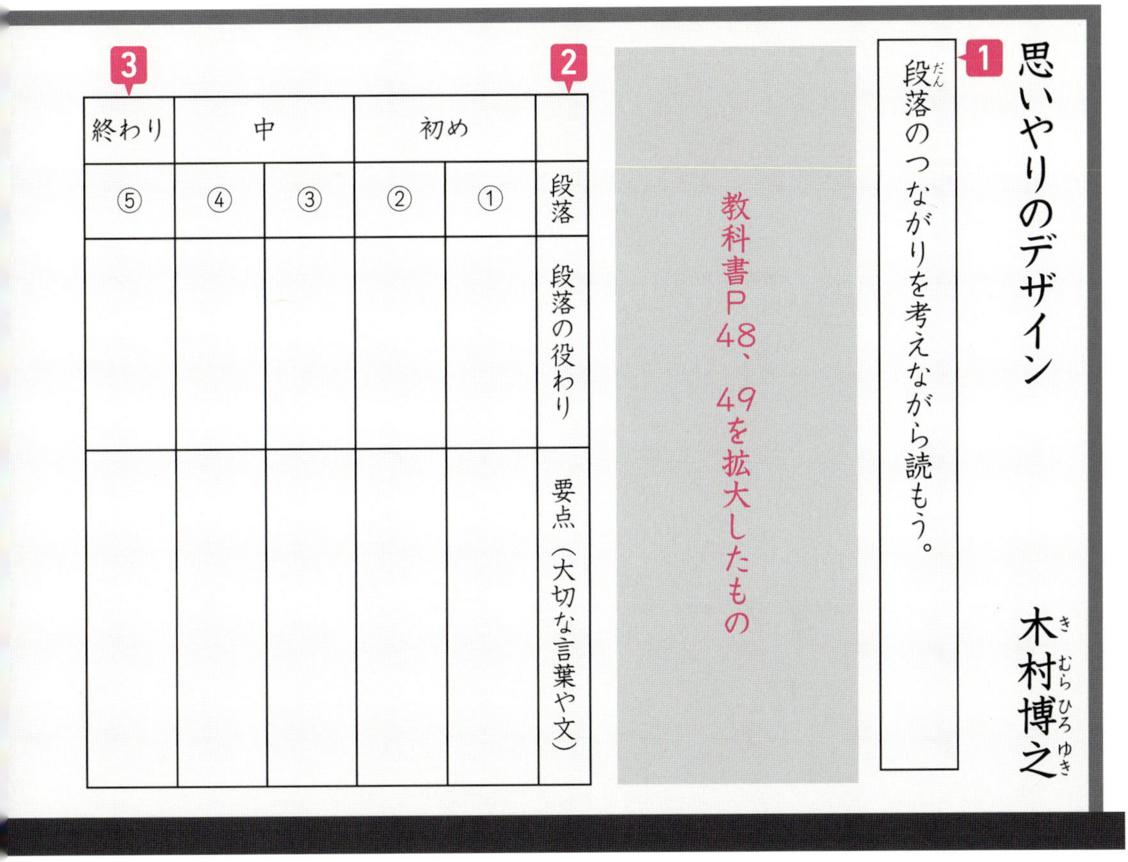

3 「終わり」の内容と役割を捉える〈15分〉

○⑤段落を読む。

T 「終わり」の部分には、何が書かれていますか。

T 筆者はどんなことを言いたかったのでしょう。

・見る人の立場に立って作られているのが、インフォグラフィックスであることです。

○「インフォグラフィックス」の定義を押さえる。

○②段落に同じことが書かれていたことを確認する。

○「このように」はどんな役割をしているかを考えて、今までの話をまとめるときに使うことを確かめる。

4 筆者の説明の仕方の工夫をまとめ。自分の考えを書く〈10分〉

T 筆者は、自分の考えをみんなによく分かってもらうために、いろいろな表現の工夫をしています。どのような工夫をしているかを考えながら、もう一度全文を読んでみましょう。

・③段落と④段落は対比して説明しています。

・②段落と⑤段落に筆者の考えが書かれています。

・①段落で話題を提示して、言葉の意味を説明しています。

○筆者の考えをみんなで確かめ、それに対する自分の考えをワークシートに書く。

○伝える側の思いを読み取れるようにしたい。

本時案

思いやりのデザイン／アップとルーズで伝える 3/8

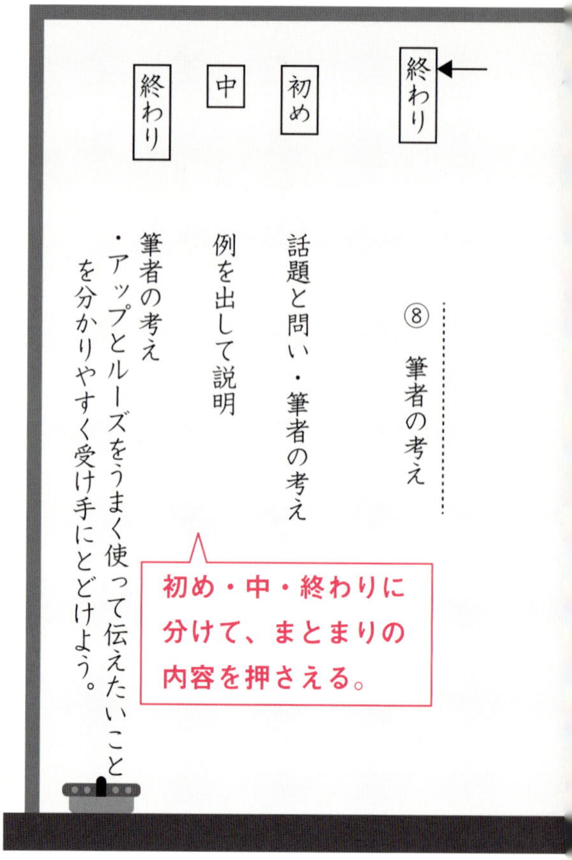

終わり
⑧ 筆者の考え
初め
話題と問い・筆者の考え
中
例を出して説明
終わり
筆者の考え
・アップとルーズをうまく使って伝えたいことを分かりやすく受け手にとどけよう。
初め・中・終わりに分けて、まとまりの内容を押さえる。

本時の目標

・「アップとルーズで伝える」を読み、題材と段落構成を捉えることができる。

本時の主な評価

❸「思いやりのデザイン」との共通点について考えながら、「アップとルーズで伝える」を読み、題材と文章構成を捉えている。【思・判・表】

資料等の準備

・文章構成図ワークシート 09-02
・p.52、p.53の写真を拡大したもの

授業の流れ ▷▷▷

1 本時のめあてを確認する 〈5分〉

T 今日は、「アップとルーズで伝える」を読んでいきましょう。

○２枚の写真を貼り、どんな違いがあるのかを発表させると読む意欲につながる。

T 「思いやりのデザイン」で学習したことを思い出して、どんなことを説明しているのかを考えて読みましょう。

○前時に学習した筆者の説明の仕方の工夫について振り返る。

2 範読後、全文を音読する 〈20分〉

T まず、形式段落に番号を書きましょう。形式段落はいくつありましたか。

○形式段落の数を全体でも確認しておく。

T これから「アップとルーズで伝える」を読みます。新しい漢字や難しい言葉には線を引いておきましょう。

○接続語に気を付けて読んでいくことを指示する。

アップとルーズで伝える

中《なか》谷《や》日《ひ》出《で》

2 「初め」「中」「終わり」に分けましょう。

初め

① 会場全体

② 一人の選手を大きく ＞ 話題

問い アップとルーズのちがいは？

③ 筆者の考え

中

1 教科書P.52の写真　教科書P.53の写真

④ アップ

⑤ ルーズ

対比《ひ》

形式段落ごとに内容の大体をまとめる。

このように

⑥ まとめ

⑦ 新聞の写真

3 話題を捉え、段落の役割と大体の文章構成を考える　〈20分〉

T　この文章はどんな話題が書いてありましたか。

・サッカーのテレビ放送の映像についてです。

・写真の写し方です。

・写し方によって伝わり方が違うことです。

T　「初め・中・終わり」に分けてみましょう。

○なぜそのように分けたのかも考えさせる。

T　それぞれのまとまりでどのようなことが書かれているか考えましょう。

○ワークシートに書き入れていく。

よりよい授業へのステップアップ

導入時の音読の工夫

難しい言葉には線を引かせるなど、分からない言葉を意識させ、後で確認をして、文章全体の大体のイメージをみんなで共有することが、この先、内容を読み取る上で大切になる。

「思いやりのデザイン」の学習を生かして

説明文を読むときには、大まかな段落構成の全体像を捉えていると、読み進めやすい。「初め・中・終わり」を意識して読ませたい。

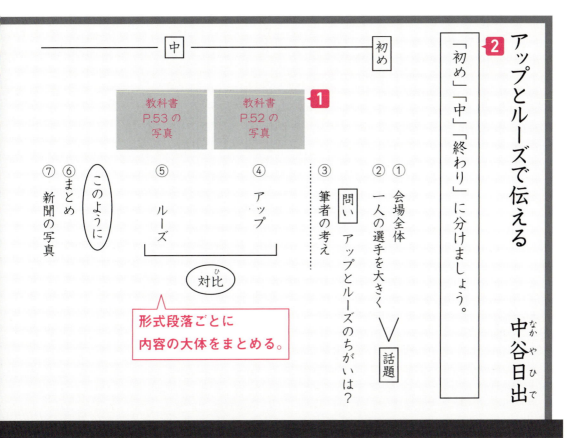

本時案

思いやりのデザイン／アップとルーズで伝える 4/8

本時の目標

・①〜③段落について、「アップ」「ルーズ」の言葉の意味を捉え、話題や問いを読み取ることができる。

本時の主な評価

❷「アップ」と「ルーズ」の言葉の定義を理解し、この文章の話題や問いを捉えている。【知・技】
・写真の役割について考えている。

資料等の準備

・p.50、P.51の写真のコピー
・付箋（7.5×7.5）

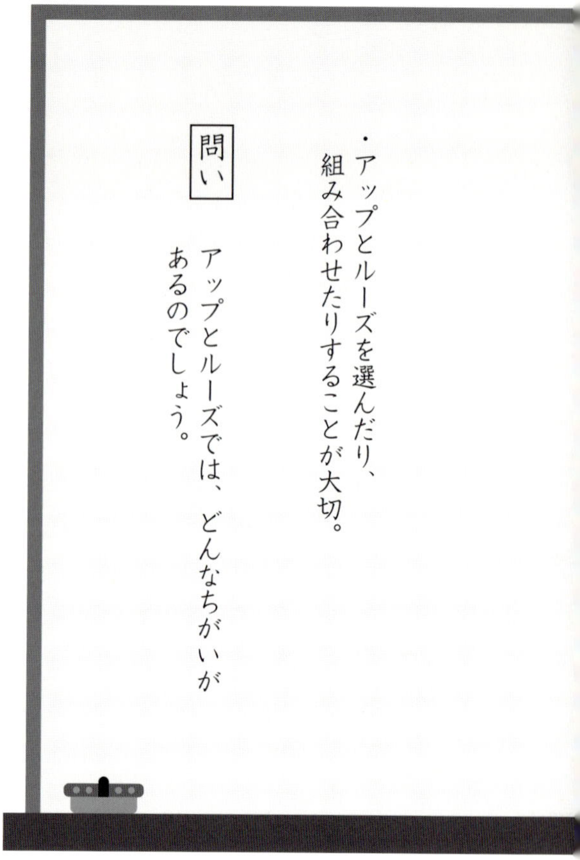

・アップとルーズを選んだり、
組み合わせたりすることが大切。
問い
アップとルーズでは、どんなちがいが
あるのでしょう。

授業の流れ ▷▷▷

1 本時のめあてを確認し、全文を音読する 〈5分〉

○前時の学習を振り返り、「初め・中・終わり」の文章構成を確認する。

T　今日は「初め」の部分を読んで、この文章の話題は何かを読み取りましょう。

○文章構成図のワークシートを使って、キーワードを書き込んでいく。

2 ①〜③段落までを読み、話題と問いを捉える 〈20分〉

T　初めの部分、①〜③段落にはどんなことが書いてありましたか。

・サッカーの試合の２つの画面の違い。
・「アップ」と「ルーズ」の写し方。
・「アップ」と「ルーズ」の説明。

○①②③の段落ごとに要点をまとめていく。

○文と写真を対応させて、文を読み取るときの手掛かりにさせる。

○キーワードをワークシートに書き入れ、「初め」の部分が「話題提示」になっていることを確認する。

○「アップ」と「ルーズ」の言葉の定義を正確に理解できるように丁寧に読む。

○③段落には、筆者の考えもあることを読み取る。

アップとルーズで伝える　中《なか》谷《や》日《ひ》出《で》

1 「初め」の部分を読んで、話題をとらえよう。

初め

① **2**

教科書 P50～51の写真 **3**

・会場全体の様子
○両チームの選手
○観客席の人たち

②

教科書 P51の写真

・コート中央の選手一人
○選手の顔の表じょう

③

筆者の考え・問い
・広いはんいを写すとり方→「ルーズ」①
・ある部分を大きく写すとり方→「アップ」②

テンポよくまとめていく。

3 文と写真を手掛かりに、「アップ」と「ルーズ」を説明する　〈15分〉

T　写真を使って、「アップ」の写し方と「ルーズ」の写し方の違いを説明しましょう。

・「アップ」の写し方と「ルーズ」の写し方は、それぞれどんないいところがありますか。

→①会場全体の様子が分かるのが「ルーズ」
②選手一人の様子を大きく写すのが「アップ」

〇写真を使って、隣の友達と説明し合い、長所と短所の理解がより深まる。

T　③段落には、意味の説明の他に、どんなことが書かれていますか。

・伝えるときには、「アップ」と「ルーズ」をうまく組み合わせることが大切。

4 学習の振り返りをする。　〈5分〉

T　今日分かったことはどんなことでしたか。分かったことを付箋に書いて、ノートに貼りましょう。

・「アップ」と「ルーズ」の写し方には、それぞれのよさがある。

・アップだと選手の表情まで詳しく分かるが、周りの様子が分からない。

・ルーズだと、全体の様子は分かるが、細かい様子は分かりにくい。

〇「アップ」と「ルーズ」の言葉の意味が理解できたかを確かめる。

〇「初め」の①②③段落の関係を捉えられるように、段落カードを使うなど、可視化するとよい。

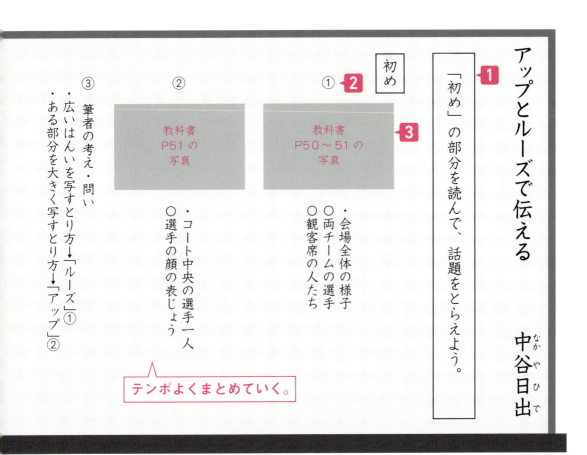

本時案

思いやりのデザイン／アップとルーズで伝える 5/8

本時の目標

・④〜⑦段落を読み、語句や段落の役割を考えながら、内容を読み取ることができる。

本時の主な評価

❶④と⑤段落が対比していることに気付き、④〜⑦段落の相互の関係を考えて、内容を捉えている。【知・技】

資料等の準備

・p.52、p.53の写真と文章を拡大したもの。
・文章構成図ワークシート 💿 09–03

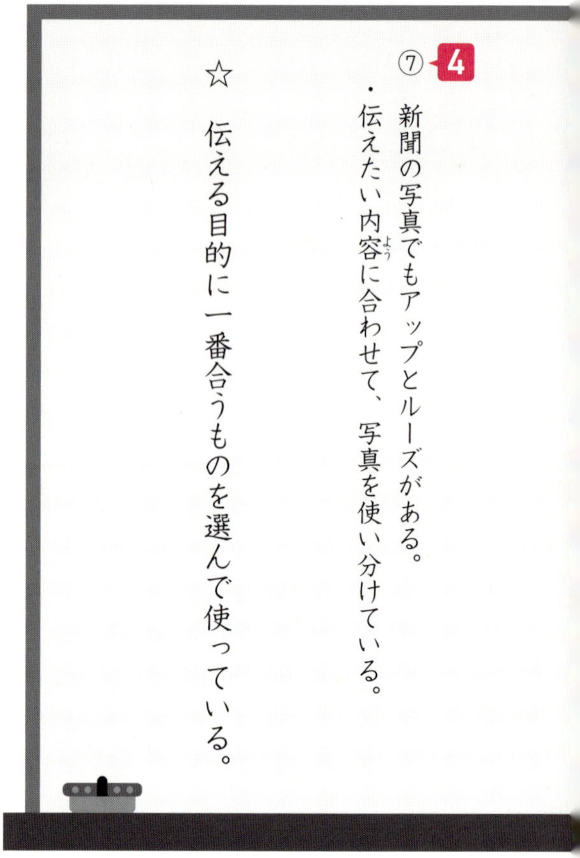

⑦
4
新聞の写真でもアップとルーズがある。
・伝えたい内容《よう》に合わせて、写真を使い分けている。
☆
伝える目的に一番合うものを選んで使っている。

授業の流れ ▷▷▷

1 本時のめあてを確認する 〈5分〉

T 今日は「中」の内容を読み取ります。④段落と⑤段落はどのように対比しているでしょう。文章を丁寧に読んで、⑥段落との関係を考えましょう。

○⑥段落の「このように」が④と⑤のまとめを表すことに気付かせたい。

○⑦段落は、新聞に載せる写真について書かれていて、それは、テレビの映像と対比していることに気付かせたい。

2 ④段落と⑤段落を対比させて読み、アップとルーズの違いをまとめる 〈20分〉

T ④段落と⑤段落を写真も併せて読んでいきましょう。

○④段落と⑤段落は、一文一文が対応していて、対比していることが分かりやすい。

・④→「アップ」細かい部分の様子がよく分かる。しかし、写されていない多くの部分のことは分からない。

・⑤→「ルーズ」広い範囲の様子がよく分かる。でも、各選手の表情は分からない。

○「しかし」と「でも」が対応し、逆接の接続語であることを押さえたい。

アップとルーズで伝える　中《なか》谷《や》日《ひ》出《で》

1 「中」の部分を読んで、段《だん》落と段落の関係をとらえよう。

④ **2**

教科書
P52の
写真と本文

「アップ」

長所　細かい部分の様子がよく分かる。

しかし

短所　写されていない多くの部分のことは分からない。

⑤

教科書
P53の
写真と本文

「ルーズ」

長所　広いはんいの様子がよく分かる。

でも

短所　各選手の表じょうまでは分からない。

⑥ **3**

このように

接続詞にも注目させる。

・それぞれ伝えられることと伝えられないことがある。
→目的におうじて切りかえている。

3　⑥段落を読み、テレビの映像のアップとルーズの役割をまとめる　〈10分〉

T　⑥段落を読んで、内容をまとめましょう。

・⑥段落にはどんなことが書いてありますか。
→アップとルーズだけでは伝えられないこともあるので、目的に応じて切りかえながら放送している。

・「このように」はどんな役割をしていますか。→まとめていることが分かる。

〇⑥段落は、④段落と⑤段落をまとめていることを押さえる。

4　⑦段落を読み、写真でのアップとルーズをまとめる　〈10分〉

T　⑦段落にはどんなことが書かれていますか。

・写真のアップとルーズ。

・新聞に使われている写真について。

〇この段落では、伝える媒体は違うけれど、伝えるには、目的に合わせることが大事であることを押さえたい。

〇④⑤⑥段落と⑦段落が対比されていることにも気付かせたい。

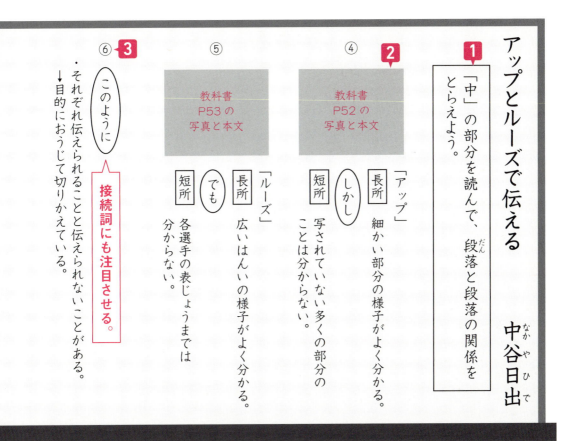

本時案

思いやりのデザイン／アップとルーズで伝える　6/8

本時の目標

・⑧段落を読み、叙述に基づいて筆者の考えを捉えることができる。

本時の主な評価

❹筆者の考えを捉え、それに基づいて自分の感想や考えを書いている。【思・判・表】

資料等の準備

・⑧段落の文章を拡大したもの

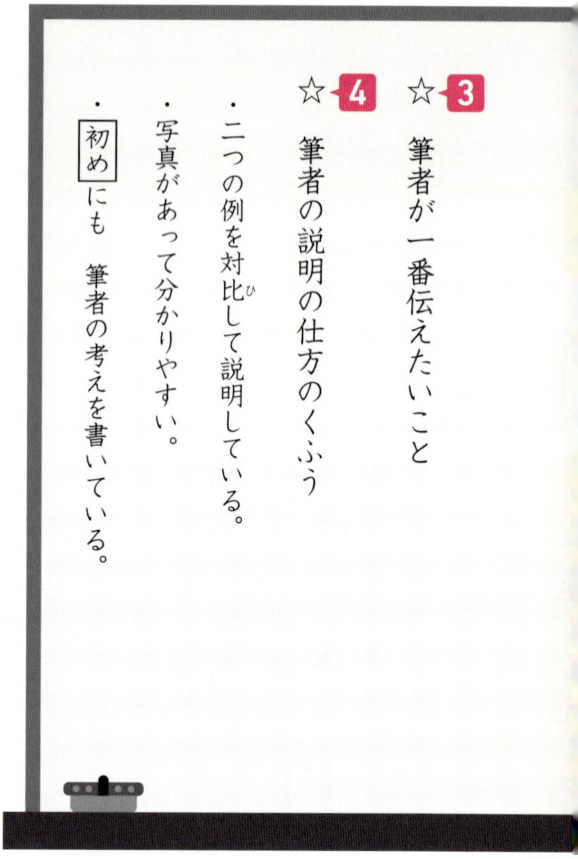
☆3 筆者が一番伝えたいこと
☆4 筆者の説明の仕方のくふう
・二つの例を対比《ひ》して説明している。
・写真があって分かりやすい。
・初めにも　筆者の考えを書いている。

授業の流れ ▷▷▷

1　本時のめあてを確認する　〈5分〉

T　今日は「終わり」の⑧段落を読んで、筆者が何を伝えたかったのかを考えましょう。その後、それに対して、自分はどう考えるかをまとめます。

○「思いやりのデザイン」の文章も思い出させ、「伝える」ときに大切にすることは何かを考えさせたい。

2　⑧段落を読み、内容をまとめる　〈15分〉

T　⑧段落を読んで、どんな役割をしているかを考えましょう。

○「このように」のような、手掛かりの言葉がないが、内容からまとめの段落であることを捉えさせたい。

T　⑧段落にはどんなことが書かれていますか。

・「伝える」ときに大切なこと。
・アップとルーズを選んだり、組み合わせたりしていること。
・伝える人の思い。

○③段落に同じような筆者の考えがあったことを思い起こす。

アップとルーズで伝える　中谷《なかや》日出《ひで》

1 「終わり」の部分を読んで、筆者の考えをとらえよう。

2 〈大事な言葉や文を見つけよう〉

⑧　筆者の考え…③にもある

——をひくところ

・伝わる内容《よう》がかわってしまう。

・伝えたいことに合わせて選んだり、組み合わせたりする必要。

・伝えたいことをより分かりやすく。

・受け手にとどける。

教科書P55⑧段落を拡大したもの

3　筆者の一番言いたいことは何かを考えてまとめる　〈10分〉

T　筆者は伝えるときに大切なことは何だと考えていますか。

T　アップとルーズを選んだり、組み合わせたりするのはなぜでしょう。

・伝えたい内容が変わってしまうからです。

・伝えたいことがうまく伝わらないからです。

○⑧段落の文章で、筆者の強い思いが分かる言葉を書き抜くと、考える手掛かりになる。

・だからこそ

・必要があるのです。

・思い出しましょう。

・できるはずです。

4　筆者の考えに対して、どんな感想をもったか自分の考えを書く　〈15分〉

T　みなさんは、伝えるときに何を大切にしようと思いましたか。

○書く内容を絞ると取り組みやすくなる。

例えば、自分が人に何かを伝える場面を思い浮かべ、そのときに大事だと思うことについて考える、本文の一部を引用して、それについて自分の考えをまとめる、自分で写真を選んで、それを説明しながら自分の考えを述べるといったことが考えられる。

○「思いやりのデザイン」と共通することがないかを考えさせたい。

○近くの友達と交流しておくと、発表のときの工夫につながる。

本時案

思いやりのデザイン／アップとルーズで伝える 7/8

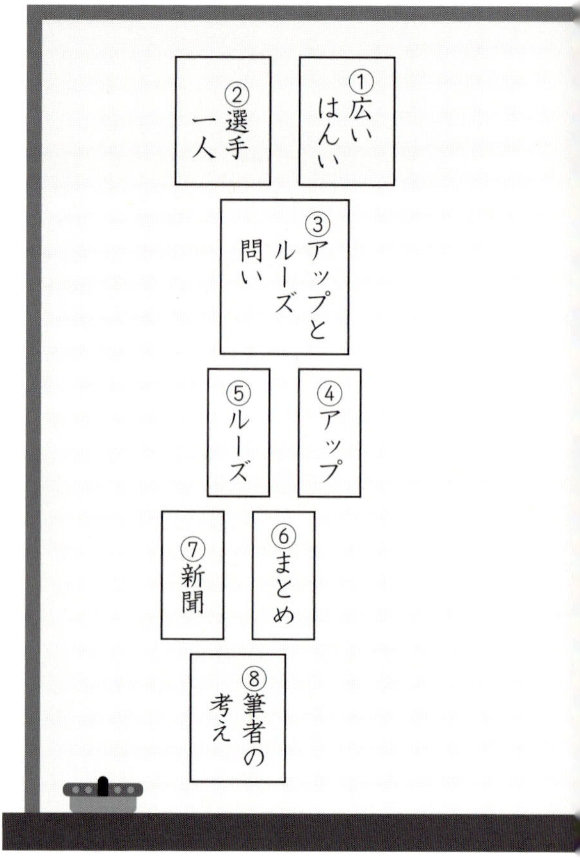

本時の目標

・文章全体の構成を捉え、段落相互の関係に着目して読み、考えとそれを支える理由や事例との関係について捉えることができる。

本時の主な評価

❸段落要点カードを使って、段落の構成を捉え、叙述に基づいて内容を捉えている。【思・判・表】

資料等の準備

・段落要点カード
・段落構成図
・半切の画用紙、マジック

授業の流れ ▷▷▷

1 本時のめあてを確認する 〈5分〉

T 今日は段落ごとに要点をまとめていきます。

○これまでの学習で書き入れてきた文章構成図を仕上げる。

2 各段落の要点を短い言葉でまとめる 〈15分〉

T ①②③段落でまとめたように、⑧段落まで短い言葉でまとめましょう。

○⑧段落で大切だと思う言葉を選ばせ、書き入れるようにさせる。

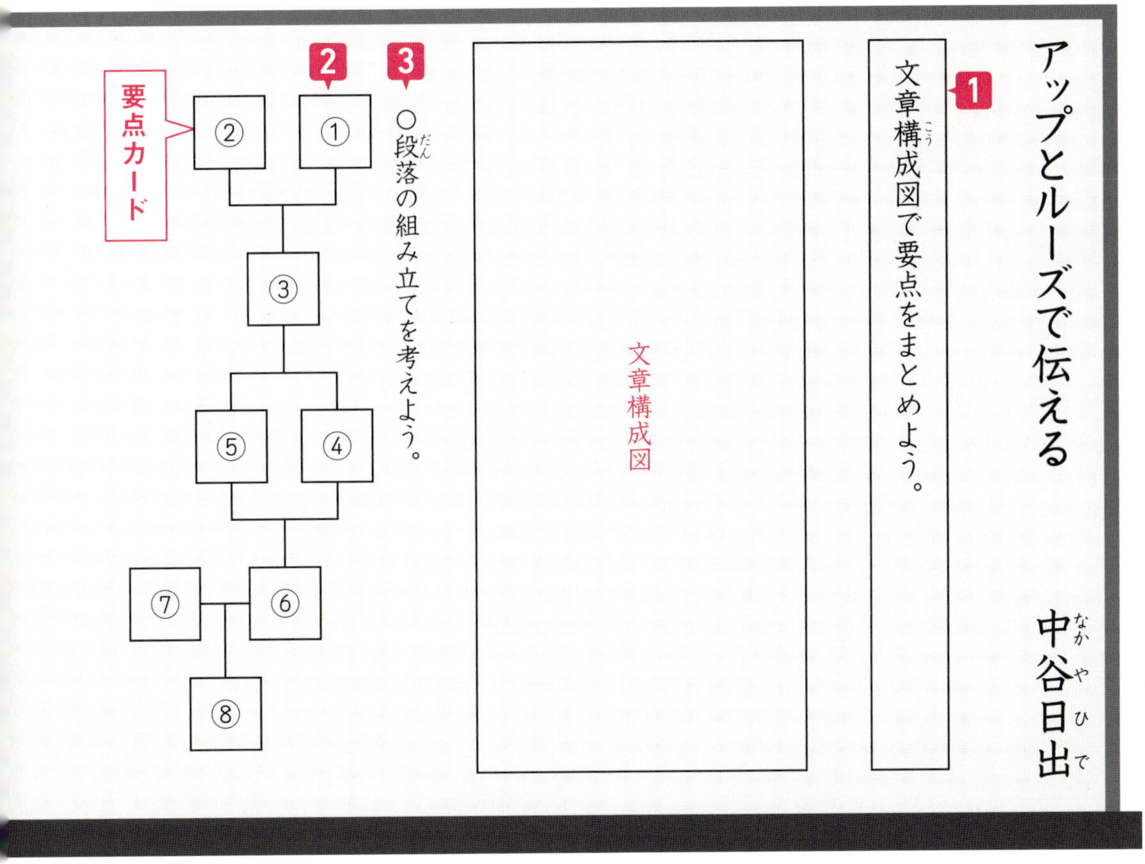

3 段落ごとにまとめたことを発表し、段落構成図を作る 〈25分〉

T グループになって、段落ごとの要点を発表しましょう。

○個人作業では難しい場合は、相談して要点をまとめるグループ作業に切り替えてもよい。

○要点をさらに短い言葉にして、要点カードを作り、全体の構成図を作る。

T グループごとに段落構成図を発表しましょう。

○どうしてその構成図にしたのか、理由も発表するようにする。

○発表後には、ノートに構成図を書く。

T 今日の学習の振り返りをしましょう。

○付箋に書き、ノートに貼る。

よりよい授業へのステップアップ

グループの力で課題解決を

要点をまとめるということは、理解の差により子供によっては難しい。グループで考えを交流し、なぜその部分をまとめるのか、なぜその言葉を選んだのかを伝え合うことで、文章をより深く理解することにつながり、国語の力の差を補い合うことにもなる。

全体で共有する時間を大切に

文章構成の全体図を示すことで、クラス全体でグループごとの考え方を見ることができる。考え方の共通点や違いを見つけ、全体で共有することで、協働して深く学ぶことにつなげたい。

本時案

思いやりのデザイン／アップとルーズで伝える 8/8

本時の目標

・筆者の考えに対する自分の考えをまとめ、発表し合い、説明の仕方の工夫や話し方の工夫などを話し合うことができる。

本時の主な評価

❺筆者の考えを読み取り、自分の考えをまとめて分かりやすく相手に伝え、互いに感じ方や考えの違いに気付き、説明の仕方の工夫などについて話し合おうとしている。【態度】

資料等の準備

・文章構成図ワークシート 💿 09-04
・付箋

授業の流れ ▷▷▷

1 本時のめあてを確認し、前時までの学習を振り返る 〈5分〉

T 「アップとルーズで伝える」を読んでどんな感想をもちましたか。
・普段見ているテレビの映像の映し方には、送り手の思いや工夫があることが分かりました。
・新聞の写真も同じようにアップとルーズがあることを知りました。
T 今日は自分の考えを発表します。友達の考えを聞いて、考えを交流しましょう。

2 「伝えること」に関して自分が考えたことを整理して書く 〈10分〉

T ⑧段落で筆者の考えをまとめたものを読み直して、「伝えること」について自分の考えを書きましょう。
○「思いやりのデザイン」でも、伝えることについて筆者の思いが書かれていたことを確かめる。
○書くときには、自分の考えの根拠を入れるように指示する。
○書いた文を読むのではなく、考えを発表するので、思ったことを自由に書かせたい。

アップとルーズで伝える

中《なか》谷《や》日《ひ》出《で》

1 「伝えること」について考えたことを発表しよう。

2 ◇なるほど！ と思った考え
・送り手は、伝えたいことに合わせて、アップとルーズを使い分ける必要がある。
・アップとルーズをうまく使い分けると、分かりやすく伝えることができる。
・伝えるときには相手のことを考えることが大切。

◇ぎ問に思ったこと
・えいぞうを切りかえながら放送することには、どんな苦ろうがあるのだろう。
・写真を選ぶときに、大切にしていることは何だろう。

◇発見！ 発表するときのくふう
・伝えたいことに合わせて、伝え方をかえること。
・アップとルーズの両方の伝え方をうまく組み合わせる。

3 自分の考えを発表し、友達と交流する 〈30分〉

T グループ内で、考えを発表し合いましょう。友達の発表を聞いて、考えがよく分かるところや、自分の考えと違うところなど、気付いたことを話し合いましょう。

○発表の内容がよく伝わったかを確かめ、分からないところは質問をする。質問は必ずするように指示をする。

○発表の仕方で気付いたことを話し合う。声の大きさや速さだけの評価ではなく、顔の表情や視線など、話し方の工夫に気付かせたい。

○発表を聞いて気付いたことを付箋に書いて発表者に渡す。

○グループ内でおすすめの発表を決め、全体で共有するのもよい。

よりよい授業へのステップアップ

どんな考えも受け入れる学級づくりを

自分の考えをもち、発表することはとても大事なことである。どんな考えも尊重され、誰の考えにも耳を傾けられるような友達関係をつくることは、意欲的に発表することにつながるだろう。

伝える思いを大切に

お気に入りの絵や写真などを持ち寄って、その絵や写真を説明する発表をすると、オリジナルの発表になり、より主体的に説明の仕方も工夫するだろう。子供たちの「伝えたい思い」をわき立たせるような発表を考えたい。

資料

1 第２時資料　文章構成図ワークシート 09-01

「思いやりのデザイン」文章構《こう》成図　ワークシート　年　組　名前（　　　　　　）

まとまり	段《だん》落	段落の役わり	要点（大切な言葉や文）
初め	①		
	②		
中	③		
	④		
終わり	⑤		

2 第３時資料　文章構成図ワークシート 09-02

「アップとルーズで伝える」文章構《こう》成図　ワークシート　年　組　名前（　　　　　　）

まとまり	段《だん》落	段落の役わり	要点（大切な言葉や文）
初め	①		
	②		
	③		
中	④		
	⑤		
	⑥		
	⑦		
終わり	⑧		

3 第5時資料　文章構成図ワークシート　09-03

対比《ひ》　説明のくふう

年　組　名前（　　　）

④段《だん》落　アップ

P52の写真

長所

けれども

短所

⑤段落　ルーズ

P53の写真

長所

でも

短所

4 第8時資料　文章構成図ワークシート　09-04

「伝えること」について考えたことを発表しよう。

年　組　名前（　　　）

◇なるほど！　と思った考え

◇ぎ問に思ったこと

◇発見！

発表するときのくふう

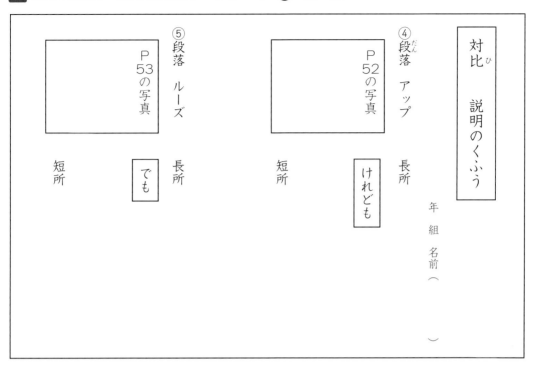

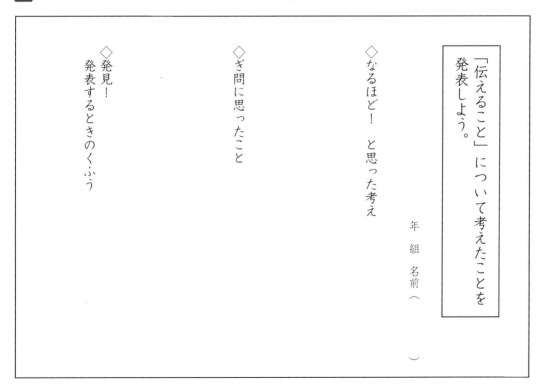

カンジーはかせの都道府県の旅１　（２時間扱い）

〔知識及び技能〕(1)エ

単元の目標

・都道府県名を表す漢字や、これまでに学習した漢字を文の中で使うことができる。

評価規準

知識・技能	❶第４学年までに配当されている漢字を読んでいる。また、第３学年までに配当されている漢字を書き、文や文章の中で使うとともに、第４学年に配当されている漢字を漸次書き、文や文章の中で使っている。（〔知識及び技能〕(1)エ）
主体的に学習に取り組む態度	❷漢字に関心をもち、粘り強く都道府県名を使った文を読んだり書いたりしようとしている。

単元の流れ

次	時	主な学習活動	評価
一	1	教師が提示する文（教科書の①〜㉔）を読む。 **学習の見通しをもつ** 都道府県名を使った文を書くという学習の見通しをもつ。 各都道府県について知っていることを出し合う（産地、有名な場所、行事等）。 知っていることや調べたことをもとに、文型を参考にして都道府県名を使った文を書く。	❶
	2	前時に書いた文を読み直したり、さらに文を書いたりする。 また、各都道府県名をローマ字で書く。 **学習を振り返る** 書いた文を友達と共有する。	❶❷

授業づくりのポイント

〈単元で育てたい資質・能力〉

本単元のねらいは、第４学年に配当されている都道府県の漢字や、第３学年までに配当されている漢字を読んだり、文や文章を書くときに使ったりする力を育むことである。

これからの学習や生活の場面において、学習した漢字を使ってみようと子供に意欲をもたせるためには、嫌々行う学習ではなく、楽しみながら行う学習となるようにしたい。そのために、いきなり学習活動を示すのではなく、都道府県について知っていることや、不確かであってもこれまでに見たり聞いたりした情報を挙げさせたり、図鑑で調べた中で驚いたことや紹介したいことを選ばせたりすることで、都道府県名を使った文を書くことに興味をもたせてから取り組ませることが大切である。

具体例

○教科書に示されている①から㉔の文のうち、いくつかをあらかじめ短冊に書いておき、それらをクイズのように子供に提示することで、子供の興味・関心を引くとともに、学習活動の見通しをもたせる。教師が提示した内容以外にも知っていることはあるかを子供に尋ね、何人かの子供に漢字で黒板に書かせることも、学習の見通しをもたせるために効果的である。

〈言語活動の工夫〉

都道府県名を使った文を書く活動である。短冊に書かせることで、書いたものを共有したり、比較、分類したりしやすくなるようにする。友達が書いた文をノートやワークシートに書き写させることで、漢字に対する理解を深めることができるようにする。

具体例

○教科書の①〜㉔で示された文から次のような文型をつかませ、子供が文を書きやすくなるようにする。
「○○県は、△△の産地だ。」「○○県には、□□がある。」「▲▲は、○○県の特産品だ。」
「○○県では、■■が多く生産されている。」

○子供から出された各都道府県の情報をひらがなで板書し、メモをさせておくことで、自ら内容を考えることが難しい子供の支援となるようにする。

○共有場面では書いた短冊を見せ、クイズのように友達と読み合う活動や、各都道府県の情報をノートやワークシートに集めるために、友達が短冊に書いた内容を見せてもらい、書く活動などが考えられる。

〈他教科との関連〉

第４学年の社会科では、都道府県の地理的環境の特色などについて学習する。本単元の学習は、各都道府県の理解を深めることにつながっている。調べたことを漢字を使って文に書いたり、友達と共有したりすることを通して、自然と各都道府県に関する知識が増えていくことになる。短冊に書いたことを社会科の時間に思い出させたり、反対に社会科の時間に学んだことをもとに文を書かせたりすることで、効率的かつ子供にとって楽しい学習になるようにしたい。

具体例

○書いた文を都道府県地図と一緒に掲示しておく。そうすることで、「この県についての文が少ないからもっと調べてみよう」と、子供が調べたり漢字で書いたりすることに結び付いていく。

本時案

カンジーはかせの都道府県の旅１　1/2

本時の目標

・都道府県名を表す漢字や、これまでに学習した漢字を文の中で使うことができる。

本時の主な評価

❶都道府県名を表す漢字を書き、文や文章の中で使っている。【知・技】

資料等の準備

・教科書の問題①〜㉔を書いた短冊
・教科書 p.60の日本地図の拡大コピー

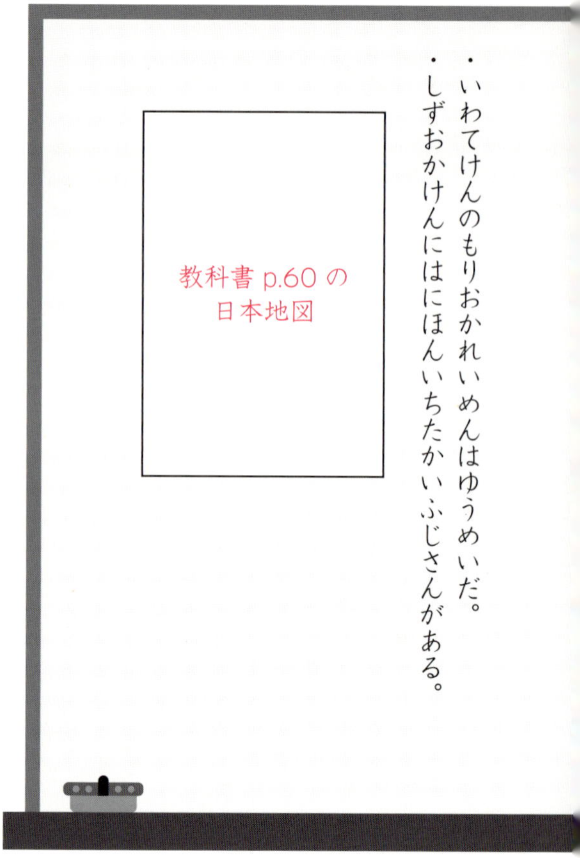

・いわてけんのもりおかれいめんはゆうめいだ。
・しずおかけんにはにほんいちたかいふじさんがある。
教科書 p.60 の
日本地図

授業の流れ ▷▷▷

1　都道府県名を使った文を読み、学習の見通しをもつ　〈10分〉

T　次の文は何と読むでしょう。
・北海道では、じゃがいもが多く生産されている。
・山形県では、さまざまなしゅるいのさくらんぼが生産されている。
・りんごは、青森県の特産品の一つだ。
・赤べこは、福島県の工芸品だ。
○次のような文型を子供がつかめるよう、同じ文型のものを順番に提示するとよい。
「〇〇県は、△△の産地だ。」「〇〇県には、□□がある。」「▲▲は、〇〇県の特産品だ。」「〇〇県では、■■が多く生産されている。」
T　これらの文型を使って、みんなも都道府県名を使った文を書いてみましょう。
○このタイミングでめあてを提示する。

2　各都道府県について知っていることを出し合う　〈10分〉

T　東の方にある都道府県の有名な場所や特産品、行事などで知っていることはありますか。
・福島県は桃の産地だ。
・岩手県の盛岡冷麺は有名だ。
・静岡県には日本一高い富士山がある。
○子供から出された文はひらがなで板書しておくことで、自力で文を考えられない子供が参考にできるようにしておく。
・地図帳や社会科の教科書を見てもいいですか。
○地図帳や社会科の教科書を参考にして知っていることを挙げてもよいことを伝える。
○全体でいくつかの文を確かめた後、ペアやグループで考えさせてもよい。

カンジーはかせの都道府県の旅1

都道府県名を使った文を書こう。

1 「○○県では、■■が多く生産《さん》されている。」

北海道では、じゃがいもが多く生産されている。

山形県では、さまざまなしゅるいのさくらんぼが生産されている。

2 「▲▲は、○○県の特産品だ。」

りんごは、青森県の特産品の一つだ。

赤べこは、福島県の工芸《げい》品だ。

「○○県は、△△の産地だ。」

山梨県は、ぶどうの産地だ。

茨城県は、メロンの産地だ。

・ふくしまけんは、もものさんちだ。

「○○県には、□□がある。」

千葉県では、かぶが多く作られている。

岐阜県では、うかいを見学できる。

自分で文を考えられない子供のために、例文も示しておく。

3 知っていることや調べたことを基に、文型を参考にして都道府県名を使った文を書く　〈25分〉

〇子供に短冊を配布しておき、完成した文は短冊に書くように指示する。次時で交流しやすくなるようにしておく。

・長野県は高い山がたくさんある。

・北海道は牛乳の産地だ。

〇机間指導しながら、子供が書いている文の傾向をつかみ、少ない都道府県名をさりげなく伝えることで、子供の書くことに対する意欲を高める。

T　関東にある県の文が少ないですね。

・神奈川県について調べて書こう。

よりよい授業へのステップアップ

例文の提示の順番に配慮する

教科書の例文の似たものをまとめて提示することで、子供が文型に気付きやすくなる。板書する際は分類・整理が重要である。

社会科の学習と関連付ける

各都道府県について知っていることを出し合う活動では、社会科の教科書や地図帳を積極的に参考にさせたい。自分の知識にはなっていないことでも、自分が興味をもったことを挙げさせることで、社会科の学習に対する興味・関心を高めることにもつながっていく。

本時案

カンジーはかせの都道府県の旅１　2/2

本時の目標

・都道府県名を表す漢字や、これまでに学習した漢字を文の中で使うことができる。

本時の主な評価

❶都道府県名を表す漢字を書き、文や文章の中で使っている。【知・技】
❷漢字に関心をもち、粘り強く都道府県名を使った文を読んだり書いたりしようとしている。【態度】

資料等の準備

・教科書 p.60の日本地図の拡大コピー（板書用と各グループに一枚ずつあるとよい）
・各都道府県をローマ字表記したもの

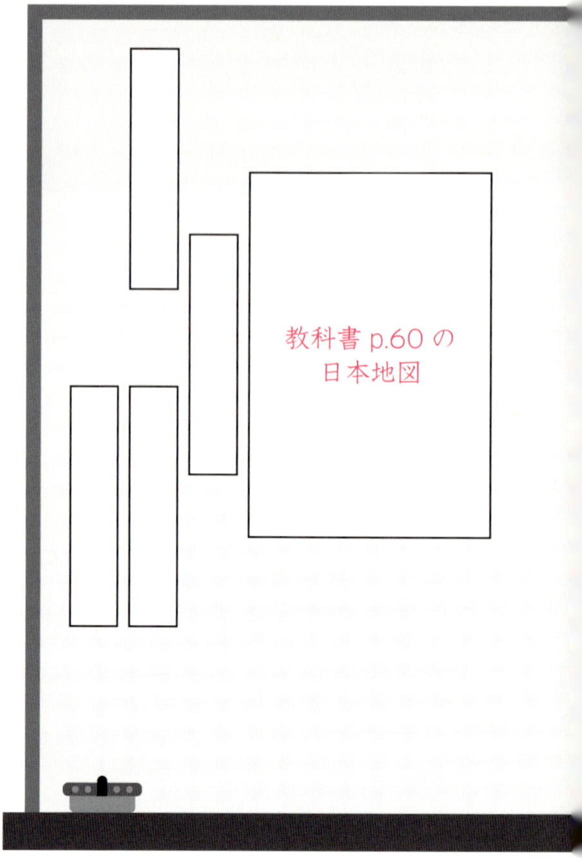

授業の流れ ▷▷▷

1　前時に書いた文を読み直したり、各都道府県名をローマ字で書いたりする　〈10分〉

T　前の時間に書いた文を読み直して、間違いがないかを確かめましょう。確かめられた人は、都道府県名をローマ字で書いてみましょう。

○自分が書いた漢字が正しく書けているか確かめさせる。都道府県名については教科書を、他の漢字については辞書を使わせるとよい。

○ローマ字で書く活動は教科書の最後に示されている活動である。時間のある子供に確かめさせたい。

・新潟県が難しいな。よく確かめよう。
・茨城県の「き」は「城」なんだな。

2　書いた文をグループで共有する　〈25分〉

○４～５人のグループで共有させる。その際、机を班の形にさせ、机の上に教科書 p.60の日本地図の拡大コピーを配布する。地図を活用しながら、どの都道府県についての文なのかを地図と照らし合わせながら紹介させるとよい。紹介の仕方を板書を使いながら示すようにする。

・長野県は高い山がたくさんある（短冊を出す）。
・長野県だから⑳だね。
・北海道は牛乳の産地だ（短冊を出す）。
・私も北海道で作ったよ。北海道で作られる夕張メロンは有名だ。
・北海道だから①だね。
・三重県が少ないね。何か作れるかな。

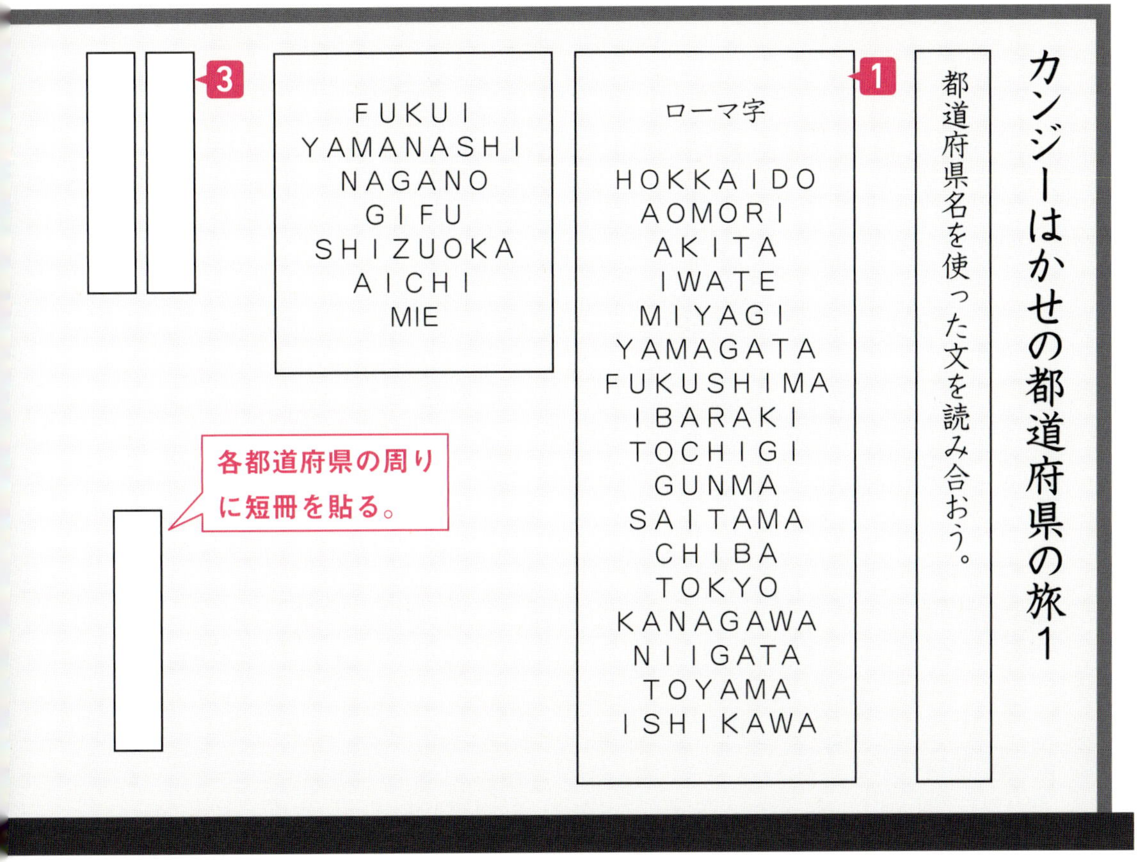
カンジーはかせの都道府県の旅1
都道府県名を使った文を読み合おう。
1
ローマ字
HOKKAIDO
AOMORI
AKITA
IWATE
MIYAGI
YAMAGATA
FUKUSHIMA
IBARAKI
TOCHIGI
GUNMA
SAITAMA
CHIBA
TOKYO
KANAGAWA
NIIGATA
TOYAMA
ISHIKAWA
FUKUI
YAMANASHI
NAGANO
GIFU
SHIZUOKA
AICHI
MIE
3
各都道府県の周りに短冊を貼る。

3 さらに都道府県名を使った文を考えて書き、共有する 〈10分〉

T 短冊を全て紹介し合ったグループは、あまり出てこなかった都道府県について文を作ってみましょう。

・私は岐阜県で作ってみるよ。

・ぼくは三重県で調べてみよう。

・三重県はひじきの産地だ。

○できるだけ多く短冊を書かせることで、特に都道府県名の漢字を文の中で使える力を育みたい。そのため、短冊をただ増やせばよいのではなく、正しい漢字で書くことが大切であることを子供に伝えるようにする。

よりよい授業へのステップアップ

学習活動の進め方をつかめるようにする

考えを伝え合う学習活動では、教師が意図する進め方を子供につかませることが大切である。ただ書いたものを伝え合うのではなく、同じ都道府県のものを分類したり、地図と照らし合わせて確かめながら短冊を提示したりすることを子供が理解できるようにしたい。その際、黒板に地図を貼り、同じようにやってみせることが有効である。

気持ちが伝わる手紙を書こう

お礼の気持ちを伝えよう

6時間扱い

〔知識及び技能〕(1)キ　〔思考力、判断力、表現力等〕B書くことア、イ、エ　関連する言語活動例C(2)イ

単元の目標

手紙の型に沿うことで改まった気持ちを伝えることができることを理解し、お礼を伝えるという目的に基づいて伝える相手と内容を決め、気持ちがよりよく伝わる手紙を書くことができる。

評価規準

知識・技能	❶丁寧な言葉を使うとともに、敬体と常体との違いに注意しながら書いている。(〔知識及び技能〕(1)キ)
思考・判断・表現	❷「書くこと」において、相手や目的を意識して、書くことを選び、伝えたいことを明確にしている。(〔思考力、判断力、表現力等〕Bア) ❸「書くこと」において、書く内容の中心を明確にし、手紙の型に沿って、文章の構成を考えている。(〔思考力、判断力、表現力等〕Bイ) ❹「書くこと」において、間違いを正したり、相手や目的を意識した表現になっているかを確かめたりして、文や文章を整えている。(〔思考力、判断力、表現力等〕Bエ)
主体的に学習に取り組む態度	❺進んで書く内容の中心を明確にして文章の構成を考え、学習の見通しをもってお礼の手紙を書こうとしている。

単元の流れ

次	時	主な学習活動	評価
一	1	お礼の手紙を書いたりもらったりした経験を振り返る。 大人の世界でもお礼の手紙（お礼状）のやり取りがあることを知り、文例を読む。 **学習の見通しをもつ** 「大人に近付くすてきなマナー！お礼の気持ちを伝える手紙を書こう」という学習課題を設定し、学習計画を立てる。	
二	2	学校生活を振り返り、学校以外の場所でお世話になった大人の方の中から、誰に、何のお礼を伝えるのかを決める（住所を知ることが可能かどうかを確認する）。	❷
	3	手紙の型（「初めのあいさつ」「本文」「結びのあいさつ」「後付け」）に沿って、内容を考える。	❸
	4	何に対してお礼を言いたいのかを明確に、お礼の手紙を書く。	❶
	5	書いた手紙を読み返す（字に間違いはないか。丁寧な言葉を使っているか）。	❹
三	6	便箋に清書をする。 封筒に宛名と差出人を書き、手紙を送る。 **学習を振り返る** 手紙で気持ちを伝えることのよさについて話し合う。	❺

授業づくりのポイント

〈単元で育てたい資質・能力〉

本単元のねらいは、大人の世界でもお礼の手紙（お礼状）のやり取りがあることを知り、手紙の型に沿って、お礼の気持ちがよりよく伝わる手紙を書く力を育むことである。

そのためには、まず単元の導入段階において、手紙の型に沿うことで改まった気持ちを伝えることができることに魅力を感じ、自分もお礼の手紙を書いてみたいという思いをもつことが重要である。これまでにも、子供は、お礼の気持ちを伝える手紙を書いたりもらったりする経験をしてきている（例：６年生にお礼の手紙を書いた。お世話になった先生や主事さんにお礼の手紙を書いた。２年生のときに１年生からお礼の手紙をもらった。等）。しかし、大人の世界でも通用するような正式なお礼の手紙（お礼状）を書いたりもらったりという経験をしたことがある子供は、ほとんどいないだろう。

本単元では、これまでの経験も生かしつつ、生涯役立つ常識やマナーとして、お礼の手紙（お礼状）の正式な書き方の基礎を身に付けさせたい。

具体例

○第１時において、大人の世界におけるお礼の手紙（お礼状）の文例を提示する。文例を分析することで、手紙の型について大きく捉えておく。また、内容の分析にとどまらず、改まった形式の手紙を受け取った側の気持ちも想像する。さらに、教員自身のお礼の手紙に関する経験談を聞くことを通して、自分もお礼の手紙を書いてみようという思いを膨らませる。

○第１時終了後、大人の世界の常識やマナーとしてお礼の手紙（お礼状）を書く必要がある場面について、本やインターネットで調べたり、家の人に聞いたりする期間をとる。

〈教材・題材の特徴〉

手紙は、実用的な文章として生活の中にあり、身近な存在である。しかし、通信機器の発達により、電話やメールによるやり取りが増え、子供が手紙の魅力に気付く機会は減ってきている。

子供が気持ちのこもった丁寧な手書きの手紙のよさを実感できるよう、同じ文面でも、手紙の形式とメールの形式では、受け取った側がどのような印象の違いを感じるか、検討する機会を設ける。

具体例

○第６時において、清書をさせるにあたり、同じ文面の手紙形式のもの（手書き）とメール形式のもの（携帯電話の画面）を提示する。メールの利便性も認めつつ、実物が手元に届くという手紙の特徴を押さえ、手紙の魅力について話し合う。

〈他教科・他領域との関連〉

手紙の型に沿ったお礼の手紙を書くという活動の趣旨を鑑み、家族や親戚、先生や友達等の身近な人ではなく、学校以外の場所でお世話になった大人の方に宛てた文章を書く。

子供の思いを大切に、誰にお礼の手紙を書くか自由に決めさせたいところだが、実際に手紙を送ることが可能かどうかを検討し、あらかじめ教員のほうで候補を考えておきたい。

学校以外の場所でお世話になった大人の方とは、総合的な学習の時間などでの関わりが主になるだろう。他教科・他領域と関連させて単元を展開することで、より実用的な文章を書くことができる。

具体例

○第２時において、学校生活を振り返る際には、社会科見学や総合的な学習の時間、その他ゲストティーチャーを招いての学習を想起させる（学校以外の場所でお世話になった大人の方リスト）。

本時案

お礼の気持ちを伝えよう 1/6

本時の目標

・「お礼の手紙」を書いたりもらったりした経験を振り返ったり、大人の世界の「お礼の手紙」を読んだりすることを通して、学習計画を立てることができる。

本時の主な評価

・大人の世界の「お礼の手紙」の特徴について考え、学習の見通しをもっている。

資料等の準備

・文例① 6 年生への「お礼の手紙」 11-01
・文例②職場体験先への「お礼の手紙」 11-02
（拡大コピーで使用できるもの）

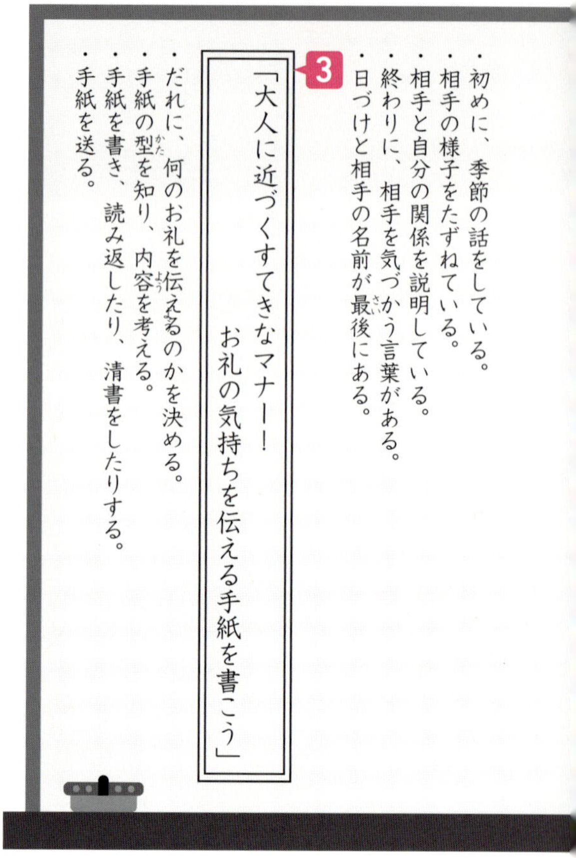

・初めに、季節の話をしている。
・相手の様子をたずねている。
・相手と自分の関係を説明している。
・終わりに、相手を気づかう言葉がある。
・日づけと相手の名前が最《さい》後にある。
3
「大人に近づくすてきなマナー！
お礼の気持ちを伝える手紙を書こう」
・だれに、何のお礼を伝えるのかを決める。
・手紙の型《かた》を知り、内容《よう》を考える。
・手紙を書き、読み返したり、清書をしたりする。
・手紙を送る。

授業の流れ ▷▷▷

1 「お礼の手紙」を書いたりもらったりした経験を振り返る 〈10分〉

○「お礼の手紙」を書いたこと、もらったことについて、想起させる。

T お礼の気持ちを伝える手紙を書いたり、もらったりしたことはありますか。

・お世話になった 6 年生にお礼の手紙を書きました。
・お世話になった先生や主事さんにお礼の手紙を書きました。
・お世話をしてあげた 1 年生から、お礼の手紙をもらいました。

T お礼の気持ちを「手紙」で伝えることには、どのようなよさがありますか。

・形に残り、何度も読み返すことができます。
・手書きの字に気持ちをこめることができます。
・ふだん会えない人にも伝えることができます。

2 これまで書いてきた「お礼の手紙」と大人の世界の「お礼の手紙」の文例を比べる〈25分〉

T お世話になった 6 年生に書いた手紙の文例と、職場体験を終えた中学生が書いた手紙の文例を見せます。2 つの手紙を比べて、大人の世界の「お礼の手紙」の特徴を見つけましょう。

・初めに、季節の話をしています。
・相手の様子を聞いています。
・相手と自分の関係を説明しています。
・終わりに、相手を気遣う言葉があります。
・日付と相手の名前が最後にあります。

○どちらもお礼の気持ちを伝える内容であるが、大人の世界の「お礼の手紙」には「型」がありそうだということに気付かせる。

○大人になる前にも、型に沿った「お礼の手紙」を書く機会があることを伝える。

お礼の気持ちを伝えよう

「お礼の手紙」について話し合い、学習計画を立てよう。

1

〈お礼の手紙〉を書いたけいけん

・お世話になった六年生に。

・りにん式のとき、お世話になった先生や主事さんに。

〈お礼の手紙〉をもらったけいけん

・二年生のとき、お世話をしてあげた一年生から。

2

文例①六年生への「お礼の手紙」

文例①

文例②しょく場体けん先への「お礼の手紙」

文例②

あらかじめ用意しておいた文例を貼る。

◆大人の世界の「お礼の手紙」は、何がちがうのか。

3 学習課題を設定し、学習計画を立てる 〈10分〉

○型に沿った「お礼の手紙」を書くことができるということは、素敵なことであり、マナーでもあるということを伝える。

T　お礼の気持ちを伝える手紙を書くために、どのように学習を進めればよいのかを考えましょう。

・誰に、何のお礼を伝えるのかを決めます。

・手紙の型を知り、内容を考えます。

・手紙を書き、読み返したり、清書をしたりします。

・手紙を送ります。

○教科書 P.62「学習の進め方」を参考にして考えてもよい。

よりよい授業へのステップアップ

型に沿った「お礼の手紙」を書くことに興味をもたせる工夫

これまでにもお礼の気持ちを伝える手紙を書いたことがあるということを押さえた上で、改まった形式で「お礼の手紙」を書くことのよさを感じることができるよう、手紙を受け取った側の気持ちを想像させたり、教員自身の経験談を聞かせたりする。

手書きの手紙のよさに気付かせる工夫

第５時で手紙とメールを比べる布石として、第１時で提示する２つの文例は手書きのものが望ましい。手書きのあたたかさに気付かせたい。

本時案

お礼の気持ちを伝えよう 2/6

本時の目標

・学校生活を振り返り、「だれに」「何のお礼」を伝えるのかを決めることができる。

本時の主な評価

❷「お礼の手紙」を書く相手や目的を意識して、書くことを選び、伝えたいことを明確にしている。【思・判・表】

資料等の準備

・当該学年・学級の子供が、学校以外の場所でお世話になった大人の方をリストにしたもの（校内での学習における外部講師の方も含む）

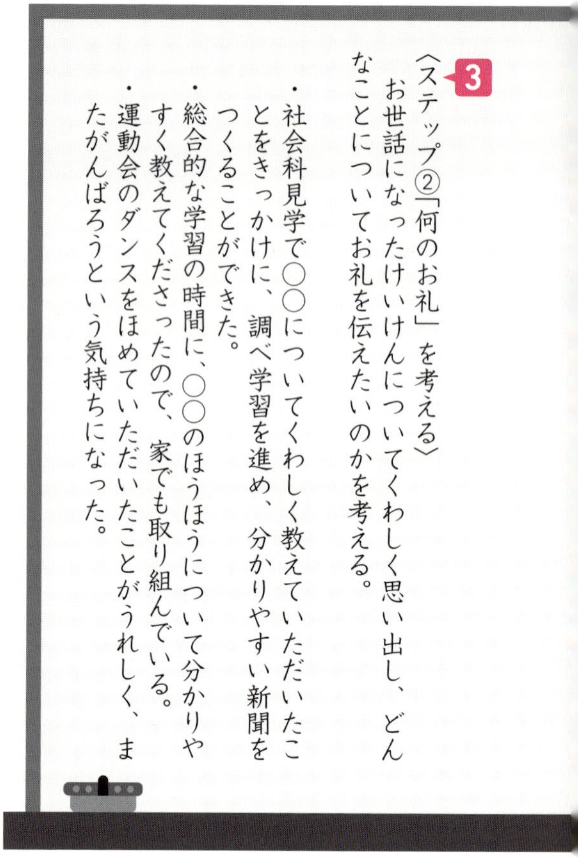
3
〈ステップ②「何のお礼」を考える〉
お世話になったけいけんについてくわしく思い出し、どんなことについてお礼を伝えたいのかを考える。
・社会科見学で○○についてくわしく教えていただいたことをきっかけに、調べ学習を進め、分かりやすい新聞をつくることができた。
・総合的な学習の時間に、○○のほうほうについて分かりやすく教えてくださったので、家でも取り組んでいる。
・運動会のダンスをほめていただいたことがうれしく、またがんばろうという気持ちになった。

授業の流れ ▷▷▷

1 学校生活を振り返り、学校以外で大人の方にお世話になった経験を想起する〈10分〉

○社会科見学や総合的な学習の時間の経験を振り返らせ、お世話になった大人の方を想起させる。

T　これまでの学校生活を振り返って、学校以外の場所で大人の方にお世話になった経験について話し合いましょう。

・社会科見学の施設の方。

・総合的な学習の時間のゲストティーチャーの方。

・幼稚園や保育園の先生。

○実際に手紙を送ることが可能かについて事前に確認した上で、当該学年・学級の子供が、学校以外の場所でお世話になった大人の方のリストを作成しておく。

2 お礼の手紙を「だれに」書くのかを決める〈15分〉

T　お世話になった大人の方がたくさんいますね。この学習では、「だれに」お礼の手紙を書きたいですか。一人の方に決めましょう。

○なかなか一人に決めきれない子供には、今回の学習を終えた後、学んだことを生かして追加で書くことも可能であることを伝える。

○「だれに」書くのかを決めて、ノートに書く。実際に手紙を送ることが可能な相手かについて確認するため、この段階で全員のノートを見る。

気持ちが伝わる手紙を書こう
「お礼の気持ちを伝えよう」

「大人に近づくすてきなマナー！
お礼の気持ちを伝える手紙を書こう」

1 「だれに」「何のお礼」を伝えるのかを決めよう。

2 〈ステップ①「だれに」を考える〉
学校生活をふり返り、学校以外の場所で、大人の方にお世話になったけいけんついて、話し合おう。

学校以外の場所で
お世話になった
大人の方リスト

実際に手紙を送れるかを確認した上で、リストにしておく。

・社会科見学のときに、説明をしてくださったしせつの方
・総《そう》合的な学習の時間に、お話をしてくださった、ゲストティーチャーの方
・運動会を見に来てくださったようち園やほいく園の先生

3 「何のお礼」を伝えるのかを決める 〈20分〉

T 「だれに」書くのかについて先生の確認が終わった人から、その方に「何のお礼」を伝えるのかを考えましょう。

・社会科見学で〇〇について詳しく教えていただいたことをきっかけに、調べ学習を進め、分かりやすい新聞を作ることができたこと。
・総合的な学習の時間に、〇〇の方法について分かりやすく教えてくださったので、家でも取り組んでいること。
・運動会のダンスを褒めていただいたことがうれしく、また頑張ろうという気持ちになったこと。

〇第３時の構成に向けて、「相手がしてくれたこと」「そのときに感じたこと」を書き出しておく。

よりよい授業へのステップアップ

実用的な文章を書かせるための工夫

社会科見学や総合的な学習の時間における、学校以外の場所での大人の方との関わりについて幅広く振り返らせる。他教科・他領域と関連させてお礼の手紙を書く相手を考えさせることで、子供が手紙を書く必然性を感じられるようにしたい。そして、お世話になった方には「お礼の手紙」を書くことが礼儀であり、マナーであるということにも気付かせたい。

本時案

お礼の気持ちを伝えよう 3/6

本時の目標

・手紙の型（「初めのあいさつ」「本文」「結びのあいさつ」「後付け」）を知り、型に沿って、内容を考えることができる。

本時の主な評価

❸何に対してお礼を伝えたいのか、内容の中心を明確にし、手紙の型に沿って、文章の構成を考えている。【思・判・表】
・手紙に送る相手に失礼のない内容になっている。

資料等の準備

・教科書 P.64の文例を拡大したもの
・学習の時期に合わせた「時候のあいさつ」の例
・相手を気遣う言葉の例

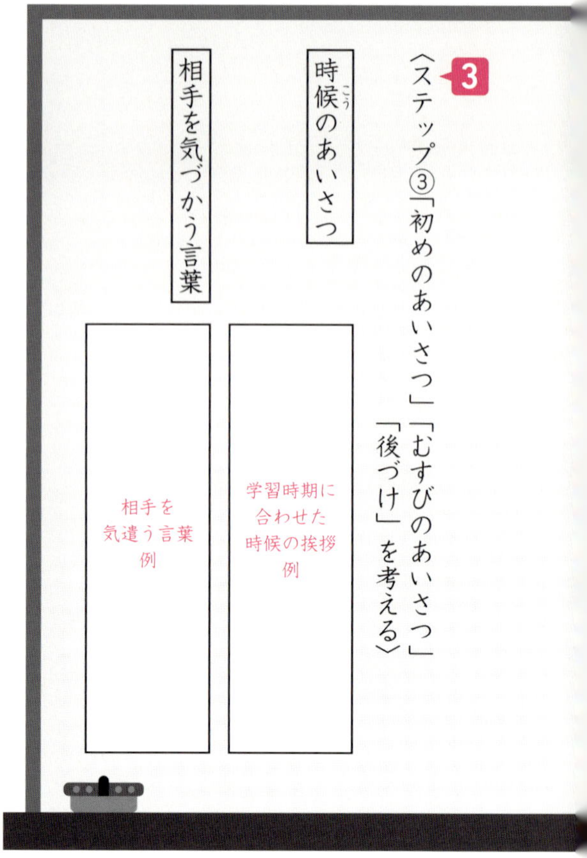

授業の流れ ▷▷▷

1 手紙の型を知り、内容を分析する〈10分〉

○第１時で２つの文例を比べたことを振り返り、改めて教科書の文例をもとに「型」を知る。

T　教科書63ページを見ましょう。手紙にはこのような「型」があります。64ページの文例の拡大を貼るので、どの部分にどのような言葉が書かれているのか、詳しく見ていきましょう。

・「初めのあいさつ」の最初に、「緑がまぶしい季節となりました。」という「季節に関する言葉」が書かれています。
・「本文」には、お礼の気持ちを伝える言葉が書かれています。
・「むすびのあいさつ」には、「これからもお体に気をつけて」という「相手を気遣う言葉」が書かれています。

2 「本文」の内容を考える〈20分〉

T　手紙の中心となるのは「本文」です。伝えたいことをはっきりさせて、詳しく、具体的なエピソードでお礼の気持ちを伝えるために、「相手がしてくれたこと」と「そのとき感じたこと」を書き出しましょう。

○「相手がしてくれたこと」と「そのとき感じたこと」をセットで、ノートに書き出させる。

○複数書くことができた子供には、特に伝えたい内容を選ばせる。

お礼の気持ちを伝えよう

「大人に近づくすてきなマナー！
お礼の気持ちを伝える手紙を書こう」

手紙の型《かた》にそって、お礼の気持ちがよりよく伝わるように、内容《よう》を考えよう。

1 〈ステップ①「手紙の型」を知る〉

教科書 P.64 の文例

2 〈ステップ②「本文」を考える〉

◎相手がしてくれたこと

◎そのときに感じたこと

→くわしく書く。具体的なエピソードを書く。

3 「時候のあいさつ」や「相手を気遣う言葉」の例から、使いたいものを選ぶ 〈15分〉

T 「季節に関する言葉」を「時候のあいさつ」と言います。今の季節に合った「時候のあいさつ」の例の中から、使ってみたいものを選びましょう。

○意味が分からないまま使うことがないように、難しい言葉は、国語辞典で意味を調べさせる。

T 「相手を気づかう言葉」にも、いろいろな表現があります。使ってみたいものを選びましょう。

○「時候のあいさつ」や「相手を気づかう言葉」などは、手紙の目的に応じて、適切な使い方を選択するべきものであることも伝える。
例：お詫びを伝える手紙では、「時候のあいさつ」を書かずに本題に入ることもある。

よりよい授業へのステップアップ

もう一歩「大人の世界の手紙」に近付けさせる

教科書の「手紙の型」には扱われてはいないが、「頭語」「結語」について指導することも可能である。

また、後付けで相手の名前を書く際は高い位置に書くこと、自分の名前よりも大きめに書くことについて、その意味も含めて指導しておきたい。

本時案

お礼の気持ちを伝えよう 4/6

本時の目標

・丁寧な言葉を使い、文末表現を敬体にすることに気を付けながら、「お礼の手紙」を書くことができる。

本時の主な評価

❶丁寧な言葉を使い、文末表現（敬体と常体との違い）に注意しながら書いている。【知・技】

・構成に沿って、段落を意識して書いている。

資料等の準備

・ポイント確認用の短冊 11-03
（×△は水色、○◎はピンク色など色分け）

・便箋用紙（下書き用）

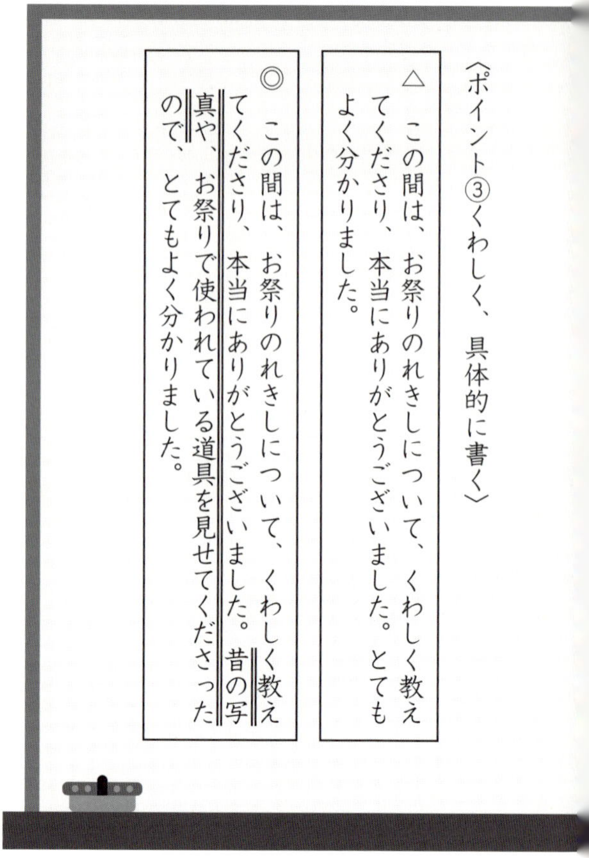

〈ポイント③くわしく、具体的に書く〉
△ この間は、お祭りのれきしについて、くわしく教えてくださり、本当にありがとうございました。とてもよく分かりました。
◎ この間は、お祭りのれきしについて、くわしく教えてくださり、本当にありがとうございました。昔の写真や、お祭りで使われている道具を見せてくださったので、とてもよく分かりました。

授業の流れ ▷▷▷

1 めあてに沿って、「3つのポイント」を確認する 〈15分〉

○ポイント①「ていねいな言葉を使う」ということについて、教科書の文例を用いて確認する。

T 「もらった」と「いただいた」では、どちらのほうが「丁寧な言葉」でしょう。

○ポイント②「文末表げんに気をつける」ということについて、教科書の文例を用いて確認する。

T 「〜なった。」「〜だ。」と「〜なりました。」「〜です。」という文末表現では、どちらに統一して書いたほうがよいでしょう。

○ポイント③「くわしく、具体的に書く」について、教科書の文例を用いて確認する。

T 具体的なエピソードを書いたほうが、気持ちがよりよく伝わります。

2 「3つのポイント」を取り入れ、型に沿って「お礼の手紙」を書く（下書き） 〈30分〉

T 下書き用の便箋用紙を配ります。清書用の便箋用紙も同じ形のものを使います。「初めのあいさつ」「本文」「結びのあいさつ」「後付け」のそれぞれの書き出しは、改行して一文字分下げて書き始めましょう。字の大きさにも気を付けましょう。

○第3時のノート（選んだり、書き出したりしたこと）を基に、教科書の文例を参考にして、型に沿った「お礼の手紙」を書く。

お礼の気持ちを伝えよう

「大人に近づくすてきなマナー！
お礼の気持ちを伝える手紙を書こう」

1 ていねいな言葉を使い、文末《まつ》表げんに気をつけながら、気持ちがよりよく伝わる「お礼の手紙」を書こう。

〈ポイント①ていねいな言葉を使う〉

×さくら祭りについて教えてもらった
○さくら祭りについて教えていただいた
×くわしく教えてくれて
○くわしく教えてくださり
×元気ですか。
○お元気ですか。
×体に気をつけて
○お体に気をつけて

〈ポイント②文末表げんに気をつける〉

×緑がまぶしい季節となった。
○緑がまぶしい季節となりました。
×いつもより楽しみだ。
○いつもより楽しみです。

3 下書きが終わったら、自分で読み返し、「３つのポイント」を取り入れているかを確認する

○第５時で推敲をするが、下書きを終えた子供には、推敲作業に入らせる。

T 下書きが終わった人から、「３つのポイント」を取り入れているかという視点で、読み返します。直したほうがよいところは、青鉛筆を使って、書き足したり、二重線で消したりしましょう。

よりよい授業へのステップアップ

自分に合った便箋用紙を選ばせる

行の幅や行数、あるいはマス目のあるものなど、数種類の便箋用紙を準備し、子供一人一人が自分に合った便箋用紙を選ぶことができるようにする。

選んだ便箋用紙にきれいにおさまるように書き切ることを意識させる。

柔軟な学習過程

子供が学習の見通しをもった上で、学習過程を行き来できるように配慮する。必要に応じて、構成⇔取材、記述⇔構成のように、前段階に立ち返らせる。

本時案

お礼の気持ちを伝えよう 5/6

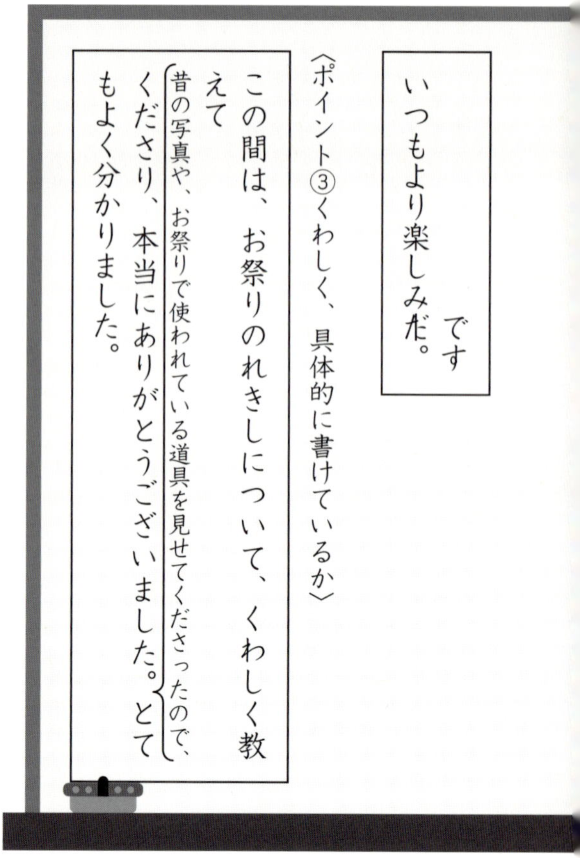
いつもより楽しみだ。です
〈ポイント③くわしく、具体的に書けているか〉
この間は、お祭りのれきしについて、くわしく教
えて
昔の写真や、お祭りで使われている道具を見せてくださったので、
くださり、本当にありがとうございました。とて
もよく分かりました。

本時の目標

・「3つのポイント」に沿って読み返し、加除修正することで、よりよい「お礼の手紙」にすることができる。

本時の主な評価

❹誤字脱字を正したり、「3つのポイント」を取り入れた表現になっているかを確かめたりして、文や文章を整えている。【思・判・表】

資料等の準備

・ポイント確認用の短冊 11-04

授業の流れ ▷▷▷

1 読み返す視点と直し方について確認する 〈10分〉

T 手紙を書くときに確認した「3つのポイント」について、取り入れて書くことができているかという視点で読み返していきます。直したほうがよいところは、青鉛筆を使って、書き足したり、二重線で消したりしましょう。

○第4時で確認した「3つのポイント」に沿って、推敲の仕方を押さえる。

2 自分の文章を推敲する 〈15分〉

T まずは、自分の文章を読み返しましょう。

○自分で書いた文章ではあるが、「自分以外の人が書いた文章」を「初めて読む」という意識で、客観的に読もうとする意識をもたせる。

・正しく書くことができたと思っていたけれど、字や文に間違いが見つかった。

・改めて読むと、もっとよい表現を思い付いた。

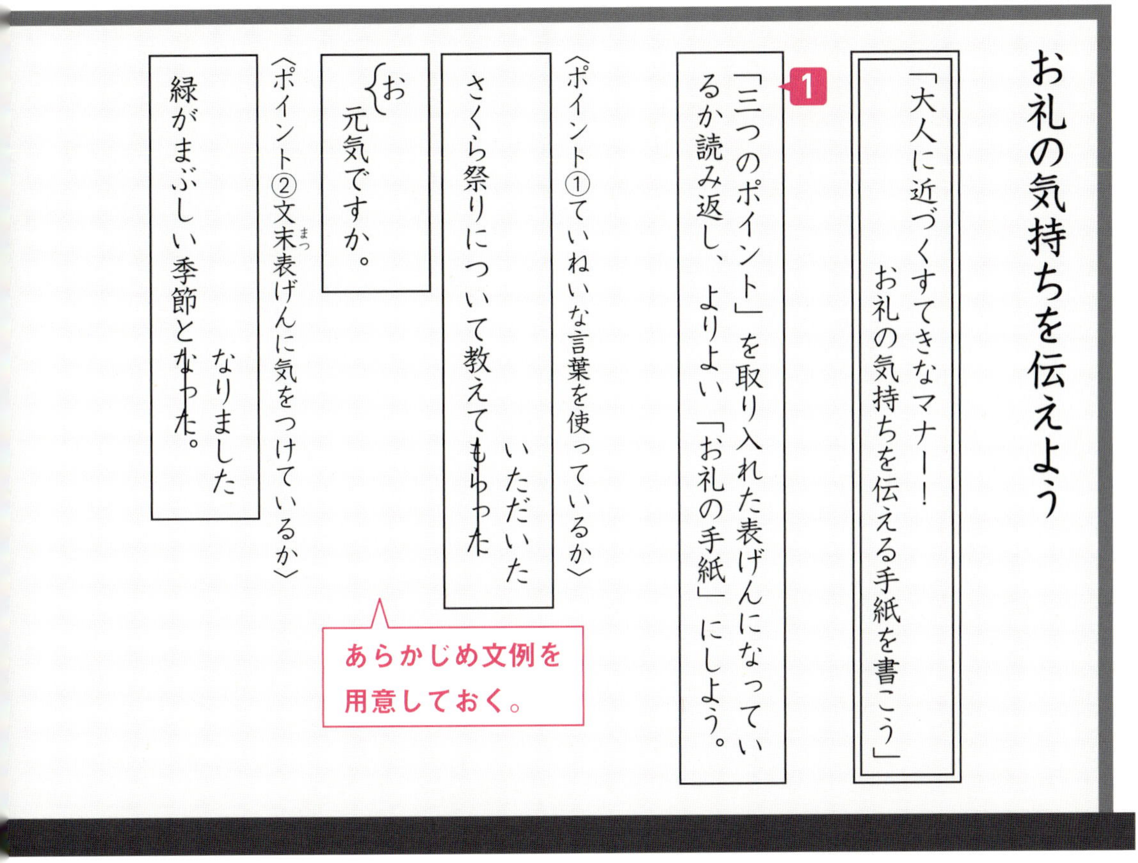
お礼の気持ちを伝えよう
「大人に近づくすてきなマナー！
お礼の気持ちを伝える手紙を書こう」
1
「三つのポイント」を取り入れた表げんになっているか読み返し、よりよい「お礼の手紙」にしよう。
〈ポイント①ていねいな言葉を使っているか〉
さくら祭りについて教えてもらった
いただいた
お
元気ですか。
〈ポイント②文末《まつ》表げんに気をつけているか〉
緑がまぶしい季節となった。
なりました
あらかじめ文例を用意しておく。

3 友達と互いの文章を推敲し合う〈20分〉

T　次に、友達と互いの文章を読み合いましょう。特に、ポイント③についてアドバイスし合い、よりよい「お礼の手紙」にしていきましょう。

・教えていただいたことについて、もっと詳しく書いたほうが、気持ちが伝わると思います。

・「うれしかったです」だけでなく、どんなことがうれしかったのかを具体的に書くと、もっと気持ちが伝わると思います。

○手紙を受け取る相手の気持ちを想像しながら、もらってうれしい「お礼の手紙」になるようなアドバイスをすることを確認する。誤字脱字の指摘にとどまることがないようにする。

よりよい授業へのステップアップ

交流の回数を増やす

互いに推敲し合う際は、ペアで活動することが望ましい。交流の仕方としては、次のような流れが考えられる。

①互いの文章を交換して読み合う。
・アドバイスをしたい箇所には鉛筆で丸を付けておく。
・勝手に書き足したり、二重線を引いたりしない。

②丸を付けた箇所について、口頭で説明する。

③アドバイスをされたことについて、直すかどうかや直し方を考える。
→次の相手と交流する。

本時案

お礼の気持ちを伝えよう 6/6

本時の目標

・読みやすい字で、気持ちをこめて清書をして、「お礼の手紙」を仕上げることができる。
・学習を振り返り、手紙で気持ちを伝えることのよさについて話し合うことができる。

本時の主な評価

❺学習を振り返り、手紙で気持ちを伝えることのよさを考えようとしている。【態度】

資料等の準備

・住所と宛名のリスト（事前に調べたもの）
・封筒と切手
・p.64の文例　メール形式にしたもの
・p.64の文例　手紙形式にしたもの

3

◎「手紙」で気持ちを伝えることのよさ

・「手紙」はあらたまった気持ちを伝えることができるため、相手によろこんでもらえると思う。
・「手紙」は実物が手元にとどき、手書きならではのあたたかい感じがあると思う。

授業の流れ ▷▷▷

1 便箋用紙（清書用）に清書をする 〈20分〉

T 「携帯電話の画面のメール」と比べて、「手書きの手紙」は、どのような特徴がありますか。

・あたたかい感じがします。
・字に気持ちが表れています。

○相手を意識して、読みやすい字で、気持ちをこめて清書をすることの大切さを確認する。
○書写に関して、形を整えて書いたり筆圧に注意して書いたりすることも指導する。
○必要に応じて、書写の教科書も見ながら、手紙の書き方を確認するとよい。

2 封筒に宛名を書く 〈15分〉

T 教科書65ページの例を参考に、封筒に住所と宛名を書きましょう。

○住所や宛名に間違いがあってはいけないので、鉛筆で下書きをさせて、教員が確認をしてからペンでなぞらせるようにすることが望ましい。
○書写に関して、漢字や仮名の大きさ、配列に注意して書くことを助言する。
○必要に応じて、書写の教科書を見ながら、相手の住所や名前、自分の住所や名前の書き方を確認するとよい。

お礼の気持ちを伝えよう

「大人に近づくすてきなマナー！
お礼の気持ちを伝える手紙を書こう」

気持ちをこめて清書をし、「お礼の手紙」を仕上げて、「手紙」のよさについて話し合おう。

1

p.64の文例
手紙形式

あたたかい感じがする。
字に気持ちが表れている。

p.64の文例
メール形式

3 「手紙」で気持ちを伝えることのよさについて、話し合う 〈10分〉

T　今回の学習のまとめとして、改めて、「手紙」で気持ちを伝えることのよさについて考え、話し合いましょう。

・「手紙」は改まった気持ちを伝えることができるため、相手に喜んでもらえると思います。

・「手紙」は実物が手元に届き、手書きならではのあたたかい感じがあると思います。

○改めて、「手書きの手紙」と「携帯電話の画面のメール」と比べさせる。メールの利便性も認めつつ、実物が手元に届くという「手紙」の特徴を押さえ、手紙の魅力に気付かせる。

よりよい授業へのステップアップ

ポストに投函するというゴールまで

先方に失礼のないように、子供が書き上げた「お礼の手紙」は、改めて教員が目を通し、内容を確認する。

確実にポストに投函するところまで行い、実の場での活用をもって、本単元のゴールとすることが望ましい。

また、子供一人一人にお返事をいただくことはさすがに難しいと思われるが、学年全体へのお返事という形でも、何かしらの反応をいただくことができるように、事前に依頼をしておくことが望ましい。

資　料

1 第１時資料　文例①　六年生への「お礼の手紙」 11-01

○○○○さんへ

たてわり活動で、一年間、お世話になりました。みんなでドッジボールをしたとき、外野にいたわたしにパスをしてくれたので、うれしい気持ちになりました。

運動会や学げい会でも、六年生は学校のリーダーとして、とてもすてきでした。わたしは、ずっと六年生にあこがれていました。

中学校へ行っても、元気でがんばってください。

四年○組　○○○○より

2 第１時資料　文例②　職場体験先への「お礼の手紙」 11-02

風かおるさわやかな季節となりました。みな様いかがお過《す》ごしでしょうか。先日、職《しょく》場体験《けん》でお世話になりました、○○中学校○年○組の○○○○○です。

職場体験では、おいそがしい中、私《わたし》たちのために大切なお時間をさいてくださり、本当にありがとうございました。この二日間で、私はたくさんのことを学ばせていただきました。特に心に残っているのは、ようち園の子供《ども》たちと接《せっ》するときに、かがんだりひざをついたりして、目線を合わせて話すようにすることです。先生方が子供たち一人一人にやさしくえがおで接している姿《すがた》を見て、あらためて相手の言葉に耳をかたむけることの大切さを感じました。この職場体験で学ばせていただいたことを、これからの進路せんたくに生かしていきたいと思います。

みな様のご健康《けんこう》とご活やくをおいのりし、職場体験のお礼とさせていただきます。

五月十五日

○○○○

○○○○様

3 第４時資料　ポイント確認用の短冊　11-03

×さくら祭りについて教えて
もらった

○さくら祭りについて教えて
いただいた

×くわしく教えてくれて

○くわしく教えてくださり

×元気ですか。

○お元気ですか。

×体に気をつけて

○お体に気をつけて

×緑がまぶしい季節となった。

○緑がまぶしい季節となりました。

×いつもより楽しみだ。

○いつもより楽しみです。

△ この間は、お祭りのれきしについて、くわしく教えてくださり、本当にありがとうございました。とてもよく分かりました。

◎ この間は、お祭りのれきしについて、くわしく教えてくださり、本当にありがとうございました。昔の写真や、お祭りで使われている道具を見せてくださったので、とてもよく分かりました。

4 第５時資料　ポイント確認用の短冊　11-04

さくら祭りについて教えて
もらった

元気ですか。

緑がまぶしい季節となった。

いつもより楽しみだ。

この間は、お祭りのれきしについて、くわしく教えてくださり、本当にありがとうございました。とてもよく分かりました。

漢字の広場②　2時間扱い

〔知識及び技能〕(1)エ　〔思考力、判断力、表現力等〕B書くことエ

単元の目標

・主語と述語のつながりや、句読点に気を付けて、夏の楽しみを文章で表すことができる。

評価規準

知識・技能	❶第3学年及び第4学年の各学年においては、学年別漢字配当表の当該学年までに配当されている漢字を読むこと。また、当該学年の前の学年までに配当されている漢字を書き、文や文章の中で使うとともに、当該学年に配当されている漢字を漸次書き、文や文章の中で使うこと。(〔知識及び技能〕(1)エ)
思考・判断・表現	❷「書くこと」において、間違いを正したり、相手や目的を意識した表現になっているかを確かめたりして、文や文章を整えること。(〔思考力、判断力、表現力等〕Bエ)
主体的に学習に取り組む態度	❸読み手に伝わるように、正確な漢字を用いて文章を書こうとしている。また、主語と述語とのつながりや句読点に気を付けて、見通しをもって文章を書こうとしている。

単元の流れ

時	主な学習活動	評価
1	**学習の見通しをもつ** 教科書に載っている人物になったつもりで、夏の楽しみを文章に書くというめあてを確認する。 教科書に示された漢字の読み方を確認する。 教科書の絵を見て、夏の楽しみをポスターで表す。	❶❷
2	前時に書いた「夏の楽しみ」を題材にしたポスターを、学級内で紹介し合う。 互いに「よかったところ」を中心にして、感想を書き合う。 **学習を振り返る** 学習の振り返りをする。	❸

授業づくりのポイント

〈単元で育てたい資質・能力〉

「漢字の広場①」と同様、「３年生で習った漢字を正確に書けること」をねらいとする。本単元でも、漢字を正確に書けることという見通しを子供自身がもてるように導入の工夫をする必要がある。日常生活や他教科でも既習の漢字を積極的に使えるように、本単元でも主体的な学習に取り組めるようにしていきたい。また、主語と述語のつながりや、句読点に気を付けて文章を書く力も本単元で身に付けさせたい。

具体例

○楽しい文章を作ることに加え、３年生で習った漢字を正しく書けるようになることがねらいであることを、単元導入で話しておく。また、自分が書いた文章を読み直し、主語と述語のつながりが正しいか、句読点の位置について振り返れるようにする。ここでは、高学年の「推敲」につながる素地を養うことも視野に入れたい。

〈教材・題材の特性〉

今回の「漢字の広場」では、教科書に載っている人物になったつもりで、「夏の楽しみ」を文章で表すという言語活動を設定している。夏だからこそできることや夏休みのことを考えながら文章を作ることで、子供たちもワクワクした気持ちで学習に臨むことができるだろう。教科書には、具体的な様子が描かれているので、それらを参考にしながら文章を考えられる。

具体例

○教科書には、「水泳・夏祭り・バーベキュー・旅行・自由研究」についての絵が描かれている。これらを参考にして、自分の体験も交えながら文章を考えるとよい。体験したことを思い出しながら文章を考えると、子供にとっても書きやすく、また臨場感が生まれる。教科書の絵と自分の体験、両方を織り交ぜながら想像を広げることで、文章も考えやすい。

〈言語活動の工夫〉

人物になりきることに加え、主語と述語のつながりや、句読点に気を付けることがねらいとして設定されている。そこで、自分が書いた文章を読み直す活動を取り入れる。最初に書いたときには気が付かなかったことも、改めて読み直してみると、漢字や文章構成の間違いに気が付くことがある。読み直すことの大切さも、本単元で気付かせたい事柄である。

具体例

○まずは、正しい漢字が使われているかどうかに焦点を当てて自分が書いた文章を見直す。形だけでなく、送り仮名の間違いについても意識できるようにする。

○主語と述語のつながりや句読点の位置については、自分が書いた文章を音読してみることで気が付くことがある。

○「わたしは、夏休みに、家族で、九州へ、旅行に、行きます。」のように、読点を多く使いすぎていないかどうか、実際に音読してみることで違和感に気付けるようにする。

本時案

漢字の広場②

1/2

本時の目標

・３年生までに学習した漢字を使って、条件に合った文章を書くことができる。

本時の主な評価

❶教科書に載っている絵に合った文章を、漢字を使って書いている。【知・技】
❷文章を読み返して整えている。【思・判・表】

資料等の準備

・特になし

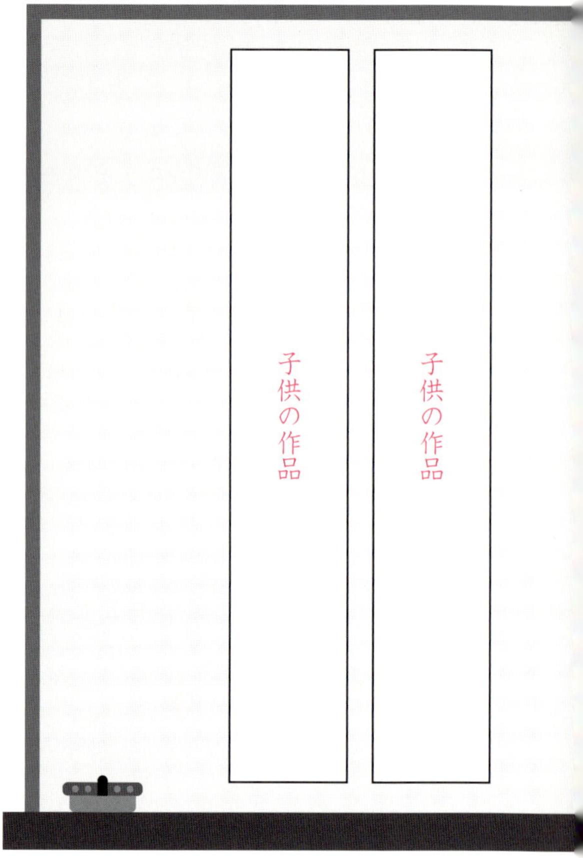

授業の流れ ▷▷▷

1 本時のめあてと学習活動を確認する〈５分〉

T　今日は、教科書に載っている人物になりきって、夏の楽しみを文章に書きます。

○教科書の挿絵に載っている人物になりきって絵はがきを作る。

○３年生までに習った漢字を使って書く。

2 漢字の読み方を確認する〈10分〉

T　このページに載っている漢字の読み方を確認しましょう。音読みや訓読みに気を付けて見ていきますよ。

○教科書に載っている漢字の読み方を確認する。

○学級の実態に応じて教科書では示されていない読み方も確認する。

(例)

暑（あつ）い　　暑中（しょちゅう）
速（はや）い　　速度（そくど）
調（しら）べる　調査（ちょうさ）

など

漢字の広場②

1 夏の楽しみを文章に書く。

2
暑い　あつい　暑中　しょちゅう
速い　はやい　速度　そくど
調べる　しらべる　調査　ちょうさ

3 【例】

○夏祭りに行って、とく別なかき氷を食べるのが楽しみです。有名人もそのお祭りに来る予定なので、かならず行きます。

○自由研究では豆のことを調べようと思います。豆がどのようにすがたをかえていくのかをかんさつして、記ろくしていきます。

全員が取り組めるように、例文を示す。

3　3年生までに学習した漢字を使った文章を入れて絵はがきを作る〈30分〉

○夏の楽しみを表す文章を使って絵はがきを作ることを確認する。

T 「夏の楽しみ」をテーマにして、絵はがきを作ります。このページに載っている漢字を使って文章を書きます。

・夏の楽しみといったら、夏休みのことかな。
・「夏祭り」に行くから、そのことを書こう。

○例文を示し、全員が文章のイメージをもてるようにする。

よりよい授業へのステップアップ

絵はがきを工夫して作る

漢字の広場では、漢字の学習が主な学習活動である。「漢字の広場①」では、文章を作るだけであったが、ここでは絵はがきを作る活動を取り入れた。

本単元は、夏に行う単元ということもあり、夏休みを意識した文章を作ることもできる。夏を楽しみにしている子供も多いだろう。その楽しみを表現するために、オリジナルの絵はがきを作る。漢字の学習に加え、はがきを受け取る人を意識して書く必要がある。

本時案

漢字の広場②

2/2

本時の目標

・書いた絵はがきを互いに読み、感想を伝え合うことができる。

本時の主な評価

❸読み手を意識し、見通しをもって文章を書こうとしている。【態度】

資料等の準備

・教科書の挿絵を拡大したもの

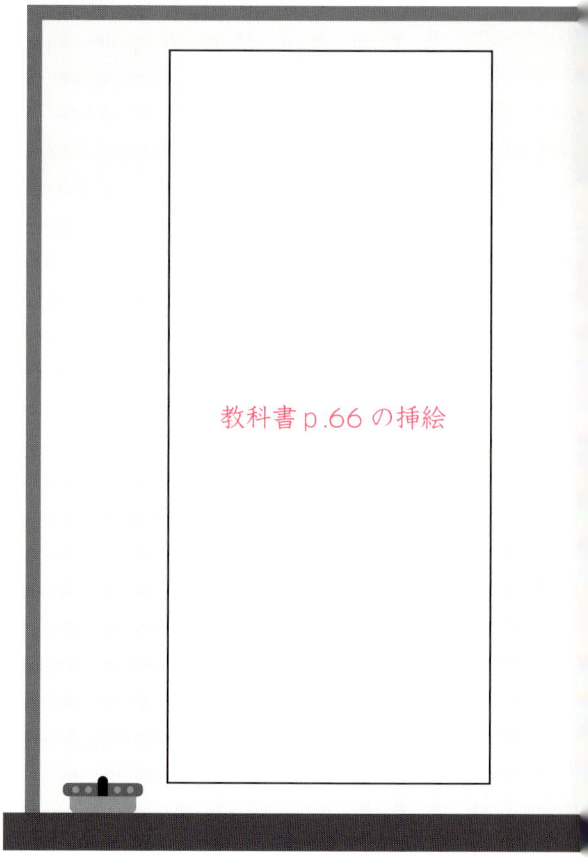

授業の流れ ▷▷▷

1 互いの絵はがきを見て、感想を伝え合う 〈20分〉

T 前の時間に書いた夏の楽しみを紹介する絵はがきを読んで、感想を伝え合います。相手の絵はがきのよいところを伝えましょう。後で、班の代表の人が全体に発表しましょう。

・自分も家族旅行を楽しみにしているから気持ちがよく分かる。

・夏休みには、友達とキャンプに行くからこの絵はがきを見てさらに楽しみになった。

・配置が工夫されていて見やすい。

2 班の代表者が、学級全体に発表する 〈20分〉

○班の代表は、投票や話し合いで決めるとよい。

T 班の代表になった人は、クラス全員に絵はがきを見せながら発表しましょう。聞いている人たちは、発表が終わった後に感想を言いましょう。

○「読み合うときのポイント」や「発表の手順」を板書し、子供が活動中も確認できるようにする。

漢字の広場②

絵はがきをしょうかいしよう。

1 ☆読み合うときのポイント

・おたがいのよいところを伝える。
・漢字が正しく書けているかをかくにんしてあげる。

2 ☆発表の手順

・生活はんの中で、自分の書いた絵はがきをしょうかいする。
・はんの代表者を決める。
・はんの代表者が、みんなに発表する。

子供の作品

子供の作品

3 学習の振り返りをする 〈5分〉

T 前の時間も含めて、3年生の漢字を使って絵はがきを作った感想をノートに書きましょう。

・3年生のころはおぼえていたけど、今書いてみたら、わすれていた漢字があった。思い出すきっかけになった。
・夏の楽しみはいろいろあるけど、文章に書いてみるとおもしろかった。漢字の学習にもなるし、楽しかった。
・絵はがきのレイアウトを考えるのがむずかしかったけど、友達の絵はがきを見て工夫の仕方が少し分かった。

よりよい授業へのステップアップ

少人数で共有すること

自分の作品を共有することで、自分の絵はがきのよさを見直すことができる。自分一人では気付けなかったことも、友達の感想をもらうことで、分かることがある。

また、友達の絵はがきを読むことで表現の幅を広げることもできる。「自分や友達の、文章やレイアウトのよさを見つける」という目的をもって共有できるようにしたい。

3 場面の様子をくらべて読み、感想を書こう

一つの花　7時間扱い

〔知識及び技能〕(1)オ　〔思考力、判断力、表現力等〕C 読むことイ、エ、オ　関連する言語活動例 C(2)イ

単元の目標

・登場人物の行動や気持ちについて、叙述を基にして読んだり、場面の移り変わりと結び付けて具体的に想像したりすることができる。

評価規準

知識・技能	❶様子や行動、気持ちや性格を表す語句の量を増し、話や文章の中で使うとともに、言葉には性質や役割による語句のまとまりがあることを理解し、語彙を豊かにしている。(〔知識及び技能〕(1)オ)
思考・判断・表現	❷「読むこと」について、登場人物の行動や気持ちなどについて、叙述を基に捉えている。(〔思考力、判断力、表現力等〕C イ) ❸「読むこと」について、登場人物の気持ちの変化や性格、情景について、場面の移り変わりと結び付けて具体的に想像している。(〔思考力・判断力・表現力等〕C エ) ❹「読むこと」について、文章を読んで理解したことに基づいて、感想や考えをもっている。(〔思考力・判断力・表現力等〕C オ)
主体的に学習に取り組む態度	❺進んで登場人物の気持ちの移り変わりについて、場面の移り変わりと結び付けて具体的に想像し、学習の見通しをもって考えたことを文章にまとめようとしている。

単元の流れ

次	時	主な学習活動	評価
一	1	全文を読み、登場人物・時代背景について確かめる。大体の内容を読み取る。	
	2	**学習の見通しをもつ** 「一つの花」を読んで不思議に思ったことや、みんなで考えてみたいことをノートに書き、発表し合う。	❷
二	3	ゆみ子たちが家にいる場面の様子や登場人物の心情を読み取る。	❸
	4	お父さんが戦争に行く日の場面の様子や登場人物の心情を読み取る。	❸
	5	十年後の場面の様子や登場人物の気持ちを読み取る。	❸
	6	「一つの花」という題名に込められた意味を考える。	❹
三	7	**学習を振り返る** 「一つの花」の学習感想をノートに書き、紹介し合う。	❶❺

授業づくりのポイント

〈単元で育てたい資質・能力〉

本単元では、「叙述を基にして登場人物の心情を読みとること」「学んだことを自分なりの言葉でまとめること」を大きなねらいとしている。戦時中の情景描写や登場人物の台詞に立ち止まりながら、丁寧に読み進めることが重要となる。また、最後の場面ではこれまでとは大きく異なる情景描写がなされており、その変化も考えられるようにする。

単元の終末では、学んだことを感想として書き、共有することによって、自分たちの学びを客観的に捉え、次の学びへとつなげられるようにする。

具体例

「配給」「てきの飛行機」「軍歌」といった、戦時中を表す言葉に着目し、当時の状況を捉えた上で登場人物の心情を考えていく必要がある。「一輪のコスモス」と「コスモスの花でいっぱい」を比較することで、場面の変化を考えることも読み深めるために重要である。学習感想は、目標にもあるように登場人物に焦点を当てて考えることを必須とするとよい。

〈教材・題材の特性〉

「一つの花」は、戦時中を描いた物語文であり、現代の生活とは異なる描写が多い。また、ゆみ子のお父さんやお母さんの会話にも、戦時中の人々の心情が表れている。何度も出てくる「一つだけ」という言葉と「一つの花」という題名を比較し、「一つ」に込められた思いを考えることで、より物語全体を読み深めていくことができる。

具体例

○「一つだけ」という言葉が出てくる箇所に着目し、どのような気持ちで登場人物がこの言葉を言っているのかを考える。登場人物によって「一つだけ」への思いが異なっていることに気付けるとよい。
○「一つの花」が何を表しているのかを考える。

〈言語活動の工夫〉

叙述に気を付けて読むこと、自分の考えの根拠が叙述に基づいていることを意識して読み解いていく。同じ「一つだけ」という言葉でも、登場人物によって込められた思いが異なることに気付けるようにする。単元終末の学習感想は、観点を明確にして書けるようにする。単元全体を通して、どのような目標で学んでいるのか、今、自分たちが何を学んでいるのかを意識化できるような工夫をする。

具体例

○登場人物の心情の変化を考える際に、どの行動や台詞から考えたのかを明確にすることで、説得力をもって自分の考えを述べることができる。
○本単元では、登場人物の心情の変化について考えたことを学習感想の必須項目とする。その他にも、「一つだけ」に込められた思いについて考えたこと、「一つの花」という題名の意味について考えたことなどを学習感想の項目として、単元全体の学びを振り返れるようにする。

本時案

一つの花

1/7

本時の目標

・「一つの花」を読んで、内容の大体を捉えることができる。

本時の主な評価

・登場人物や情景について、想像しながら物語を聞いている。

資料等の準備

・場面ごとの挿絵のコピー

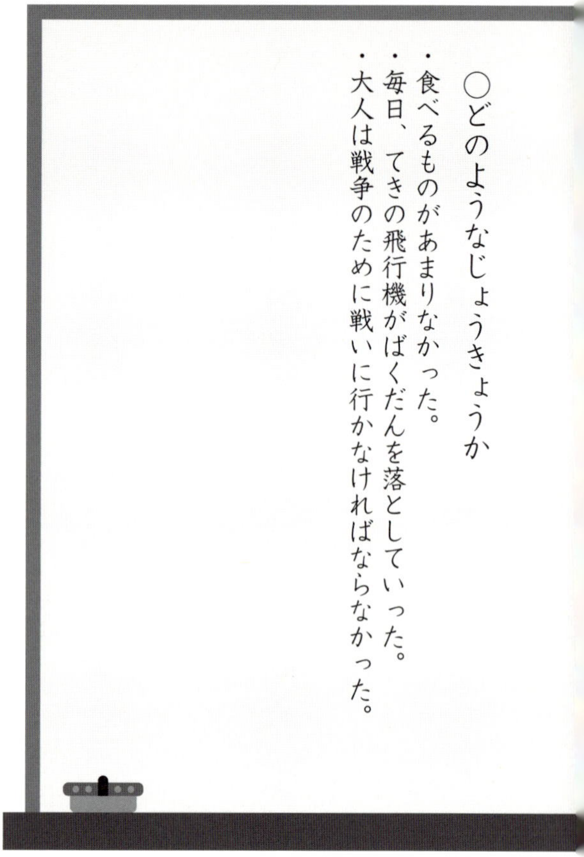

○どのようなじょうきょうか
・食べるものがあまりなかった。
・毎日、てきの飛行機がばくだんを落としていった。
・大人は戦争のために戦いに行かなければならなかった。

授業の流れ ▷▷▷

1 教師の範読を聞いて、初発の感想を書く 〈15分〉

○「一つの花」を読んだ感想をノートに書く。

T 「一つの花」を読んだ感想をノートに書きましょう。思ったことや考えたことや不思議に思ったことなどを書きましょう。

・戦争の頃の悲しい話だと思いました。
・ゆみ子が「一つだけ。」と言っていたことと題名の「一つの花」は、何か関係があるのかなと思いました。
・最後の場面で、コスモスがたくさんさいていたのは、何を意味しているのだろう。

○初発の感想の観点は、子供の実態に応じて示すとよい。

2 登場人物・時代背景について確かめる 〈20分〉

○単元の冒頭で、登場人物や時代背景を明確にしておくことで、後の読みが深まるようにする。

T この物語にはどんな人物が出てきますか。

・ゆみ子。
・お父さん。
・お母さん。
・戦争に行く人と見送る人。

T これはいつの時代の物語ですか。

・日本が戦争をやっているとき。
・今から、70年くらい前。

T この物語の世界はどのような状況ですか。

・食べるものがあまりなかった。
・大人が戦争に行かなくてはならなかった。

一つの花

「一つの花」を読んだ感想を書こう。

1 ○感想を書くためのポイント

・思ったこと
・考えたこと
・印しょうにのこった場面
・ふしぎに思ったこと
・みんなで考えてみたいこと

子供の実態に合わせて、観点を提示する。

2 ○登場人物

・ゆみ子
・お父さん
・お母さん
・戦争に行く人と見送る人

○時代

・日本が戦争をやっているとき
・今から七十年くらい前

3 「一つの花」で、どのような学習ができそうかを考える　〈10分〉

○次時で初発の感想を共有し、学習のめあてを決めることを伝える。
・ゆみ子の口ぐせが「一つだけ」なので、「一つの花」と何か関係がありそうです。
・この時代のことも考えながら読んだほうがいいと思います。
・３年生のときに読んだ「ちいちゃんのかげおくり」と同じ時代だと思うけど、雰囲気が違います。

よりよい授業へのステップアップ

初発の感想の観点を示す

教師の範読や子供の音読後に、初発の感想を書くことは多い。しかし、「何を書いていいか分からない」「感想はない」と言う子もいるだろう。その場合、初発の感想を書くための観点を示すことが有効である。

「印象に残った場面」「みんなで考えてみたいこと」等の観点を示すことで、何を書いていいか迷っている子への支援にもなる。

また、書き終わったら共有する時間を取ることも学級全体の学びを広げる手立てにもなる。

本時案

一つの花

2/7

本時の目標

・「一つの花」を読んで、自分なりの感想をもつことができる。

本時の主な評価

❷登場人物の行動や気持ちなどについて、叙述を基に捉えている。【思・判・表】

資料等の準備

・特になし

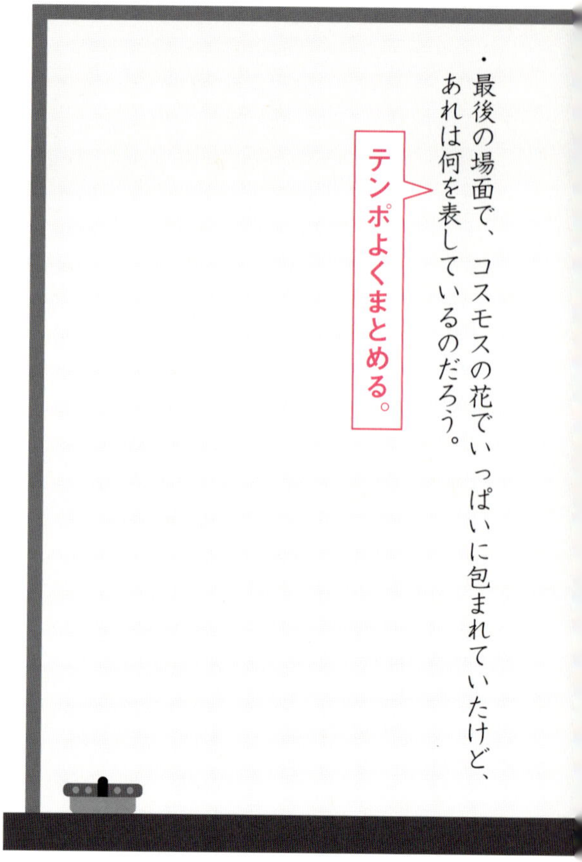

・最後の場面で、コスモスの花でいっぱいに包まれていたけど、
あれは何を表しているのだろう。
テンポよくまとめる。

授業の流れ ▷▷▷

1 前時の学習を思い出し、「一つの花」を音読する 〈15分〉

○「一つの花」を音読し、初発の感想を確認する。

T 今日はみなさんで「一つの花」を音読します。
句点ごとに交代で読んでいきましょう。

○音読の仕方は、これまでの学習経験や学級の実態に応じたものがよい。

2 初発の感想を共有する 〈25分〉

○初発の感想を共有する。

T ノートに書いた初発の感想を発表しましょう。自分が書いた感想と似ていたり、ほとんど違ったりすることがあるかもしれません。比べながら聞くといいですね。

・「家族の絆」が書かれた物語だと思います。
・お父さんがめちゃくちゃに高い高いしているとき、どんなことを思っているのでしょうか。
・題名の「一つの花」の「花」は、コスモスのことを言っているのでしょうか。

一つの花

「一つの花」を読んだ感想を聞き合おう。

○感想を書くためのポイント
・思ったこと
・考えたこと
・印しょうにのこった場面
・ふしぎに思ったこと
・みんなで考えてみたいこと

2

○みんなの感想
・ゆみ子が「一つだけ」と言っているときに、どのような気持ちなのだろうと思った。
・ゆみ子がお父さんに一輪のコスモスをもらったとき、どうしてあそこまでよろこんだのだろう。
・お父さんがゆみ子をめちゃくちゃに高い高いしたときに、何を思っていたのだろう。
・ゆみ子のにぎっている一つの花を見つめているときの、お父さんの気持ちが気になる。

3 本時を振り返り、次時の見通しをもつ 〈5分〉

T　今日は、話の大まかな流れを見ましたが、次の時間から考えてみたいことはありますか。
・登場人物の気持ちについて考えたみたいです。
・題名が「一つの花」とあるけど、なぜ「一輪の花」じゃないのか気になります。
・ゆみ子はどうして「一つだけ」を言い続けたのでしょう。
○初発の感想を書いて終わりではなく、今後の単元の流れに生かせるようにしたい。

よりよい授業へのステップアップ

初発の感想を共有する

初発の感想に限らず、子供の発言を共有することは多くの学級で行われている。では、どのような目的で行われているだろうか。

「似た性格だと思っていた友達が自分と全然違うことを考えていた」「ふだんほとんど話さないけど、あの子は自分と同じようなことを考えている」などといった発見があると、楽しくなる。

また、この単元の学びを学級としてどのように進めていくかを、子供と教師が考えるきっかけにもすることができる。

本時案

一つの花

3/7

本時の目標

・ゆみ子たちが家にいる場面の様子を読み取ることができる。

本時の主な評価

❸登場人物の気持ちや情景について、叙述を基にして具体的に想像している。【思・判・表】

資料等の準備

・ワークシート 13–01
・拡大したワークシート（掲示用）

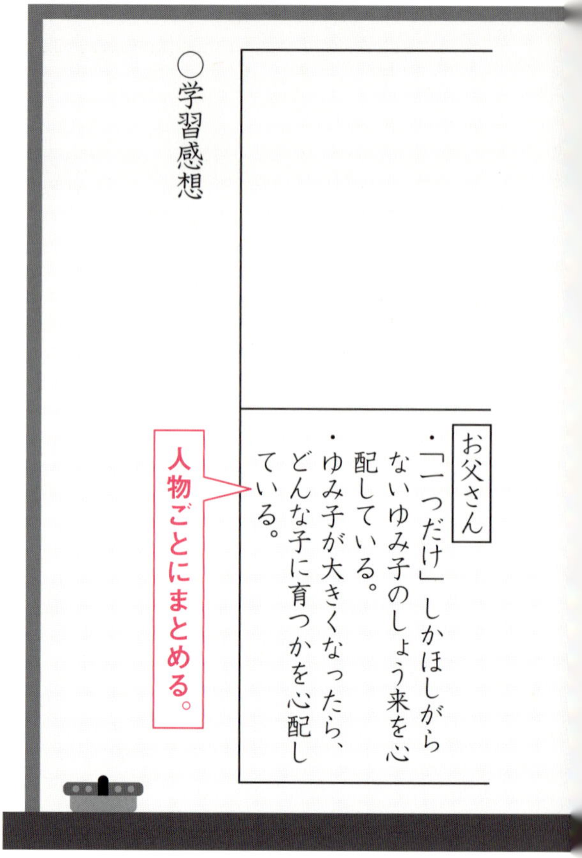
お父さん
・「一つだけ」しかほしがらないゆみ子のしょう来を心配している。
・ゆみ子が大きくなったら、どんな子に育つかを心配している。
人物ごとにまとめる。
○学習感想

授業の流れ ▷▷▷

1 ゆみ子たちが家にいる場面を音読し、場面の様子を読み取る〈20分〉

T ゆみ子たちが家にいる場面を句点ごとに音読します。登場人物の心情を想像しながら読んでみましょう。

○句点ごとの音読

T ゆみ子たちが家にいる場面の様子を読んでいきます。

・食べるものが限られていた。
・毎日、敵の飛行機が、爆弾を落としていった。
・ゆみ子は、ご飯のときでも、おやつのときでも、もっともっとと言って、いくらでもほしがっていた。
・「一つだけ――。一つだけ――。」が、お母さんの口ぐせになった。
・お父さんとお母さんは、ゆみ子の将来を心配していた。

2 登場人物の心情を読み取る〈20分〉

○ゆみ子の心情

・いつもおなかをすかしていて、もっともっとと言って、いくらでもほしがっていた。もっと食べたい。
・「一つだけ。」と言えば、食べ物をもらえると思っている。

○お母さんの心情

・食べ物が限られているけれど、ゆみ子には「一つだけ。」でも食べさせてあげたいと思っている。

○お父さんの心情

・みんな「一つだけ。」しかほしがらないゆみ子の将来を心配している。
・ゆみ子が大きくなったらどんな子に育つかを心配している。

一つの花

ゆみ子たちが家にいる場面の様子や、登場人物の気持ちを読もう。

2 場面の様子

・食べる物といえば、お米の代わりに配給される、おいもや豆やかぼちゃしかなかった。

・毎日、てきの飛行機がばくだんを落としていった。

・町は次々にやかれて、はいになっていった。

3 登場人物の気持ち

ゆみ子

・いつもおなかをすかしていて、もっともっとと言って、いくらでもほしがっていた。
もっと食べたい。

お母さん

・食べ物がかぎられているけれど、ゆみ子には「一つだけ」でも食べさせてあげたい。

・ゆみ子のことがかわいそう。

3 本時を振り返る 〈5分〉

○学習感想を書く。

○「今日の授業で学んだこと」「友達の発表を聞いて、自分の考えが変わったか同じだったか」などについてノートに学習感想を書く。

・最初に読んだときは、ゆみこのことをわがままな子と思っていたけれど、この時代のことを考えると、ただわがままなだけじゃないと思った。

・お母さんやお父さんが、ゆみ子のことをとても心配していることが分かった。

○戦時中という時代背景やゆみ子の家族の心情について振り返ることができているとよい。

よりよい授業へのステップアップ

叙述に気を付けて読む

登場人物の気持ちを考えるときに、どのようなことを意識して授業に臨めばよいか。まずは、「なぜそのように考えたか」と、子供が言えることである。「本文でこう書いてあるから、ゆみ子は〇〇という気持ちなのだと思います」と、根拠を明らかにして読み取っていくことは、今後の物語文や説明文を読んでいくことにもつながる。

本時案

一つの花 4/7

本時の目標

・お父さんが戦争に行く日の場面の様子を読み取ることができる。

本時の主な評価

❸登場人物の気持ちや情景について、叙述を基にして具体的に想像している。【思・判・表】

資料等の準備

・ワークシート 13-02
・拡大したワークシート（掲示用）

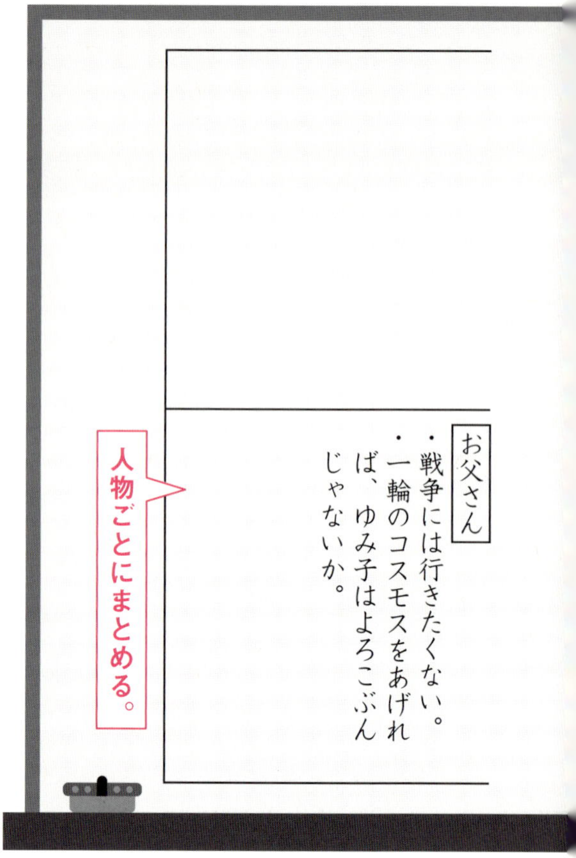
お父さん
・戦争には行きたくない。
・一輪のコスモスをあげれば、ゆみ子はよろこぶんじゃないか。
人物ごとにまとめる。

授業の流れ ▷▷▷

1 お父さんが戦争に行く日の場面を音読し、様子を読み取る 〈15分〉

○句点ごとの音読

T　お父さんが戦争に行く日の場面の様子を読んでいきます。

・お母さんの肩にかかったかばんに入っていたおにぎりを、ゆみ子がみんな食べてしまった。
・駅の人ごみの中から、ばんざいの声や勇ましい軍歌が聞こえてきた。
・お父さんは、まるで戦争になんか行く人ではないかのようだった。
・汽車が入ってくるとき、ゆみ子の「一つだけちょうだい。」が始まった。
・「一つだけ。一つだけ。」と言って泣きだすゆみ子に、お父さんが一輪のコスモスの花をあげた。

2 登場人物の心情を読み取る 〈20分〉

○ゆみ子の心情

・かばんの中におにぎりが入っているのを知っていたので、どうしても食べたい。

○お母さんの心情

・戦争に行くお父さんに、ゆみ子の泣き顔を見せたくない。なんとかゆみ子をあやそう。
・体が丈夫でないのに、戦争に行かなければならないお父さんが心配。

○お父さんの心情

・戦争には行きたくない。
・泣いているゆみ子を見て、一輪のコスモスをあげたいと思った。そのコスモスをもらえば、ゆみ子は喜ぶんじゃないか。

一つの花

お父さんが戦争に行く日の場面の様子や、登場人物の気持ちを読もう。

1 場面の様子

・駅には、お父さんの他にも戦争に行く人がいた。

・駅の人ごみの中から、ばんざいの声や勇ましい軍歌が聞こえてきた。

・プラットホームのはしっぽに、一輪のコスモスがわすれられたようにさいていた。

2 登場人物の気持ち

ゆみ子

・かばんに入っているおにぎりをどうしても食べたい。

お母さん

・戦争に行くお父さんに、ゆみ子の泣き顔を見せたくない。なんとかゆみ子をあやそう。

・体がじょうぶでないのに、戦争に行かなければならないお父さんが心配。

3 本時を振り返る 〈10分〉

〇学習感想を書く。

〇「今日の授業で学んだこと」「友達の発表を聞いて、自分の考えが変わったか、同じだったか」などについてノートに学習感想を書く。

・戦争に行くときまで、ゆみ子のことを心配しているお父さんは、本当に大事に家族を思っているのだなと思った。

・〇〇くんが言っていた「一輪のコスモス」と「一つの花」というタイトルは、何か関係があるんじゃないか、について考えたいと思った。

〇戦争に行くときのゆみ子の家族の心情が読み取れているとよい。

よりよい授業へのステップアップ

登場人物同士の関わりも考え、心情を読み取る

ほとんどの物語では、登場人物同士が何らかのコミュニケーションを取っている。一人の登場人物の会話や行動だけでなく、人物同士がどのように関わり、それによってどう心情が変わっているかまで考えられるようにしたい。

本時案

一つの花

5/7

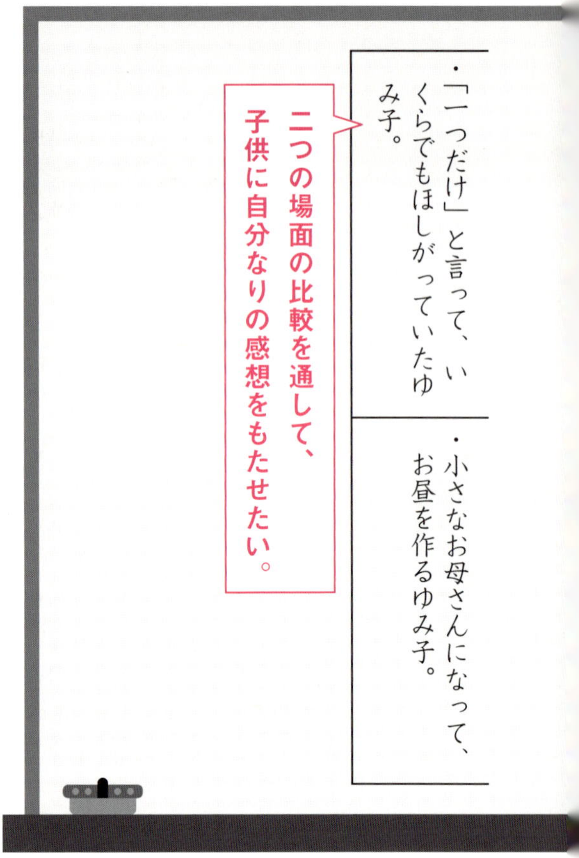
・「一つだけ」と言って、いくらでもほしがっていたゆみ子。
・小さなお母さんになって、お昼を作るゆみ子。
二つの場面の比較を通して、子供に自分なりの感想をもたせたい。

本時の目標

・十年後の場面の様子を読み取ることができる。

本時の主な評価

❸登場人物の気持ちや情景について、叙述を基にして具体的に想像している。【思・判・表】

資料等の準備

・ワークシート 13-03
・拡大したワークシート（掲示用）

授業の流れ ▷▷▷

1 十年後の場面を音読し、様子を読み取る 〈25分〉

○句点ごとの音読

T　十年後の場面の様子を読んでいきます。

・ゆみ子は、お父さんの顔を覚えていない。自分にお父さんがあったことも知らないかもしれない。
・ゆみ子の家は、コスモスの花でいっぱいに包まれている。
・ゆみ子がコスモスのトンネルをくぐって町の方へ買い物へ行った。

○ゆみ子の心情を読み取る。

・今日は、私がお昼を作る日。母さんは、お肉とお魚どっちがいいんだろう。
・お昼を作るのはワクワクする。どんな料理を作ろうかな。

2 戦争中と戦後の様子の違いを読み取る 〈15分〉

T　戦争中の場面と最後の場面の違いを考えましょう。

・前の場面は、戦争中の苦しい様子が描かれていた。最後の場面は平和な雰囲気がする。
・戦争中は、食べ物がほとんどなくて大変だった。最後の場面は、町へ行けばお肉やお魚が買える。
・お父さんが戦争に行く場面は、「一輪のコスモス」だったけど、十年後の場面は「いっぱいのコスモス」になっている。
・ゆみ子が「小さなお母さん」になれるくらい成長している。

一つの花

十年後の場面の様子や、登場人物の気持ちを読もう。

1

場面の様子	登場人物の気持ち
・ゆみ子の小さな家は、コスモスの花でいっぱいに包まれている。 ・ミシンの音が、何かお話をしているかのように、聞こえてくる。	ゆみ子 ・今日は、わたしがお昼を作る日。母さんは、お肉とお魚どっちがいいんだろう。 ・お昼を作るのはワクワクする。どんな料理を作ろうかな。

2

○戦争中と戦後の場面のちがい

戦争中	戦後
・戦争中の苦しい様子。 ・食べ物がほとんどなくてたいへんだった。 ・一輪のコスモス。	・平和なふんい気。 ・町へ行けばお肉やお魚が買える。 ・いっぱいのコスモス。

3 本時を振り返る 〈5分〉

○学習感想を書く。

・「今日の授業で学んだこと」「友達の発表を聞いて、自分の考えが変わったか同じだったか」などについてノートに学習感想を書く。

・前の場面は一輪のコスモスだったけれど、この場面はいっぱいのコスモスで、なんだか明るいふんい気になった。

・ゆみ子がこの十年で大きく成長していることが分かった。お父さんのことをどう思っているのだろう。

○戦争中と戦後の違いについて読み取れているとよい。

よりよい授業へのステップアップ

場面を比較して読む

　多くの物語文では、場面の移り変わりが明確に描写されている。「一つの花」では、戦争中と戦後の違いがはっきりと分かるように描かれている。この違いに着目することによって、どのように時代が変わったのか、登場人物の変容について考えていくことが重要である。

本時案

一つの花

6/7

本時の目標

・「一つの花」という題名に込められた意味を考えることができる。

本時の主な評価

❹読み取ったことについて、自分なりの感想や考えをもっている。【思・判・表】

資料等の準備

・特になし

授業の流れ ▷▷▷

1 全文を音読し、これまでの学習を振り返る 〈15分〉

○全員で、句点ごとに「一つの花」を読む。

○これまでの学習を振り返る。

・戦争中は食べ物がほとんどなかった。ゆみ子はいつも「一つだけ」と言って食べ物をほしがっていました。

・お父さんとお母さんがゆみ子の将来を心配していました。

・お父さんが戦争に行く日、ゆみ子はおにぎりを全部食べてしまいました。お母さんは、お父さんにゆみ子の泣き顔を見せたくありませんでした。

・お父さんは、泣きだしたゆみ子に「一輪のコスコス」を渡しました。そのコスモスにはお父さんの思いが込められています。

・十年後、ゆみ子の家はいっぱいのコスモスに包まれていました。

2 「一つの花」という題名について考える 〈25分〉

○なぜ「一つの花」という題名なのか。題名にこめられた意味を考える。

・この物語に出てくる「コスモス」のことを言っているのだと思います。

・お父さんが戦争に行く日、ゆみ子に渡したコスコスが一輪だったから、そこから題名がついたのだと思います。

・もし、題名にある「花」がコスモスだとしたら、どうして「一輪の花」じゃなくて「一つの花」なのでしょう。

・「一つ」には、ゆみ子の口ぐせだった「一つだけ」と、何かつながりがあるんじゃないのでしょうか。

一つの花

「一つの花」という題名にこめられた意味を考えよう。

2

○なぜ「一つの花」という題名なのか。

・物語に出てくる「コスモス」のこと。

・お父さんが戦争に行く日、ゆみ子にわたしたコスモスが一輪だったから、そこから題名がついた。

・もし題名にある「花」がコスモスだとしたら、どうして「一輪の花」じゃなくて「一つの花」なのか。

・「一つ」には、ゆみ子の口ぐせだった「一つだけ」と何かつながりがあるんじゃないか。

子供の意見を丁寧にまとめる。

3 本時を振り返る 〈5分〉

○学習感想を書く。

・「今日の授業で学んだこと」「友達の発表を聞いて、自分の考えが変わったか同じだったか」などについてノートに学習感想を書く。

・思ったよりたくさんの意見が出ておもしろかった。私は、ゆみ子の口ぐせとコスモスのことを合わせて「一つの花」という題になったのだと思う。

・「一つの花」には、お父さんの家族への思いも込められているのだと思う。

○これまでの学習から、自分なりの考えをもてるとよい。

よりよい授業へのステップアップ

題名について考える

題名の由来を考える場合、単元の冒頭で考えるのか、一通り読んだ後に考えるのか2通りある。単元冒頭で「一つの花とは何を意味しているのか」と投げかけ、単元終末でもう一度考えることができれば、子供の読みがどのように変容したかも見ることができる。

題名について考える授業は、今後子供が作文を書く際に生かすことができる。自分たちが作文の題名を付けるときに、作者がどのような思いで題名を付けたのかを思い出すことで、本単元での学びを生かせるようにしたい。

本時案

一つの花

7/7

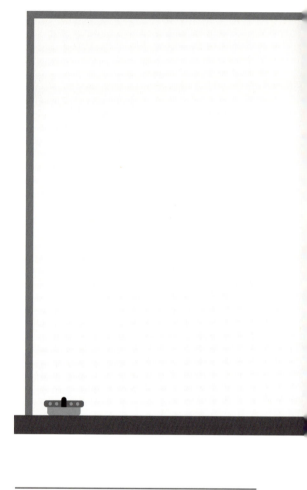

本時の目標

・「一つの花」の学習感想を書き、紹介し合うことができる。

本時の主な評価

❺進んで、登場人物の気持ちを場面の移り変わりと結び付けて具体的に想像し、考えたことを文章にまとめようとしている。【態度】

資料等の準備

・教科書の挿絵を拡大したもの

授業の流れ ▷▷▷

1 全文を音読し、これまでの学習を振り返る 〈15分〉

○物語の流れとともに、前時に考えた題名の意味についても振り返る。

T　まず、「一つの花」を音読しましょう。これまで学習してきたことを思い出しながら読みます。

T　「一つの花」という題名には、どんな意味が込められていましたか。

・コスモスのこと。

・お父さんのゆみ子への思い。

2 学習感想を書く 〈15分〉

○観点を基にして、学習感想をノートに書く。

・登場人物のこと。

・情景のこと。

・初発の感想と今の感想を比べてみて。

・「一つの花」の学習を通して学んだこと。

・戦争中の大変な状況でも、お父さんとお母さんはゆみ子のことを考えていた。家族のきずなを感じた。

・最初に読んだときは「一つの花」の意味がよく分からなかったけど、友達の考えを聞いて、お父さんの思いがこもったコスモスのことを指しているんじゃないかなと思った。

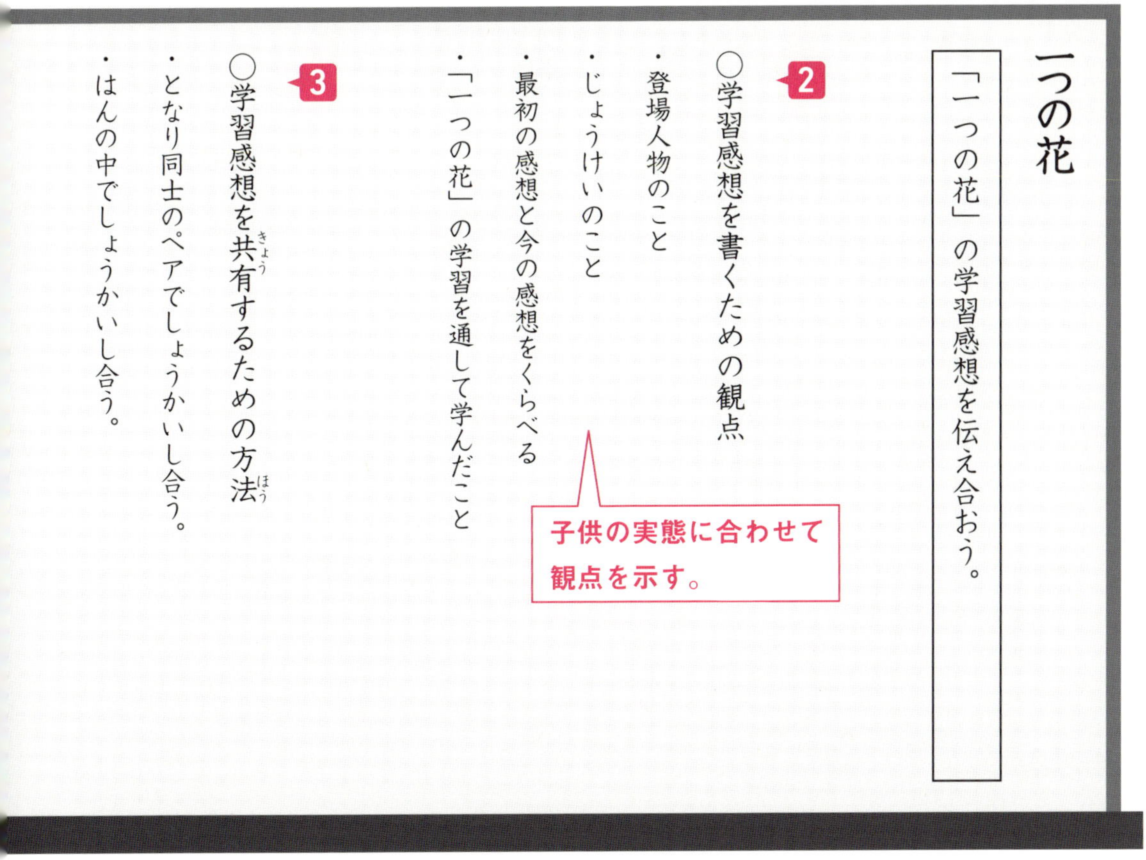
一つの花
「一つの花」の学習感想を伝え合おう。
2
○学習感想を書くための観点
・登場人物のこと
・じょうけいのこと
・最初の感想と今の感想をくらべる
・「一つの花」の学習を通して学んだこと
子供の実態に合わせて観点を示す。
3
○学習感想を共《きょう》有するための方法《ほう》
・となり同士のペアでしょうかいし合う。
・はんの中でしょうかいし合う。

3 学習感想を共有する 〈15分〉

○ノートに書いた学習感想を紹介し合う。

T 学習感想を、まずは隣同士で読み合いましょう。終わったら、班の中で読み合います。自分と同じところと違うところはないかを考えながら聞きましょう。

○隣同士のペアや生活班で紹介し合うことで、全員が自分の考えを発言できるようにする。

○時間があれば、学級全体に発表したい子供を募ってもよい。

よりよい授業へのステップアップ

単元終末で学習感想を書く

学習感想を書くことで、自分の学びを振り返ることができる。授業が終われば学びも終わりではなく、学んだことや考えたことを、次の学びや他の教科にも生かせるようにしたい。

「何を書いていいか分からない」という子供もいるかもしれないので、感想を書くための観点を示すとよい。学びの変容を自覚できるために「初発の感想と今の感想を比べる」という観点を入れておくことが有効である。

資　料

1 第３時資料　様子を読み取るワークシート　13-01

一つの花

年　　組　名前（　　　　　　）

ゆみ子たちが家にいる場面の様子や、登場人物の気持ちを読もう。

場面の様子

登場人物の気持ち

学習感想

2 第４時資料　様子を読み取るワークシート　13-02

一つの花

年　　組　名前（　　　　　　）

お父さんが戦争に行く日の場面の様子や、登場人物の気持ちを読もう。

場面の様子

登場人物の気持ち

学習感想

3 第５時資料　様子を読み取るワークシート 13-03

一つの花

年　組　名前（　　　　　　）

十年後の場面の様子や、登場人物の気持ちを読もう。

場面の様子	
登場人物の気持ち	

学習感想

4 第６時の板書例

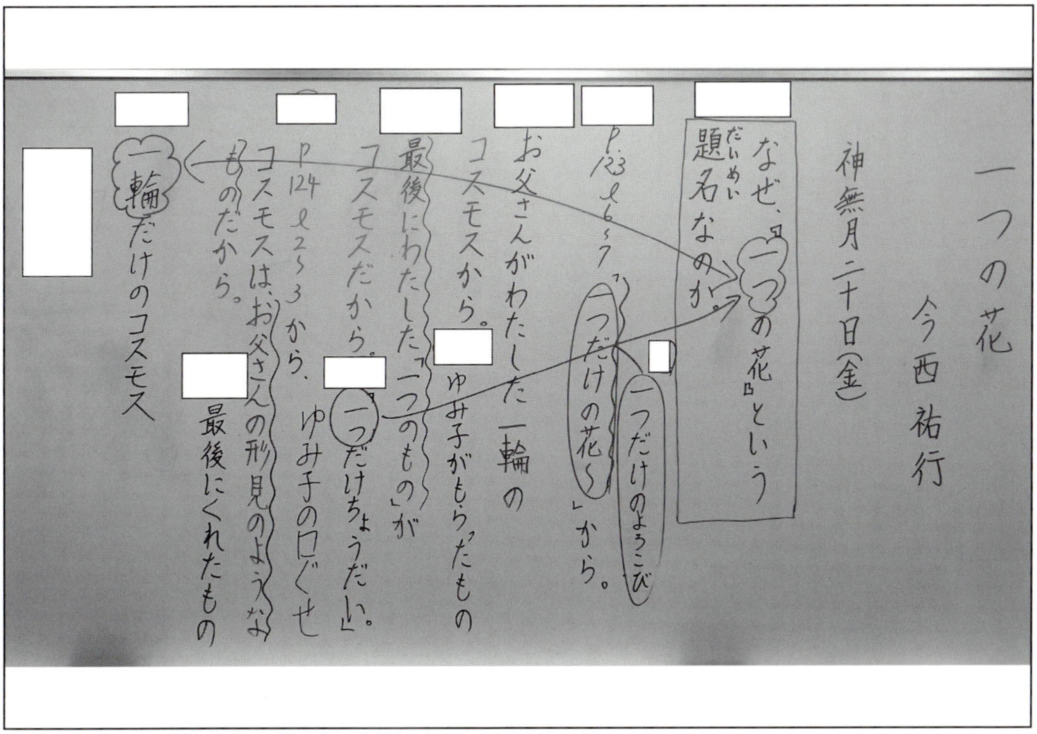

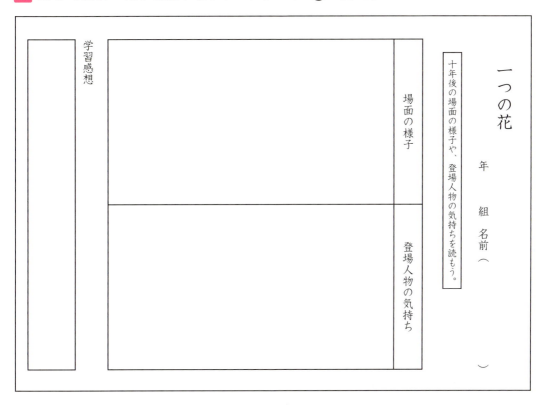

言葉

つなぎ言葉のはたらきを知ろう

2時間扱い

〔知識及び技能〕(1)カ

単元の目標

・接続する語句の役割について理解することができる。

評価規準

知識・技能	❶接続する語句の役割について理解している。(〔知識及び技能〕(1)カ)
主体的に学習に取り組む態度	❷積極的に接続する語句の役割について理解し、学習課題に沿って、文章を書こうとしている。

単元の流れ

時	主な学習活動	評価
1	学習の見通しをもつ 教科書の表から接続する語句の役割について確認するとともに、文と文とを接続する語句を考えて、なぜその語句を選んだのかを説明する。	❶
2	教科書の表にある接続する語句を使って、短い文を書き、友達と紹介し合う。 学習を振り返る 接続する語句の役割や働きについて、考えをまとめる。	❶❷

授業づくりのポイント

〈単元で育てたい資質・能力〉

本単元のねらいは、接続する語句の役割を理解できるようにすることである。

文と文とを接続する語句を考えて、なぜその語句を選んだのかを説明していく学習活動や、接続する語句を整理した表を使って、文の続きを考えて書く学習活動を通して、接続する語句の役割について理解することができるようにする。

具体例

○「だから」(順接)、「しかし」(逆接) といった子供にとって身近な接続語を中心に取り上げ、接続する語句の役割について説明させることで、接続する語句の役割について理解する力を育むことができる。

〈教材・題材の特徴〉

文と文とを接続する語句を考えて、なぜその語句を選んだのかを説明していく学習活動や、接続する語句を整理した表を使って、文の続きを考えて書く学習活動を通して、接続する語句の役割を理解するという構成になっている。また、接続する語句には、書き手の気持ちや意図を表現する役割もあることについても扱っている。

具体例

○「徒競走のとき、必死で走った。(　　　)、二着だった。」など、書き手の気持ちや意図を表現する接続語の役割も扱う。「だから」を入れた場合、必死で走った結果、二着だったことに対して書き手が納得していることが推測される。一方、「しかし」を入れた場合、必死で走った結果、二着だったことに対して書き手が納得していないことが推測される。

〈評価規準を達成できない子供に対する指導の手だて〉

接続する語句を整理した表を使って、文の続きを考えて書く学習活動に取り組むことを苦手とする子供がいることも推測される。この場合、「教師が具体例を示すこと」「教師が課題解決を補助すること」などの指導の手だてが考えられる。

具体例

○「明日は晴れるらしい。(　　　)、○○○。」といった、接続する語句を整理した表を使って、文の続きを考えて書く学習活動に取り組むことを苦手とする子供に対しては、「明日は晴れるらしい。だから、遠足に行くことができない。」など、つなぎ言葉の働きに合わない文章を書き直す学習活動を設定するなどの工夫が考えられる。全ての子供に資質・能力を身に付けさせることができるように、子供の実態を踏まえた学習活動を考えるとよい。

本時案

つなぎ言葉のはたらきを知ろう　1/2

本時の目標

・接続する語句の役割について理解することができる。

本時の主な評価

❶接続する語句の役割について理解している。【知・技】

資料等の準備

・提示する例文の短冊
・教科書 P.82のつなぎ言葉のはたらきの拡大表

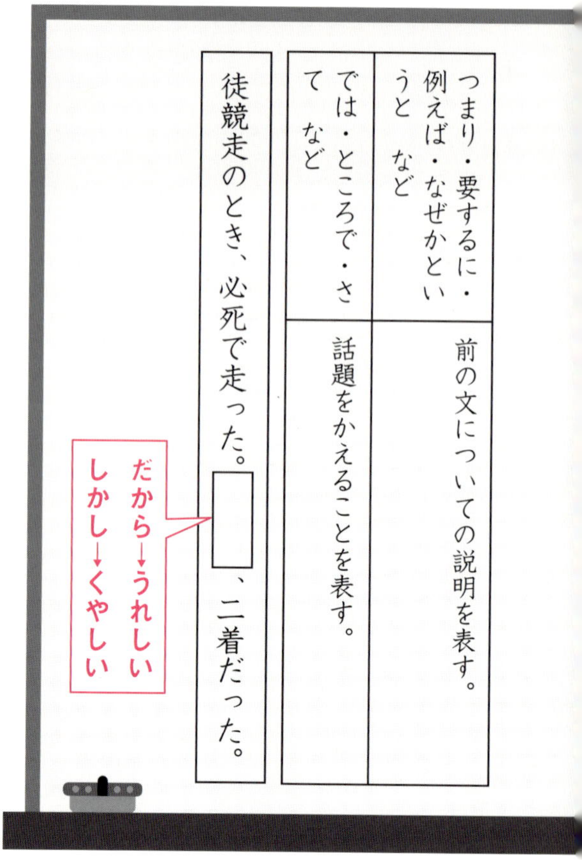

授業の流れ ▷▷▷

1　教科書 P.82の表から接続する語句の役割について確認する　〈10分〉

○導入時に教科書 P.81の例題を使って、接続する語句の役割について確認する。

T　空欄の中にはどんな言葉が入りますか。

・「だから」が入ります。前の文の「雨がふりそう」ということから、後の文の「かさを持っていく」ことが予想できるからです。

・「しかし」が入ります。前の文の「雨がふりそう」ということから、後の文の「かさを持っていかない」ことが予想できないからです。

○つなぎ言葉が「前と後ろの文のつながり方をはっきりさせる言葉」だと押さえた上で、P.82の表を確認させる。

2　文と文とを接続する語句を考えて、語句を選んだ理由を説明する〈25分〉

○ P.82の表にある 6 つの働きについて、全て説明できるように配慮する。

○「徒競走のとき、必死で走った。(　　)、二着だった。」という問題に取り組ませ、接続する語句には気持ちを表す働きがあると確認させる。

○早く終わった子供に対して、接続する語句を当てはめる問題作りをさせるとよい。

T　空欄の中に当てはまるつなぎ言葉を書きましょう。

T　隣の友達につなぎ言葉を書いた理由を説明しましょう。

つなぎ言葉のはたらきを知ろう

つなぎ言葉のはたらきについて説明しよう。

1

①雨がふりそうだ。□、かさを持っていく。

②雨がふりそうだ。□、かさを持っていかない。

2

つなぎ言葉とは、前の文と後ろの文のつながり方をはっきりさせる言葉である。

つなぎ言葉	はたらき
だから・それで・そのため・このようなことから　など	前の文を理由とする文や、前の文から予想される文が、次に来ることを表す。
しかし・それでも・でも・けれども　など	前の文と反対になるような文や、前の文から予想されない文が、次に来ることを表す。
しかも・また・そして・それに　など	前と後ろの文が、同じようにならんでいることを表す。前の文に、後ろの文をつけくわえることを表す。
それとも・あるいは・または　など	前の文と後ろの文をくらべたり、どちらかを選んだりすることを表す。

3 接続する語句の役割について確認する　〈10分〉

○板書を見ながら、つなぎ言葉の役割や働きについて確認する。ノートのまとめに入れてほしいキーワードにサイドラインを引くとよい。

T　つなぎ言葉にはどんな役割や働きがありましたか。分かったことをノートにまとめましょう。

・つなぎ言葉は、前と後ろの文のつながり方をはっきりさせる言葉です。つなぎ言葉には、前の文から予想させる文が次にくることを表すはたらきや、前の文について説明を表す働きなどがあることが分かりました。

○教師が子供のノートを見て回り、よいまとめについてはクラス全体で共有するとよい。

よりよい授業へのステップアップ

うまく説明できない子供への指導の工夫

接続する語句をうまく説明できない子供に対しては、P.82の表の関係する働きの説明を指さしながら音読させることも考えられる。子供の実態によっては、指さすだけでもよい。

接続する語句の働きの理解を深める工夫

接続する語句の働きについて説明する機会を複数回設けたい。座席の横同士、前後同士、斜め同士など様々なペア同士で、説明させるとよい。片方の列が、１つずつずれていくという方法でペアを変えていくこともできる。

本時案

つなぎ言葉のはたらきを知ろう 2/2

本時の目標

・積極的に接続する語句の役割について理解し、学習課題に沿って、文章を書こうとすることができる。

本時の主な評価

❶接続する語句の役割について理解している。【知・技】

❷積極的に接続する語句の役割について理解し、学習課題に沿って、文章を書こうとしている。【態度】

資料等の準備

・提示する例文の短冊

・教科書 P.82のつなぎ言葉のはたらきの拡大表

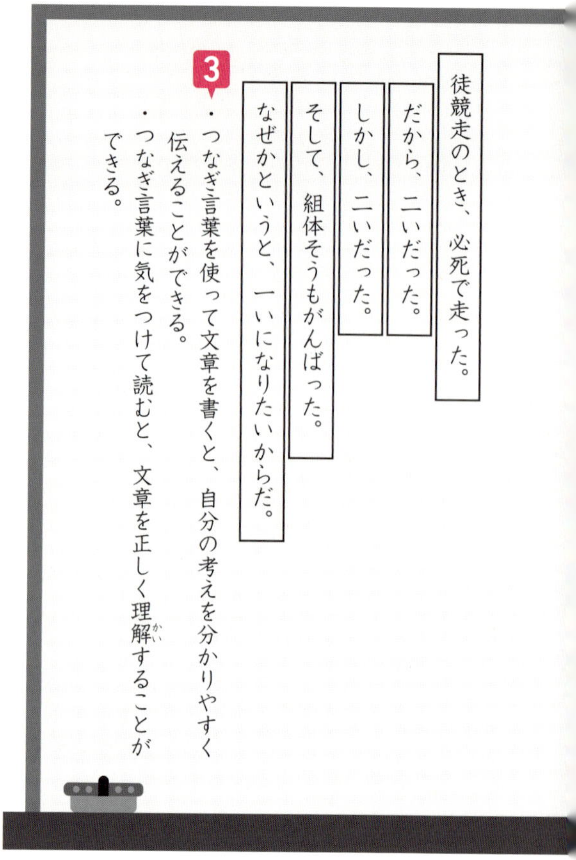
徒競走のとき、必死で走った。
だから、二いだった。
しかし、二いだった。
そして、組体そうもがんばった。
なぜかというと、一いになりたいからだ。
3
・つなぎ言葉を使って文章を書くと、自分の考えを分かりやすく伝えることができる。
・つなぎ言葉に気をつけて読むと、文章を正しく理解《かい》することができる。

授業の流れ ▷▷▷

1 前時に学んだつなぎ言葉を使って文の続きを考える 〈5分〉

○前時に学んだつなぎ言葉のはたらきの拡大表を掲示する。

○「徒競走のとき、必死で走った。」の続きの文を、複数考えさせる。

T 教科書の表にあるつなぎ言葉を使って続きの文を書きましょう。

・徒競走のとき、必死で走った。でも、一いになれなかった。

・徒競走のとき、必死で走った。だから、一いになれた。

・徒競走のとき、必死で走った。また、組体そうも一生けん命がんばった。

2 教科書の表にある接続する語句を使って、短い文を書く 〈35分〉

T P.82の表にあるつなぎ言葉を使って、P.83の1の課題に取り組みましょう。

○早く終わった子供には、問題作りをさせるとよい。

T 友達のノートを見て、ぜひみんなに紹介したほうがよいと思った文章にシールを貼りましょう。

○まず隣同士で一つだけシールを貼らせる。一人につき3つ程度丸シールを持たせるとよい。教師もよい文章にシールを貼る。

T シールが○つ以上の文章を紹介してください。

つなぎ言葉のはたらきを知ろう

つなぎ言葉を使って続きの文を書こう。

1

つなぎ言葉	はたらき
だから・それで・そのため・このようなことから　など	前の文を理由とする文や、前の文から予想される文が、次に来ることを表す。
しかし・それでも・でも・けれども　など	前の文と反対になるような文や、前の文から予想されない文が、次に来ることを表す。
しかも・また・そして・それに　など	前と後ろの文が、同じようにならんでいることを表す。前の文に、後ろの文をつけくわえることを表す。
それとも・あるいは・または　など	前の文と後ろの文をくらべたり、どちらかを選んだりすることを表す。
つまり・要するに・例えば・なぜかというと　など	前の文についての説明を表す。
では・ところで・さて　など	話題をかえることを表す。

3 接続する語句の役割や働きについて学習して、考えたことをまとめる　〈5分〉

T　つなぎ言葉の役割や働きについて学習して、考えたことをまとめましょう。

・つなぎ言葉を使って文章を書くと、自分の考えを分かりやすく伝えることができます。

・つなぎ言葉に気を付けて読むと、文章を正しく理解することができると思います。

○つなぎ言葉を使うとどんなよさがあるのかを確認するとよい。

○子供のノートを見て、よいまとめを書いていたら、クラス全体で共有する。

○つなぎ言葉の働きの表は、教室に掲示し、今後の読むことや書くことの学習に活用する。

よりよい授業へのステップアップ

文章を書けない子供への指導の工夫

子供の実態によっては、既に書かれた文章の一部を書き直す学習活動を設定するとよい。

子供の主体性を引き出す工夫

複数のワークシートを用意し、子供が自分で選んで取り組むことも、主体性を引き出す上で有効である。「自分でつなぎ言葉を使って続きの文を書く学習活動」「教師がつなぎ言葉を使って書いた文章を書き直す学習活動」のどちらであっても、本時の評価規準の達成状況を確認することは可能である。

声に出して楽しもう

短歌・俳句に親しもう（一）　（1時間扱い）

〔知識及び技能〕⑶ア

単元の目標

・短歌や俳句を声に出して読み、文語調の言葉の響きやリズムに親しむことができる。

評価規準

知識・技能	❶易しい文語調の短歌や俳句を音読したり暗唱したりするなどして、言葉の響きやリズムに親しんでいる。（〔知識及び技能〕⑶ア）
主体的に学習に取り組む態度	❷進んで繰り返し音読し、学習課題に沿って短歌や俳句の言葉の響きやリズムに親しもうとしている。

単元の流れ

時	主な学習活動	評価
1	**学習の見通しをもつ** 春を詠んだ短歌三首を声に出して読む。 大意を参考に情景を思い浮かべ、「春」という言葉以外に春を表す言葉を見つける。 気に入った短歌を選び、音読したり暗唱したりして楽しむ。 俳句三句を声に出して読む。 大意を参考に情景を思い浮かべ、作者の感動の中心を想像する。 気に入った俳句を選び、音読したり暗唱したりして楽しむ。 **学習を振り返る** 三首・三句の中から最も気に入ったものを選び、選んだ理由について発表し合う。	❶ ❷

授業づくりのポイント

〈単元で育てたい資質・能力〉

本単元のねらいは、短歌や俳句を声に出して読むことを通して、国語の美しい響きやリズムを感じ取り、文語調の調子に親しむ態度を育むことである。

そのために、繰り返し音読したり、気に入ったものを暗唱したりする。また、言葉に着目して情景を思い浮かべ、作者の視点や感動を想像することで、美しいものの感じ取り方や日常のふとした場面におもしろさを見いだす眼が現在と共通していることに気付かせたい。

具体例

○短歌三首はどれも春を詠んだものであるが、それぞれの作者の目に映った春の景色はどのようなものか、「春を表す言葉」に着目して想像を膨らませる。

【着目させたい「春を表す言葉」】

「石走る　垂水の上の　さわらびの　萌え出づる春に　なりにけるかも」

「君がため　春の野に出でて　若菜摘む　我が衣手に　雪は降りつつ」　※まだ寒さの残る春

「見渡せば　柳桜を　こきまぜて　都ぞ春の　錦なりける」

○俳句三句についても、それぞれの作者の目に映った景色はどのようなもので、感動の中心となるものは何か、言葉に着目して想像を膨らませる。

【着目させたい言葉】

「名月や　池をめぐりて　夜もすがら」「夏河を　越すうれしさよ　手に草履」

「雀の子　そこのけそこのけ　御馬が通る」

〈教材・題材の特徴〉

本単元の短歌・俳句は、季節感のあるものが選ばれている。「春」「夏河」「名月」のように、日本の四季を表す言葉は、子供も親しみやすいだろう。一方、「垂水」「さわらび」「衣手」等、子供にとって馴染みのない言葉も多く出てくる。これらの言葉の意味については、辞書で調べたり大意から理解したりするだけでなく、他の表現と合わせて想像させたい。昔の人が用いた、季節を表す多様な表現や情景を表す巧みな表現のよさを感じながら音読することで、言葉を大切にする感覚も磨かれる。

具体例

○馴染みのない言葉について、他の表現と合わせて意味を想像する。言葉の正確な意味を知ることではなく、短歌や俳句の全体から、情景とともに言葉の意味も想像することを目的とする。

〈他教材との関連〉

「君がため春の野に出でて若菜摘む我が衣手に雪は降りつつ　光孝天皇」は百人一首の歌でもあるため、本単元を機に、百人一首に触れさせることもよいだろう。

具体例

○百人一首から春を詠んだ歌をいくつか紹介することで、子供は、他の季節を詠んだ歌や百人一首そのものに興味・関心を広げることができる。

本時案

短歌・俳句に親しもう（一）

1/1

本時の目標

・短歌や俳句を声に出して読み、文語調の言葉の響きやリズムに親しむことができる。

本時の主な評価

❶易しい文語調の短歌や俳句を音読したり暗唱したりするなどして、言葉の響きやリズムに親しんでいる。【知・技】
❷進んで繰り返し音読し、学習課題に沿って短歌や俳句の言葉の響きやリズムに親しもうとしている。【態度】

資料等の準備

・朗読データ

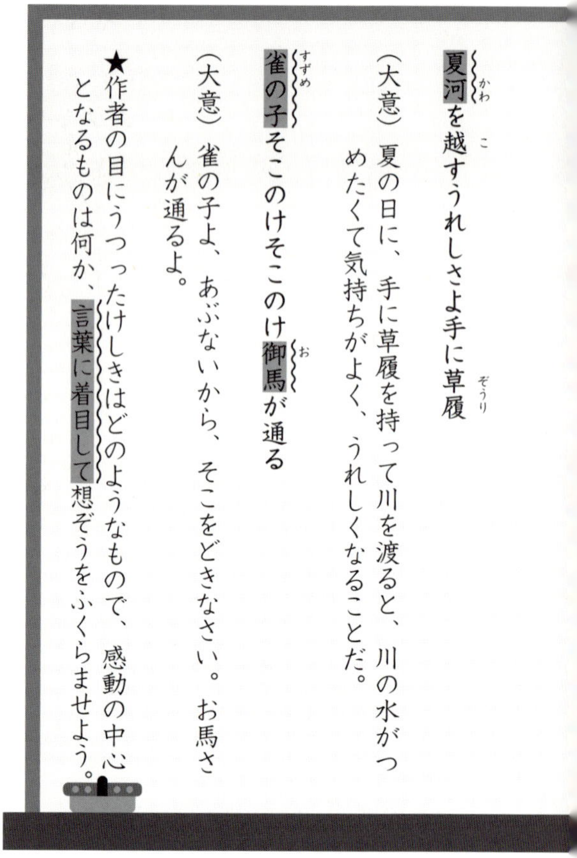

夏河《かわ》を越《こ》すうれしさよ手に草履《ぞうり》
（大意）夏の日に、手に草履を持って川を渡ると、川の水がつめたくて気持ちがよく、うれしくなることだ。
雀《すずめ》の子そこのけそこのけ御《お》馬が通る
（大意）雀の子よ、あぶないから、そこをどきなさい。お馬さんが通るよ。
★作者の目にうつったけしきはどのようなもので、感動の中心となるものは何か、言葉に着目して想ぞうをふくらませよう。

授業の流れ ▷▷▷

1　短歌三首を読み味わう　〈15分〉

T　春を詠んだ短歌三首を音読しましょう。
○五・七・五・七・七を確認する。
T　大意を参考に情景を思い浮かべて、「春」という言葉以外に「春を表す言葉」を見つけましょう。
・「さわらび」が春を表していると思います。何となくだけれど、「わらび」と似ている気がします。
・「萌え出づる」が春を表していると思います。
・「若菜」が春を表していると思います。
・「柳桜」が春を表していると思います。
○「春」を詠んだ短歌に「雪」が出てくることについて取り上げ、春のいつ頃のことかについて考えさせる。
T　一番気に入った短歌を暗唱しましょう。

2　俳句三句を読み味わう　〈15分〉

T　俳句三句を音読しましょう。
○五・七・五を確認する。
T　大意を参考に情景を思い浮かべて、作者の目に映った景色はどのようなもので、感動の中心となるものは何か、言葉に着目して想像をふくらませましょう。
・名月に感動したと思います。
・夏の川の水の冷たさに感動したと思います。
・大きな馬の前にいる、小さな雀に目を向けたのだと思います。
T　一番気に入った俳句を暗唱しましょう。

短歌・俳句《はいく》に親しもう（一）

短歌や俳句を声に出して読み、文語調の言葉のひびきやリズムを楽しもう。

1

石走《いわばし》る垂水《たるみ》の上のさわらびの萌《も》え出《い》づる春になりにけるかも

（大意）岩の上をいきおいよく流れるたきのそばの、わらびが芽《め》を出す春になったのだなあ。

君がため春の野に出《い》でて若菜《わかな》摘《つ》む我《わ》が衣《ころも》手《で》に雪は降《ふ》りつつ

（大意）あなたのために、春の野に出かけて若菜を摘むわたしのそでに、雪がずっと降りつづいている。

見渡《わた》せば柳《やなぎ》桜《さくら》をこきまぜて都ぞ春の錦《にしき》なりける

（大意）見渡すと、柳と桜が交じり合っていて、都のけしきは、まるで春のもようの織《おり》物のようだなあ。

★「春」という言葉以外に「春を表す言葉」を見つけよう。

2

名月や池をめぐりて夜《よ》もすがら

（大意）今夜は中秋の名月。水にうつった月などをながめながら、池のまわりを一晩《ばん》中歩いてしまった。

3 三首・三句の中から最も気に入ったものを選び、理由について発表し合う〈15分〉

T　短歌三首と俳句三句の中から、一番気に入ったものを選び、その理由を交流しましょう。

○ペアやグループで交流する。選んだ短歌や俳句を暗唱してから、気に入った理由を話すようにする。

・私は、「見渡せば柳桜をこきまぜて都ぞ春の錦なりける」が好きです。理由は、桜の色と柳の色が交じり合う、きれいな景色を想像することができるからです。

・私は、「雀の子そこのけそこのけ御馬が通る」が好きです。理由は、小さい雀と大きい馬を想像してみると、おもしろいからです。

よりよい授業へのステップアップ

「百人一首」との関連を図る

「君がため春の野に出でて若菜摘む我が衣手に雪は降りつつ　光孝天皇」は百人一首の歌でもあるため、本単元を機に、百人一首に触れさせるとよい。百人一首から春を詠んだ歌をいくつか紹介することで、子供は、他の季節を詠んだ歌や百人一首そのものに興味・関心を広げることができる。

じょうほう　集めるときに使おう

要約するとき　（2時間扱い）

〔知識及び技能〕(2)ア　〔思考力、判断力、表現力等〕C読むことウ

単元の目標

・筆者の考えとそれを支える理由や事例、全体と中心など情報と情報との関係について理解することができる。
・目的を意識して、文章の中心となる語や文を見つけて要約することができる。

評価規準

知識・技能	❶考えとそれを支える理由や事例、全体と中心など情報と情報との関係について理解している。(〔知識及び技能〕(2)ア)
思考・判断・表現	❷「読むこと」において、目的を意識して、中心となる語や文を見つけて要約している。(〔思考力、判断力、表現力等〕C ウ)
主体的に学習に取り組む態度	❸粘り強く目的を意識して、中心となる語や文を見つけて要約しようとしている。

単元の流れ

次	時	主な学習活動	評価
一	1	**学習の見通しをもつ** 教科書86ページにある「親子の会話」の挿絵のような経験を語り合い、学習用語「要約」について知る(86ページ下段、160ページを参考にする)。 「アップとルーズで伝える」の2種類の要約した文章を見て、要約するときのポイントを見つける(1種類は教科書87ページのもの、1種類は教師が意図してポイントを外したもの)。 本時で見つけた要約のポイントを使って、次時に「思いやりのデザイン」(教科書48ページ)を要約する学習に取り組むことを知る。	❷❸
二	2	「思いやりのデザイン」の要点や要約の分量を確認する。 「思いやりのデザイン」を要約する。 **学習を振り返る** 要約したものを読み合い、中心となる語や文を見つけて要約できているかを確かめ合う。	❷

授業づくりのポイント

〈単元で育てたい資質・能力〉

本単元のねらいは、目的を意識して、中心となる語や文を見つけて要約する力を育むことである。

そのために大切なことは、１つは、要点を押さえることである。要点は、文章や話の中心となる大事な内容のことである。ステップとしては、まず、段落ごとの要点を理解すること、次に段落相互の関係に気を付けて内容のまとまりで要点を理解することである。要点を理解した上で、話や文章を短くまとめるという要約ができるようになる。もう１つ、話や文章に題名を付けることである。題名は、話や文章で表していることを簡潔に表さなければならない。自分の話や文章でも構わないので、題名を付けることで、長い話や文章を短くまとめる力が付いてくる。

具体例

○要約は、説明的文章で身に付けるように思われるが、物語的文章でも身に付けることができる。例えば、物語を読んで、どんな話だったか30字で「…が～する（なる）話」というように表すこともできる。朝の会のスピーチでも、題名を述べてから、スピーチするという方法で、要約することを習慣化できる。

〈教材・題材の特徴〉

要約することは、ただ短くまとめればいいということではないことを認識させることが大切である。そこで、単元の流れにも示したように、要点がまとまっていない要約を示して、要約に必要なことを気付かせる。

具体例

○（87ページ「要約した部分」の悪い例）

アップとルーズには、それぞれ伝えられることと伝えられないことがあります。それで、テレビでは、ふつう、何台ものカメラを用意していろいろなうつし方をし、目的におうじてアップとルーズを切りかえながら放送をしています。写真にも、アップでとったものとルーズでとったものがあり、新聞を見ると、伝えたい内容に合わせて、どちらかの写真が使われることが分かります。

→この例の悪い所としては、アップとルーズについてのそれぞれの説明がないところである。他にも子供の実態に応じて、アップだけやルーズだけの説明を要約しているものを示すこともよい。例を示すときは、子供にどんなことに気付いてほしいのか、ねらいを明確にして示すようにする。

〈他教材や他教科との関連〉

社会科や理科の学習で自分の考えをまとめるときにも、要約することは活用できる。また、「キーワードの○○を入れて」や「何字以内」という条件を加えることで、情報と情報を関係付けた要約に目を向けさせることができる。それから、「読むこと」の言語活動例アに示されている「引用」することにもつなげた指導を考えたい。

具体例

○例えば、４年生では調べ学習をした後に、パンフレットにしたり報告する文章にしたりする機会が増えてくる。調べ学習では、人が話したことや本で調べたことを引用しなければならない。人の話や本の内容をすべて写してまとめて終わりにすることがないように、引用は何字以内に押さえるという条件を付けることで、要約する力を活用することになる。

本時案

要約するとき 1/2

本時の目標

・筆者の考えとそれを支える理由や事例、全体と中心などを意識して、文章の中心となる語や文を見つけて要約することができる。

本時の主な評価

❷目的を意識して、中心となる語や文を見つけて要約している。【思・判・表】

❸進んで中心となる語や文を見つけて要約しようとしている。【態度】

資料等の準備

・「アップとルーズで伝える」要約悪い例と教科書 P.87の要約（拡大コピーで使用できるもの）16-01

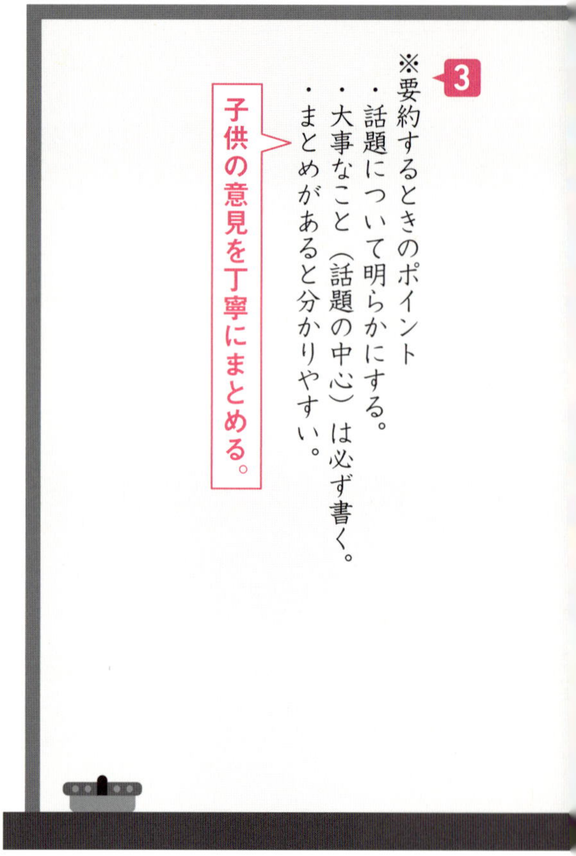

3
※要約するときのポイント
・話題について明らかにする。
・大事なこと（話題の中心）は必ず書く。
・まとめがあると分かりやすい。
子供の意見を丁寧にまとめる。

授業の流れ ▷▷▷

1 「要約」という学習用語について知る 〈10分〉

○教科書 P.86の挿絵のような経験がないか、確かめる。

T　長い文章や出来事を、誰かに伝えたいなと思ったことはありませんか。

○どのようにして伝えたのか、経験を聞く。

○「要約」が、話や本、文章の内容を短くまとめることを知る。

・本を紹介するときに、要約して伝えたことがあります。

・学校の出来事を、家族に伝えるときに要約していたのですね。

・説明文や物語文という、文の種類や目的によて要約の仕方は違うと思います。

2 要約した文のよい例と悪い例を見比べる 〈25分〉

○既習の「アップとルーズで伝える」を基にして、要約するときのポイントを見つけるというめあてをもつ。

T　これから、既に学習した「アップとルーズで伝える」の文章を要約したものを２つ示します。２つの文章をもとに、要約するときのポイントを見つけましょう。

○よい例（教科書 p.87）は、話題の中心や詳しく説明する事柄を簡潔に述べていること、まとめとなる文があること、文章の構成、段落意識のよさについて押さえる。

○悪い例については、アップとルーズについての説明がない点、中心となることがない点など。

要約するとき

1 ○長い文章や出来事をどのように伝えたことがあるか。

・一番大事なことを、はじめに伝える。

「ぼくと○○が～をしたよ。」

・したことを、短くまとめて伝える。

→「要約」する

要約…話や本、文章の内容《よう》を短くまとめること

要約するときのポイントを見つけよう

2 文例A

よい例
教科書 p.87
上段
拡大コピー

文例B

悪い例
教師の準備したもの
（資料あり）

気がついたこと

・何の話題なのかを明らかにしている。
・くわしく説明すること、「アップ」と「ルーズ」については、短くまとめている。
・「このように」という言葉で、まとめの文がある。

・「アップ」と「ルーズ」が大切なのに、説明がない。
・何についての説明なのかいろいろあって、分かりにくい。
・「アップ」と「ルーズ」の役わりのちがいについてが分からない。
・まとめの文がない。

3 要約のポイントを整理する〈10分〉

T　それでは、今日見つけた要約するときのポイントを整理しましょう。

○**2**の活動で子供から出てきた気付きを基にポイントをまとめる。

・大事な言葉の説明は省いてはいけない。（「アップ」や「ルーズ」など）
・「このように」などのまとめの言葉や文があると分かりやすい。

○次時に、要約のポイントを活用して、「思いやりのデザイン」の文章を要約することで、学習に見通しをもたせる。

よりよい授業へのステップアップ

要約についての経験を掘り起こす

子供は、無意識のうちに要約をしてきている。例えば、物語を読んで、「どんなお話か」と聞かれて、「○○が～する話」という要約をしたことや作文などの題名も書いてあることを短くまとめていることを想起する。

目的と分量を合わせて要約する

本時の悪い例は、教科書 P.87の文例の分量に合わせているが、例えば、アップとルーズについて、100字で要約するなど、さらに短くまとめる活動を取り入れてもよい。

本時案

要約するとき 2/2

本時の目標

・筆者の考えとそれを支える理由や事例、全体と中心などを意識して、文章の中心となる語や文を見つけて要約することができる。

本時の主な評価

❷目的を意識して、中心となる語や文を見つけて要約している。【思・判・表】
・考えとそれを支える理由や事例、全体と中心など情報と情報との関係について理解している。

資料等の準備

・「思いやりのデザイン」（教科書 P.48〜P.49）（拡大コピーで使用できるもの）
・「思いやりのデザイン」要約例 💿 16-02

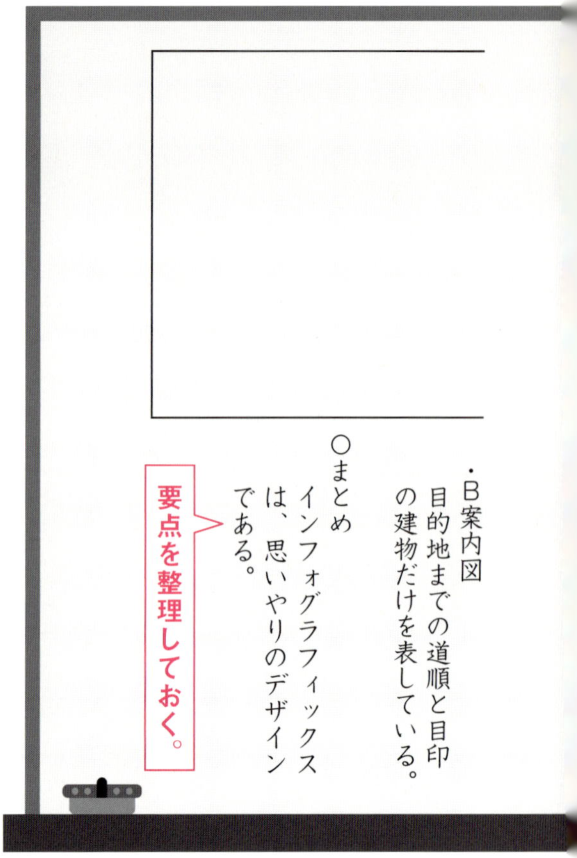

・B案内図
目的地までの道順と目印
の建物だけを表している。
○まとめ
インフォグラフィックス
は、思いやりのデザイン
である。
要点を整理しておく。

授業の流れ ▷▷▷

1 「思いやりのデザイン」の要点を整理する 〈10分〉

○前時の学習を振り返り、本時のめあてをもつ。
T　前時に整理した「要約」のポイントを覚えいますか。
○ノートや教科書を読み、確かめる。
○教科書 P.48「思いやりのデザイン」を読み、要点や目安の分量を話し合う。
・話題の中心は、相手の立場から考えて、説明するということですね。
・絵や図を使って、街の案内図を作るときに思いやりのデザインという考え方が必要だということだと思います。

2 「思いやりのデザイン」を要約する 〈25分〉

○要約のポイントを基に、「思いやりのデザイン」を各自が要約する。
T　それでは、要約のポイントを基にして、「思いやりのデザイン」を要約してみましょう。
○要約することが困難な子供には、各段落の要点を整理させる。
○早く要約できた子供には、読み返したり分量を少なくして要約させたりする。

要約するとき

要約…話や本、文章の内容《よう》を短くまとめること

「思いやりのデザイン」を要約しよう

2

要約のポイント
・話題について明らかにする。
・大事なこと（話題の中心）は必ず書く。
・まとめの文がある。
＋
・分量に合わせて短くまとめる。
・文章全体も分かりやすい構《こう》成になっている。

教科書 p.48、49
「思いやりのデザイン」文章

○どんな話題か
・インフォグラフィックスを作るときは、相手の立場から考える。

○話題の中心は何か
・A案内図
どこにどんな建物があるか表している。

3 要約した文章を読み合い、確かめる 〈10分〉

T　それでは、要約した文章を読み合います。まずは、隣の人と交換して読み合いましょう。

○要約した文章を読む際に、観点評価カードを配布する。

【観点評価カード】

話題の中心を明らかにしている	3・2・1
くわしく説明することは、説明している	3・2・1
まとめの文がある	3・2・1
文章が分かりやすい構《こう》成になっている	3・2・1

3よくできている　2できている　1もう少し

○時間に応じては、ペアを替えて行う。

よりよい授業へのステップアップ

教師も要約に挑戦する

子供に「思いやりのデザイン」を要約させるのであれば、当然、教師も事前に要約しておかなければならない。200字、100字、50字というように、様々な分量に挑戦し、子供たちが、どのくらいの分量をどの程度の時間をかけてできるかということを把握しておく必要がある。

さらに、解答としても活用し、子供に自分が要約したものとの比較をさせることで、自己評価させることもできる。

資料

1 第１時資料　「アップとルーズで伝える」要約悪い例と教科書 P.87の要約　16-01

「アップとルーズで伝える」要約悪い例

アップとルーズには、それぞれ伝えられることと伝えられないことがあります。それで、テレビでは、ふつう、何台ものカメラを用意していろいろなうつし方をし、目的におうじてアップとルーズを切りかえながら放送をしています。写真にも、アップでとったものとルーズでとったものがあり、新聞を見ると、伝えたい内容に合わせて、どちらかの写真が使われることが分かります。

1 第2時資料　「思いやりのデザイン」要約例　16-02

伝えたいことを、絵や図、文字を合わせて見える形にしたものを、インフォグラフィックスといいます。これは、インフォメーション（伝えたいこと）と、グラフィックス（形にすること）を合わせた言葉で、デザインの一つです。筆者は、インフォグラフィックスを作るときに、相手の立場から考えることを大切にしています。

街の案内図を例にあげます。A案内図は、だれが見ても分かるように、どこにどんな建物があるかを表します。多くの人に役立ちますが、目的地が決まっている人には、たくさんの道や目印があるため、道順などをまよってしまうかもしれません。B案内図は、目的地までいちばん分かりやすい道順と目印になる建物だけを表します。まよわず安心して目的地に行けますが、街全体を知りたい人には十分ではありません。

このように、相手の目的に合わせてデザインするので、インフォグラフィックスは、思いやりのデザインなのです。（三八二字）要約率約62％

事実を分かりやすくほうこくしよう

新聞を作ろう　（12時間扱い）

〔知識及び技能〕⑴カ、⑵イ　〔思考力、判断力、表現力等〕Ｂ書くことア、イ、エ　関連する言語活動例Ｂ⑵ア

単元の目標

・伝えたいことの中心を明確にし、写真や図表を組み合わせながら構成を考え、新聞を作ることができる。

評価規準

知識・技能	❶主語と述語の関係、修飾と被修飾の関係、指示する語句と接続する語句の役割、段落の役割について理解している。（〔知識及び技能〕⑴カ） ❷比較や分類の仕方、必要な語句などの書き留め方、引用の仕方や出典の示し方を理解して使っている。（〔知識及び技能〕⑵イ）
思考・判断・表現	❸「書くこと」において、相手や目的を意識して、経験したことや想像したことなどから書くことを選び、集めた材料を比較したり分類したりして、伝えたいことを明確にしている。（〔思考力、判断力、表現力等〕Ｂア） ❹「書くこと」において、書く内容の中心を明確にし、内容のまとまりで段落をつくったり、段落相互の関係に注意したりして、文章の構成を考えている。（〔思考力、判断力、表現力等〕Ｂイ） ❺「書くこと」において、間違いを正したり、相手や目的を意識した表現になっているかを確かめたりして、文や文章を整えている。（〔思考力、判断力、表現力等〕Ｂエ）
主体的に学習に取り組む態度	❻新聞を作る活動に関心をもち、粘り強く取り組もうとしたり、学習の見通しをもちながら新聞を作ったりしようとしている。

単元の流れ

次	時	主な学習活動	評価
一	1	学習の見通しをもつ 学習の進め方や教科書のモデルを読み、学習の見通しをもつ。	
	2	新聞の実物を見て、新聞の特徴を確かめる。	
二	3	班ごとにどんな新聞を作るかを話し合い、テーマを決める。	❸
	4〜5	本やインターネット、インタビュー、アンケート調査などを基に取材をする。	❷❸
	6	割付について話し合い、記事の大きさや場所を決める。	❹
	7〜9	新聞記事の下書きを書く。	❷❹
	10	グループで下書きを読み合い、間違いを直したりして文章をよりよくする。	❺
	11	清書をして、記事を貼り合わせる。	❶
三	12	学習を振り返る 書いた新聞を読み合って、感想を伝える。	❻

授業づくりのポイント

〈単元で育てたい資質・能力〉

本単元のねらいは、伝えたいことの中心を明確にし、写真や図表を組み合わせながら構成を考え、事実を分かりやすく報告する力を育むことである。

そのためには、新聞記事に必要な事柄を集めることが重要である。取材の方法としては、本やインターネットだけではなく、インタビューやアンケート調査も含まれる。本単元では、取材の仕方に加え、取材した事柄をどのように取捨選択するか、どのように提示するかについても考えられるようにする。

具体例

○例えば、「休み時間の好きな遊び」に関する新聞記事を書く場合には、どのような取材の方法が適切かを子供自身に考えさせる。すると、本やインターネットではなく、アンケート調査が有効だと気付くだろう。また、調査した結果をどのように提示すれば読み手に伝わりやすいかを考えさせることで、表やグラフを活用しながら表現する力も育成する。その際、算数や社会などの他教科で学んだことと関連付けて指導できるようにする。

〈教材・題材の特徴〉

本単元では、新聞が教材となる。新聞の特徴は、事実が分かりやすく書かれていることや文章と写真・図表が組み合わさって１つの記事が構成されていることなどがある。昨今、新聞を購読している家庭が減少している。本単元では、教科書のモデルだけではなく実際の新聞記事を提示しながら特徴を確かめる時間を確保することが必要である。その際、一般の新聞や子供用の新聞、複数の新聞社の新聞を用意することで、特徴となる共通点を発見させることができるようにする。

具体例

○「新聞名」「発行日」「発行者」が書かれている。
○「見出し」には、短い言葉で記事の内容が表されている。
○発行者の感想や意見ではなく、事実が書かれている。
○「いつ」「どこで」「誰（何）が」「どうした」という文の構造になっている。
○文章と写真や図表が組み合わさって１つの記事が構成されている。
○いろいろな話題の記事が載っている。

〈言語活動の工夫〉

本単元の言語活動は、単元名にもあるように「新聞を作る」ことである。しかし、何のために新聞を作るのか（目的意識）、誰に向けて新聞を作るのか（相手意識）という点では、工夫の余地がある。教師が一方的に設定するのではなく、子供自身が目的意識・相手意識を考え、明確にすることが主体的な学びにつながる。

具体例

○学級の出来事を伝えるために、保護者に向けて新聞を作る。
○クラブ活動について伝えるために、３年生に向けて新聞を作る。
○学校のよさを伝えるために、新１年生に向けて新聞を作る。
○地域の行事について伝えるために、地域の方に向けて新聞を作る。

本時案

新聞を作ろう 1/12

本時の目標

・学習の進め方や教科書の新聞の例を読み、学習の見通しをもつことができる。

本時の主な評価

・単元の学習に向けた思いを振り返りに書いている。
・新聞を完成させるまでの学習過程の見通しをもち、友達と協力して新聞作りに取り組もうとしている。

資料等の準備

・教科書の新聞の例（拡大コピー）

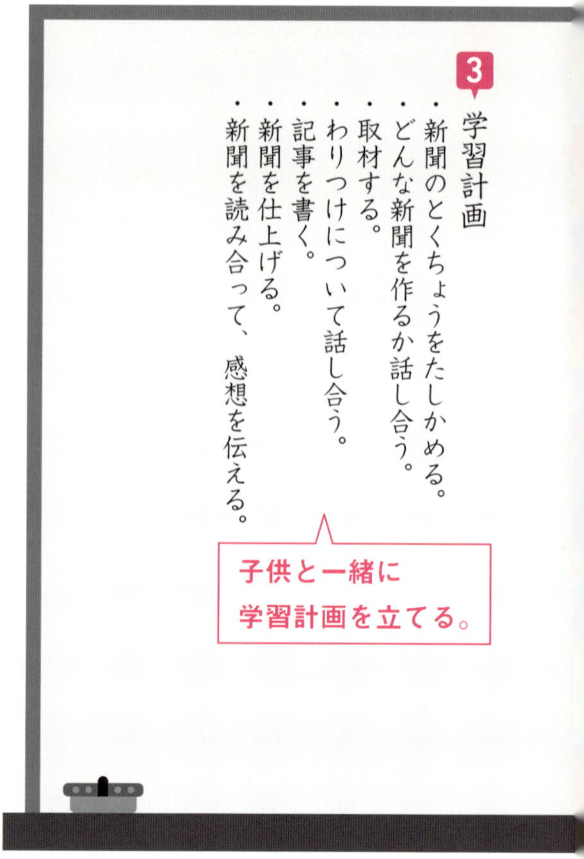
3
学習計画
・新聞のとくちょうをたしかめる。
・どんな新聞を作るか話し合う。
・取材する。
・わりつけについて話し合う。
・記事を書く。
・新聞を仕上げる。
・新聞を読み合って、感想を伝える。
子供と一緒に
学習計画を立てる。

授業の流れ ▷▷▷

1 「新聞」について知る 〈10分〉

T　新聞について知っていることはありますか。

〇最近は、新聞を購読していない家庭も多い。まずは、新聞について知っていることを挙げさせながら子供の実態を確かめるとよい。

T　新聞にはどんなことが書かれていますか。

・事件　・スポーツ
・世界の出来事
・天気予報　など

T　新聞はどんな人が読みますか。

・大人。　・会社員。
・お父さん、お母さん。
・子供用の新聞もあります

〇新聞は、様々な情報を多くの人に知らせる目的で作られていることを押さえる。

2 教科書の新聞の例を読み、学習のゴールを知る 〈20分〉

T　94ページの新聞には、どんなことが書かれていますか。

・カメのこと
・中休みのこと
・先生の話　など

〇事実を分かりやすく報告するために新聞を作るという学習のゴールを知らせる。

〇学校や学級の実態に応じて、新聞を読んでもらう相手意識を明確に設定する。

・他の学年の子供
・保護者の方々
・地域の方々　など

新聞を作ろう

学習のゴールを知り、見通しをもとう。

1 ○新聞に書かれていること
・ニュース→事けん、スポーツ、世界の出来事など
・天気予ほう
・テレビ番組表
○新聞を読む人
・大人（お父さん、お母さん、会社員など）
・子供新聞もある

新聞は、さまざまなじょうほうを多くの人に知らせる目的で作られている。

2 教科書 p.94 の新聞の例

単元の学習のゴール

事実を分かりやすく伝えるために新聞を作ろう。

3 学習計画を立てる 〈15分〉

T 学習計画を立てましょう。
・新聞の特徴を確かめます。
・どんな新聞を作るかを話し合います。
・取材をします。
・記事を書きます。
・新聞を仕上げます。
・新聞を読み合って感想を伝えます。

○教科書を参考にしながら子供と一緒に学習計画を立てるようにする。
○毎時間の終末には、本時のめあてに沿った振り返りを行う（以降省略）。

よりよい授業へのステップアップ

教師による新聞の作成

教科書には、新聞の例が載っているが教師自身が事前に新聞を作成しておくことも重要である。単元に入る前に、必要な情報を取材し、割り付けを考え、新聞記事を書く。このような経験によって、子供の学習における思考を疑似体験することができる。そうすることで、「これは少し難しいかな」「こんなことに気を付けなくてはいけないな」という思いを指導に生かすことができる。

また、教師が作った新聞を例示し、授業で活用することもできる。

本時案

新聞を作ろう 2/12

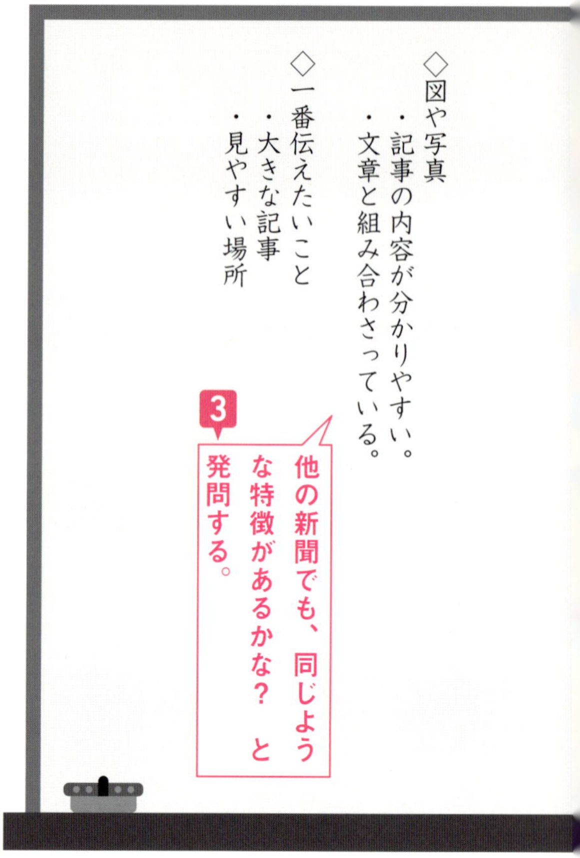
◇図や写真
・記事の内容が分かりやすい。
・文章と組み合わさっている。
◇一番伝えたいこと
・大きな記事
・見やすい場所
3
他の新聞でも、同じような特徴があるかな？　と発問する。

本時の目標

・新聞の特徴を確かめることで、段落の役割について理解することができる。

本時の主な評価

・新聞に書かれていることや、読み手に分かりやすく伝えるための工夫を見つけている。

資料等の準備

・実際の新聞（グループの数）
・新聞の拡大コピー

授業の流れ ▷▷▷

1 新聞にはどんなことが書かれているかを確かめる 〈15分〉

○毎時間の導入では、前時を振り返り、本時の学習活動とめあてを確認する（以降省略）。
T　新聞にはどんなことが書かれていますか。
○実際の新聞記事をグループごとに配布して、確かめられるようにする。
・新聞名。
・発行日。
・発行者。
・事件の記事。
・スポーツの記事。
・季節の記事。
・いろいろな記事が載っています。
○拡大した新聞に書き込みながら確認する。

2 読み手に分かりやすく伝えるためにどのような工夫がされているかを考える〈15分〉

T　読み手に分かりやすく伝えるために、どんな工夫がされていますか。
・見出しを読むことで何の記事かが分かります。
・図や写真があって分かりやすいです。
・図や写真は文章と組み合わせて使っています。
・一番伝えたいことは大きな記事になっています。
・一番伝えたいことは見やすい場所にあります。
○「もし、見出しがなかったら……」「もし、一番伝えたい記事が小さかったら……」など、工夫されていない場合と比較しながら効果について確認させる。

新聞を作ろう

新聞のとくちょうをたしかめよう。

1

新聞の拡大コピー

新聞に書かれていること

- ・新聞名
- ・発行日
- ・発行者
- ・見出し
- ・図や写真
- ・事けんの記事
- ・せいじの記事
- ・季節の記事

（事けんの記事・せいじの記事・季節の記事）いろいろな記事がのっている

2

○読み手に分かりやすく伝えるための工夫

◇見出し

- ・何の記事かすぐに分かる。
- ・短い言葉で記事の内容《よう》を表している。

3 他の新聞記事でも同じような特徴があるかを確かめる 〈15分〉

T　他の新聞記事でも確かめてみましょう。

○グループごとに違う新聞記事を提示し、特徴を確認させる。

・名前は違うけど、どの新聞にも新聞名が書かれています。

・どの新聞にも発行日が書かれています。

・どの新聞記事も見出しを読むと何の記事か分かります。

よりよい授業へのステップアップ

実際の新聞を用意する

最近は新聞を購読していない家庭も多い。教師が実際の新聞記事を用意することで、特徴を確かめられるようにする。複数の新聞社の記事を提示し、比較することで、共通点を見つけさせることもできる。その共通点が、新聞としての特徴と言えるだろう。

新聞を購読している子供に新聞を持参させることも１つの方法だが、新聞にはスポーツ新聞も含め様々な種類が存在する。子供の目に触れる記事等には、事前に目を通してから提示する配慮が必要だ。

本時案

新聞を作ろう　3/12

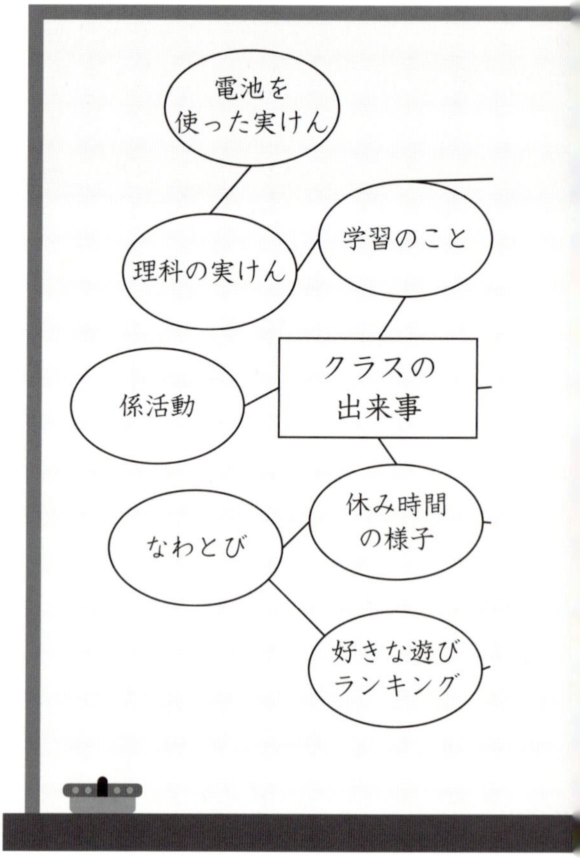

本時の目標

・相手や目的を意識して、どんな新聞を作るかを考えることができる。

本時の主な評価

❸相手や目的を意識して、経験したことの中から書くことを選んでいる。【思・判・技】

資料等の準備

・ワークシート（ウェビングマップ）　17-01

授業の流れ ▷▷▷

1　新聞を作る相手意識と目的意識を確認する　〈5分〉

T　誰のために、何のために新聞を作るのでしたか。

○第1時を想起させ相手意識と目的意識を確認する。

【相手】

・保護者の人　・他の学年の子供

・地域の方々　など

【目的】

・クラスでの出来事を伝えるため

・地域のよさを伝えるため

・学校の行事を伝えるため　など

○相手と目的は、子供の実態に応じて設定する。

2　グループで話し合って、新聞のテーマを決める　〈25分〉

T　新聞を読んでもらう相手のことを考えて、どんな新聞を作りたいかを話し合いましょう。

・クラスの出来事

・学校の行事

・学校の給食

・学校のクラブ活動

・地域の行事

・町の安全　など

○事前に意図的なグループの編成をしておく。

○子供の「伝えたい」「書きたい」という思いを取り上げられるようにする。

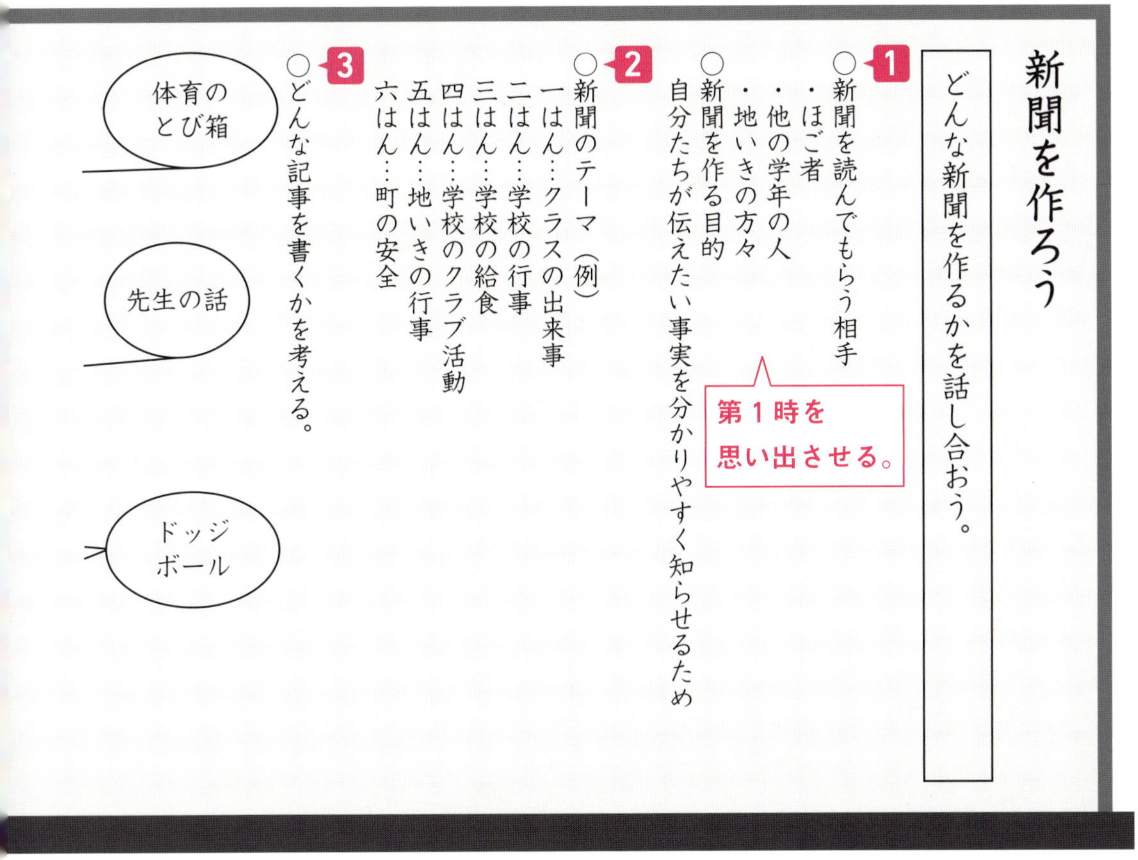

3 どんな記事を書くかをグループで話し合う 〈15分〉

T 決まったテーマについて、どんな記事を書きたいかを話し合いましょう。

○テーマを中心としたウェビングマップを活用することで考えを広げられるようにする。

・理科で学習したことについて書きたい。
・運動会のことについて書きたい。
・みんなが好きな給食について書きたい。
・地域のお祭りについて書きたい。

○時間があれば、どの記事を誰が書くかについても話し合うように声を掛ける。

よりよい授業へのステップアップ

思考の可視化

本時のように多くのアイデアを出し合い、グループで意思決定する学習活動には、思考の可視化が効果的だ。ウェビングマップを活用すると、中心となるテーマについて書きたい事柄を多く集めることができる。

意図的なグループ編成

今回の単元では、グループで1つの新聞を作ることを想定している。しかし、子供の学習能力には個人差がある。教師が意図的なグループ編成をすることで学習活動が円滑に進むように配慮したい。

本時案

新聞を作ろう 4·5/12

本時の目標

・新聞記事を書くために、必要な情報を集めることができる。

本時の主な評価

❷比較や分類の仕方、必要な語句などの書き留め方、引用の仕方や出典の示し方を理解して使っている。【知・技】

❸相手や目的を意識して、集めた材料を比較したり分類したりして、伝えたいことを明確にしている。【思・判・表】

資料等の準備

・取材カード 17-02
・必要に応じて本等の資料

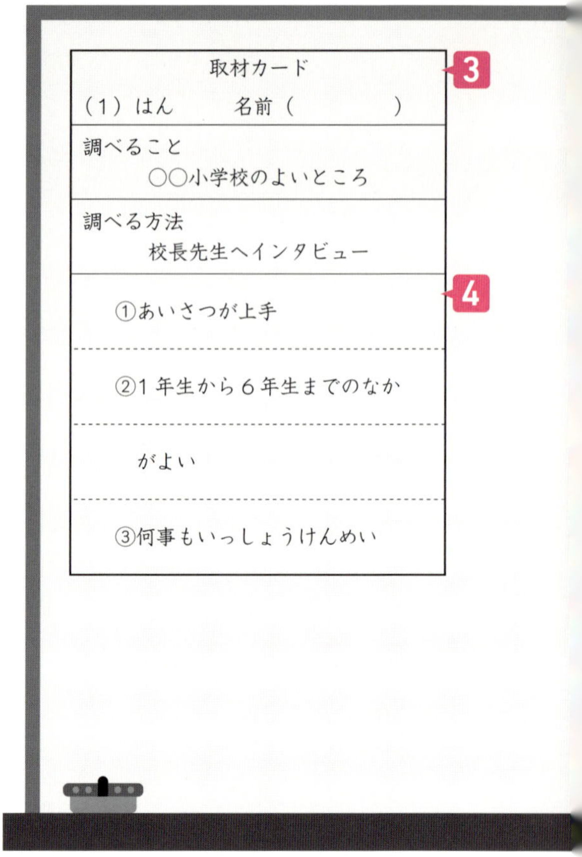

取材カード
（1）はん　名前（　　）
調べること
○○小学校のよいところ
調べる方法
校長先生へインタビュー
①あいさつが上手
②1年生から6年生までのなか
がよい
③何事もいっしょうけんめい
3
4

授業の流れ ▷▷▷

1 取材の仕方を確認する〈第4時〉

T　新聞記事を書くための情報を集めましょう。どんな方法で集められますか。
・実際に見て調べます。
・インタビューします。
・図書館の本やインターネットで調べます。
・アンケート調査をします。
○アンケート調査の仕方については教科書を見ながら確認する。
・アンケートの作り方
・アンケートの集計の仕方

2 取材するときに気を付けることを確認する〈第4時〉

T　取材するときには、どんなことに気を付ければよいでしょう。
・調べたことはメモを取り記録します。
・インタビューするときは、目的を伝えたり、相手の都合を聞いたりします。
・写真を撮るときは、許可をもらいます。
・図書館やインターネットを使う場合には、何を見て調べたかを記録しておきます。
・数や名前の間違いがないかを確かめます。

新聞を作ろう

新聞記事を書くために取材しよう。

1 取材の仕方
・実際《さい》に見て調べる。
・インタビューする。
・図書館やインターネットで調べる。
・アンケート調査《さ》をする。

〈アンケート調査の作り方〉
・何について調べるか。
・だれに何を聞くか。
〈アンケートの集計の仕方〉
・仲間分けしてまとめる。
・表やグラフで伝える。

教科書を見ながら整理する。

2 取材するときに気を付けること
・調べたことはメモを取りきろくする。
・インタビューするときは、目的を伝えたり、相手の都合を聞いたりする。
・写真をとるときは、きょかをもらう。
・図書館やインターネットを使う場合には、何を見て調べたかきろくしておく。
・数や名前のまちがいがないかをたしかめる。

3 どのように取材するか話し合う〈第4時〉

T　必要な情報をどのように集めるかをグループで話し合いましょう。

○取材カードを用意し「調べること」と「調べる方法」記入させる。

・休み時間の様子については、実際に見て調べよう。
・クラブ活動のよさについては、担当の先生にインタビューしよう。
・みんなの好きな給食については、アンケート調査をしよう。
・地域のお祭りについては、インターネットで調べよう。

4 グループごとに取材する〈第5時〉

T　前回決めた取材の方法で、グループごとに取材をしましょう。

○取材カードには、大切なことを短くメモすることを確認する。

・図書館の本で調べる。
・インターネットで調べる。
・アンケート用紙を作成して、配布する。

○必要に応じて休み時間や放課後等の授業時間外に取材してもよいこととする。

○取材カードはグループごとに封筒に入れ、保管しておくことで教師が進捗状況を確認できるようにする。

本時案

新聞を作ろう

6/12

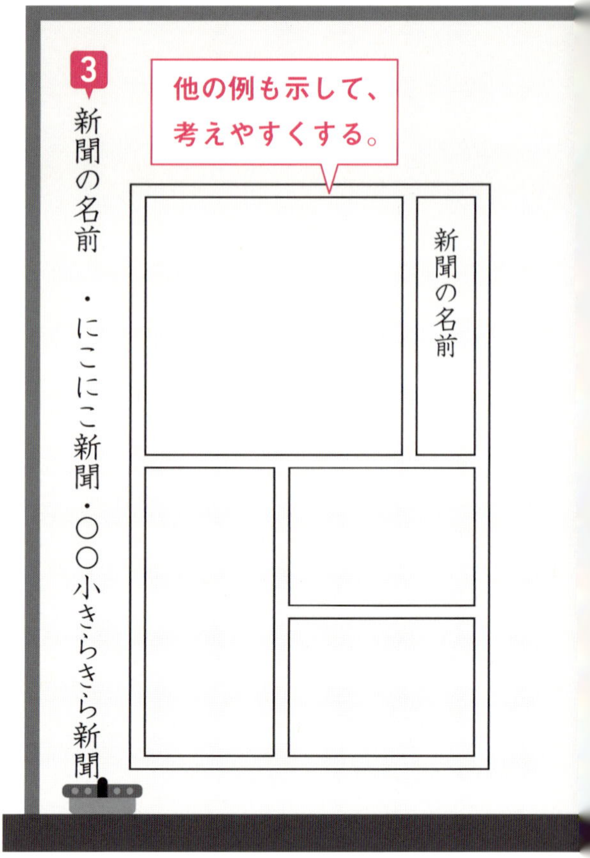

本時の目標

・割り付けについて話し合い、記事の大きさや場所を決めることができる。

本時の主な評価

❹新聞記事に書く内容の中心を明確にし、内容のまとまりで段落をつくったり、段落相互の関係に注意したりして、文章の構成を考えている。【思・判・表】

資料等の準備

・白紙の新聞用紙

授業の流れ ▷▷▷

1 「わりつけ」について知る〈10分〉

T　記事の大きさと入れる場所を決めることを「わりつけ」といいます。教科書の例で割り付けを確かめましょう。

・新聞の名前
・カメのこと
・中休みの遊び
・クラスのいいところ　など

T　それぞれの記事の大きさや場所は、どのようになっていますか。

・カメのことについて書かれた記事が一番大きくて、目に入りやすいところにあります。

2 グループで話し合い、新聞記事の割り付けを決める〈25分〉

T　割り付けには教科書の例以外にもあります。グループで話し合って新聞記事の割り付けを決めましょう。

○教科書の例以外にも、割り付けの種類を提示する。

・理科の学習での出来事は、一番伝えたいことだから目立つところにしよう。
・インタビューした内容の記事は、このくらいの大きさかな。
・この記事の中にアンケート結果のグラフを入れよう。

新聞を作ろう

グループでわりつけをしよう。

1 わりつけ…記事の大きさと入れる場所を決めること

〈記事の大きさ〉
・いちばん伝えたいことを大きく
・事実を分かりやすく伝えるために必要な大きさ

〈記事を入れる場所〉
・いちばん伝えたいことは目立つところ
・写真や図は、関係する文章の近く

2

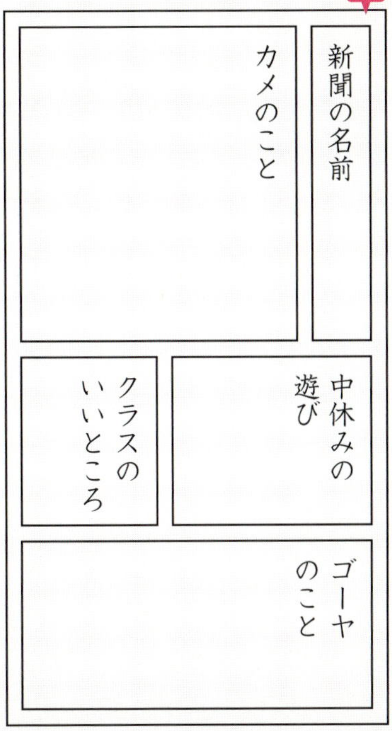

他のわりつけの例

3 グループで話し合い、新聞の名前を決める　〈10分〉

T　グループで話し合って、新聞の名前を決めましょう。

○伝えたいことを基にしながら、新聞の名前を考えることを促す。

・にこにこ新聞
・〇〇小きらきら新聞
・なかよし新聞
・給食もりもり新聞
・わっしょい新聞
・パトロール新聞

よりよい授業へのステップアップ

複数の割り付け例

割り付けの例が教科書の１つだけだと、子供は他の割り付け方をしようとはしなくなってしまう。そこで、割り付けには様々な種類があることを例として提示する。それにより、子供が自分たちのグループの場合は、どのような割り付けにしたらよいかを主体的に考えることができる。第２時で活用した実際の新聞記事を割り付けに着目して、確認し直すことも有効な手立てになる。

本時案

新聞を作ろう 7・8・9/12

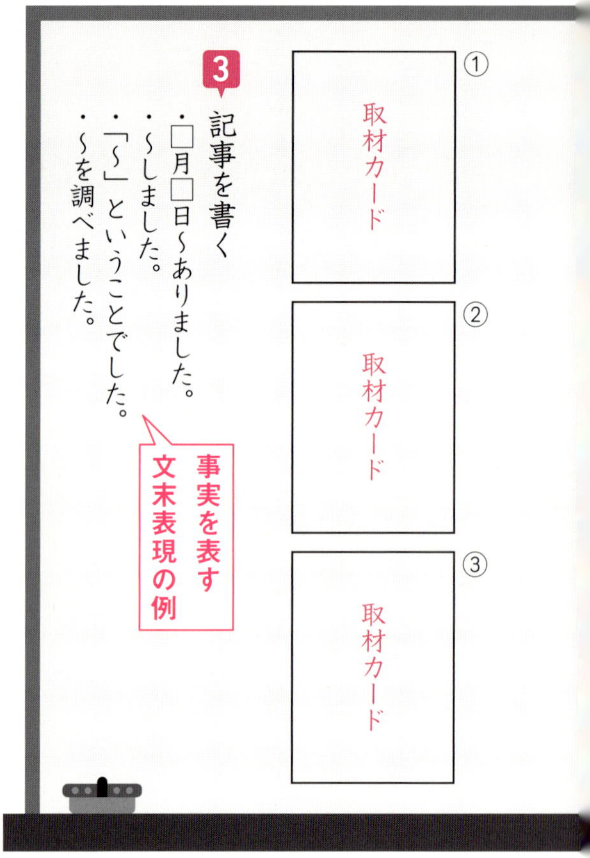

本時の目標

・取材メモを基に、事実を分かりやすく書くことができる。

本時の主な評価

❷比較や分類の仕方、必要な語句などの書き留め方、引用の仕方や出典の示し方を理解して使っている。【知・技】

❹書く内容の中心を明確にし、内容のまとまりで段落を作ったり、段落相互の関係に注意したりして、文章の構成を考えている。【思・判・表】

資料等の準備

・新聞の下書き用紙

・教師が作成した新聞記事の悪い例 17–03

授業の流れ ▷▷▷

1 よい例と悪い例とを比較して、記事の書き方を考える 〈第 7 時〉

T 教科書の例（A）ともう 1 つの例（B）を比べて、どんなところが違いますか。

○記事の内容は大きく変えずに、書き方の違いに着目できる例を作成する。

(A)

・事実を書いている。

・写真や図と伝えたい内容が合っている。

(B)

・思ったことを書いている。

・写真や図と伝えたい内容が合っていない。

2 取材メモを基に、大まかな記事の構成を考える 〈第 7 時〉

T 大まかな記事の組み立てを考えましょう。

○取材カードの順番を並び替えたり、取材カードに番号を付けたりするで、記事の構成を考えられるようにする。

・始めに「いつ」「どこで」「何があったか」について書こう。

・次に詳しい出来事を書こう。

・最後に先生の話を書こう。

新聞を作ろう

取材メモをもとに、事実を分かりやすく書こう。

1 二つの記事をくらべて、書き方を考える

A 教科書の 新聞記事のよい例	B 教師が作成した 新聞記事の悪い例
・事実を書いている。 ・写真と記事の内容が合っている。 ・見出しに伝えたいことが表れている。	・思ったことを書いている。 ・写真と記事の内容が合っていない。 ・見出しに伝えたいことが表れていない。

新聞記事を書くときのポイント
- 最初にいちばん伝えたいことを書く。
- 事実が正しく伝わるように書く。
- 見出しに伝えたいことをまとめる。
- 必要なところは説明をくわえる。
- 写真や図などを使って分かりやすくしめす。

2 取材カードの順番をならびかえて文章のこうせいを考える

3 取材メモを基に、記事を書く〈第８・９時〉

T　取材メモを見て、新聞記事を書きましょう。

○下書き用紙は、前時で決めた割り付けのとおりに切ったものを使用すると写真や図等を入れる場所や文章量についても考えられる。
- □月□日の理科の時間、～がありました。
- 電池を使った実験では、～しました。
- □□先生にお話をうかがったところ、「……」ということでした。

○引用の仕方や出典の書き方についても指導する。

○見出しは子供の実態に合わせて、先に書いてもよいし、記事を書いてから考えてもよいこととする。

よりよい授業へのステップアップ

よい例と悪い例の比較

教科書には、よい新聞の例が載っている。新聞の書き方について考えさせるためにも、悪い例を教師が作成して提示し比較させる。内容は大きく変えず、子供に着目してほしい書き方に焦点を絞って作成するとよい。

必要感に応じた個々の学習過程

新聞記事を書く際に、「情報が足りない」「これも調べたい」等と感じた場合は、取材に立ち返って必要な情報を集めてよいこととする。それにより、必要感のある主体的な学びが実現される。

本時案

新聞を作ろう　10/12

本時の目標

・書いた記事を読み直し、間違いを正したり文章を整えたりすることができる。

本時の主な評価

❺新聞記事を読み直して、間違いを正したり、相手や目的を意識した表現になっているかを確かめたりして、文や文章を整えている。【思・判・表】

資料等の準備

・前時に書いた新聞記事の下書き
・読み直しチェックシート　17-04

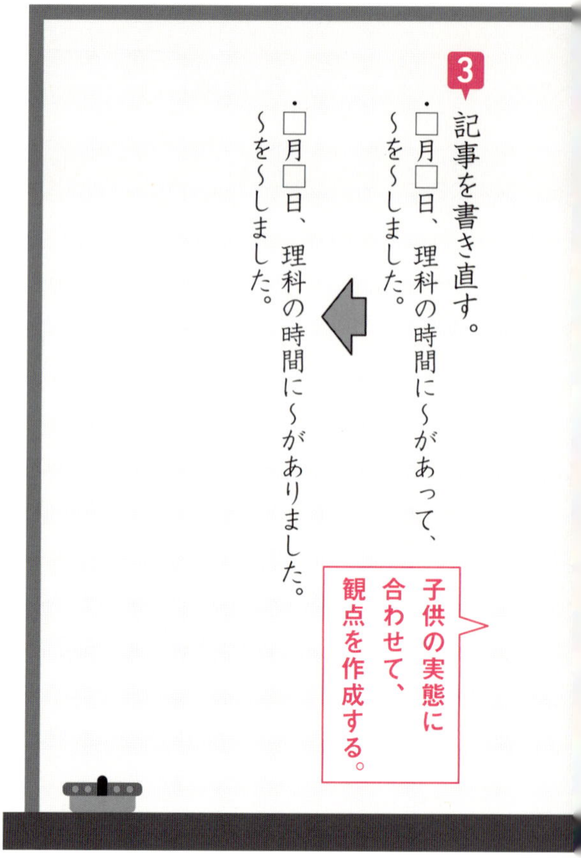

3
記事を書き直す。
・□月□日、理科の時間に~があって、~を~しました。
・□月□日、理科の時間に~がありました。~を~しました。
子供の実態に合わせて、観点を作成する。

授業の流れ ▷▷▷

1 新聞記事を読み直すときに気を付けることを確認する　〈10分〉

T　文章を読み直すときには、どんなことに気を付けたらよいでしょう。

・文字の間違い。
・句読点や符号の使い方。
・主語と述語。
・「です」「ます」と「だ」「である」。
・事実。
・読み手に分かりやすく。

○ポイントに気付かせるために、直しが必要な記事を提示して全体で読み直し方を確認してもよい。

2 グループで新聞記事を読み合う　〈20分〉

T　同じグループの友達と記事を読み合いましょう。

○チェックシートを活用することで、読み直すポイントを意識させる。

・文字の間違いはないな。
・句読点を忘れているところがあるよ。
・「です」「ます」で統一されているな。
・この文は少し長いから、二文に分けたほうがいいかもしれないな。

○ある程度時間を決めて、同じグループの友達の記事を全員分読めるように配慮する。

新聞を作ろう

新聞記事を読み直して、よりよい文章にしよう。

1 新聞記事を読み直すときのポイント

・文字のまちがいはないか。
・句《く》読点や符《ふ》号の使い方はよいか。
・主語と述《じゅつ》語は合っているか。
・「です」「ます」と、「だ」「である」が交ざっていないか。
・事実のあやまりはないか。
・読み手に分かりやすく伝わるか。

2 新聞記事を読み合う。

新聞記事の一部

読み直しチェックシート	
ポイント	チェック
・文字のまちがいはないか。	
・句《く》読点や符《ふ》号の使い方はよいか。	
・主語と述《じゅつ》語は合っているか。	
・「です」「ます」と「だ」「である」が交ざっていないか。	
・事実にあやまりがないか。	
・読み手に分かりやすく伝わるか。	

3 読み合ったことを基に、書き直す〈15分〉

T 読み合って気が付いたことを友達に伝えましょう。間違いを正したり、よりよい記事になるよう文章を整えたりしましょう。

・確かに○○さんが言ってくれたように、この一文は長くて分かりづらいな。２つの文に分けて書き直そう。

○消しゴムで消さずに、下書き用紙に赤鉛筆で書き直したり、書き加えたりすることで変容を見取ることができる。

よりよい授業へのステップアップ

読み直しチェックシート

読み直しのポイントが示されたチェックシートを活用することで、読むことが苦手な子供も視点を明確にしながら読み直すことができる。

読み直すことの習慣付け

日頃から書いた文章を読み直す習慣を付ける。それにより、自分自身で間違いに気付いたり、よりよい文章に整えたりする力が定着する。また、読み直しのポイントを教室に掲示しておくことで、本単元以降にも活用することができるようにする。

本時案

新聞を作ろう 11/12

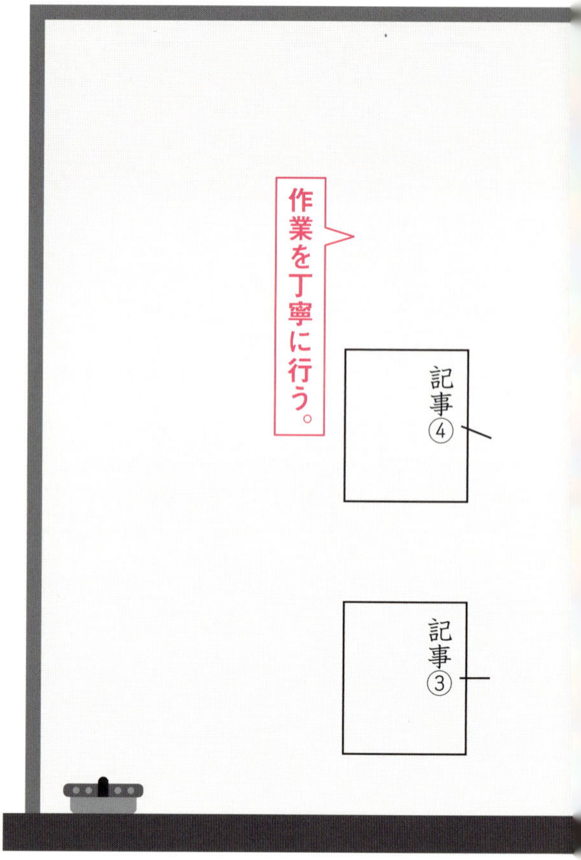

本時の目標

・主語や述語、段落の役割などに気を付けて、記事を清書し、新聞を完成させることができる。

本時の主な評価

❶主語と述語の関係、修飾と被修飾の関係、指示する語句と接続する語句の役割、段落の役割について理解している。【知・技】

資料等の準備

・前時で子供が書いた新聞記事の下書き
・新聞の清書用紙

授業の流れ ▷▷▷

1 新聞記事を清書する 〈15分〉

T 前回書いた下書きを基に、記事の清書をしましょう。清書をするときには、どんなことに気を付ければいいでしょうか。

〇新聞を作る相手意識・目的意識を確認し、丁寧に清書するように声をかける。

〇新聞の清書用紙は、第６時で決めた割り付けに切っておくと、グループ全員が同時に書くことができる。

・前回読み合ったことを生かして書こう。
・読みやすいように丁寧に書こう。
・低学年でも読めるように振り仮名を振ろう。

2 写真や図、表などを記事に入れる 〈15分〉

T 文章が書き終わったら、伝えたいことに合った写真や図、表などを入れましょう。

・この写真は、もう少し小さいほうがいいな。
・この図は、もう少し大きいほうが見やすいな。

〇写真や図の拡大・縮小は教師が事前にしておくと、子供が円滑に新聞作りをすることができる。

・写真は、この文章のすぐ下に貼ろう。
・グラフは、見やすいように色を付けよう。

〇よく書けている子供を紹介して、よさを全体に広める。

新聞を作ろう

記事を清書して、新聞を完成させよう。

1 新聞記事を清書する。
・前回読み合ったことを生かす。
・読みやすいようにていねいに書く。
・低学年でも読めるようにふりがなを書く。

2 写真や図、表などを記事に入れる。
大きさ・入れる場所

3 記事をはり合わせて新聞を完成させる。

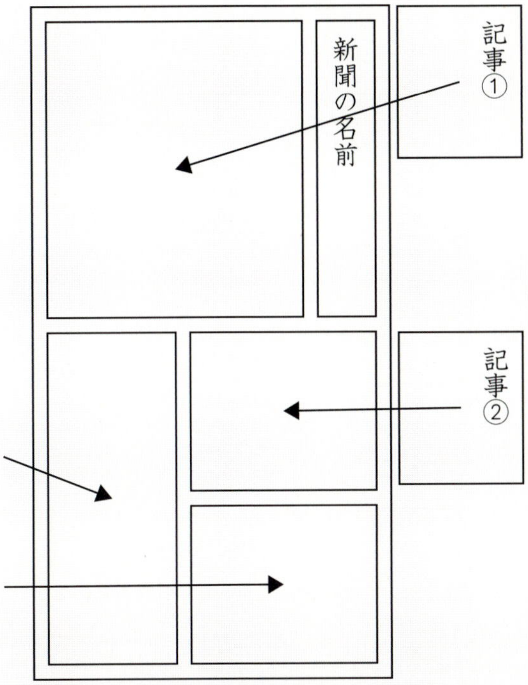

3 記事を貼り合わせて新聞を完成させる 〈15分〉

T それぞれの新聞記事が出来上がったら、台紙に記事を貼り合わせてグループの新聞を完成させましょう。

○新聞記事よりも一回り大きな画用紙を台紙として使うと作業や掲示がしやすくなる。

・新聞の名前から順番に貼っていこう。
・隙間がないように貼ろう。
・もう一度、主語と述語や構成に気を付けてみんなで読み直そう。

よりよい授業へのステップアップ

即時評価と指導

子供が清書をしている時間、教師は何をすればよいか。まずは、支援が必要な子供や書き悩んでいる子供のところへ行き、個別の指導や声掛けをすることが重要である。一方で、見出しを工夫している子供や丁寧に書いている子供、写真や図を内容とうまく組み合わせて記事を書いている子供など、それぞれのよさを紹介し全体へ広げることも大切な指導の１つである。

そのためにも、教師は机間指導を行いながら、即時評価し次の指導へ生かしていくことが求められる。

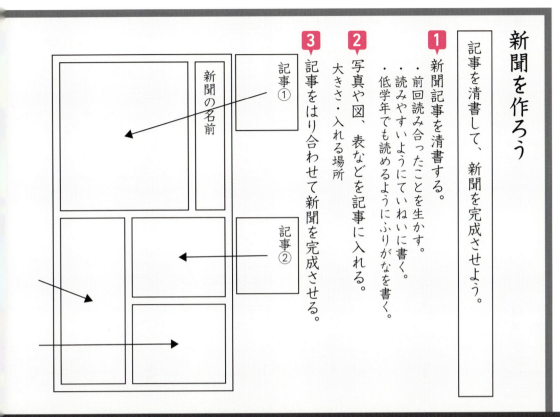

本時案

新聞を作ろう 12/12

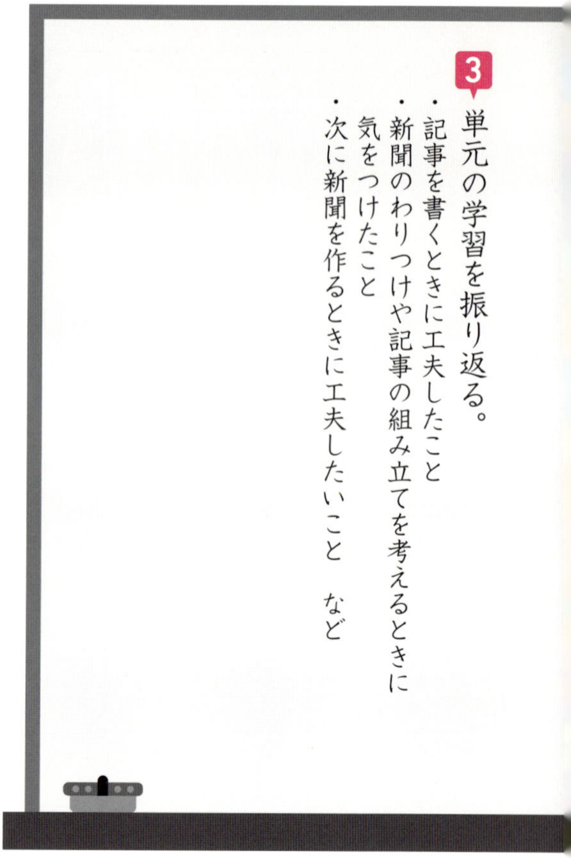
3
単元の学習を振り返る。
・記事を書くときに工夫したこと
・新聞のわりつけや記事の組み立てを考えるときに
気をつけたこと
・次に新聞を作るときに工夫したいこと　など

本時の目標

・新聞を読むことで感想を伝え合い、単元の学習を振り返ることができる。

本時の主な評価

❻新聞を完成させるまでの学習過程を振り返り、友達と協力して新聞作りに取り組もうとしている。【態度】

資料等の準備

・教科書の新聞の例（拡大コピー）
・前時で子供が作った新聞
・付箋

授業の流れ ▷▷▷

1 新聞を読み合う視点を確認する〈10分〉

T　前回、グループごとの新聞が完成しました。今日は、他のグループの新聞を読み合って感想を伝えましょう。どんなところに着目して友達の新聞を読めばいいでしょうか。

・書き方について。
・内容について。
○悪いところではなく、よいところを見つけて感想を書くことを確認する。
○教科書の新聞の例を基に、全体で感想の書き方を確認するとよい。

2 他のグループが書いた新聞を読み合い、感想を付箋に書く〈25分〉

T　他のグループが書いた新聞を読んで感想を付箋に書きましょう。

○感想を書いた付箋を新聞に貼ることで、作成したグループが読み返せるようにする。
・アンケートの結果がグラフで表されていて、分かりやすかったです。
・割り付けが工夫されていて、一番伝えたいことがすぐに分かりました。
・調理師さんのインタビュー内容で、初めて知ったことが多くありました。

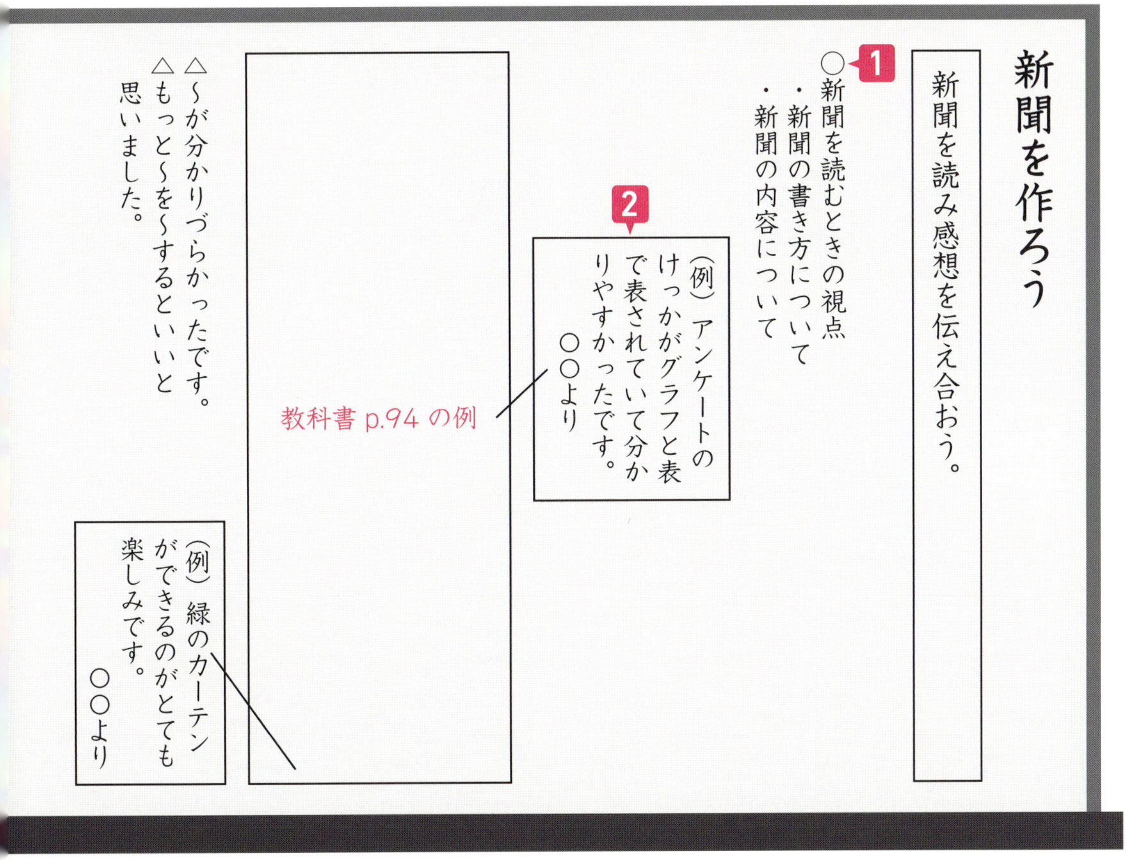

3 友達が書いた感想を読み、単元の学習を振り返る　〈10分〉

T　他のグループの友達から感想をもらうことができましたね。友達の感想を読み、この学習で工夫したことやできるようになったこと等を振り返りましょう。

○言葉の使い方や割り付けの工夫、次に新聞を書くときに工夫したいこと等を振り返りの視点とする。

・ぼくは、事実を相手に分かりやすく伝える書き方を工夫することができました。

・次に社会科の学習で新聞を書くときにも、記事に合った図や表を入れる工夫をしたいです。

よりよい授業へのステップアップ

単元の学習を振り返る

一単位時間の終末に振り返りを取り入れることは、多くの実践でされている。単元の終末にも、振り返りを取り入れられるとよい。この単元の学習では、「どんな力が身に付いたのか」「これからの学習でどう生かしていきたいか」等を振り返ることで学びが自覚化され、次の学びへとつながっていく。

国語科での学びを他教科で生かす

本単元で学んだことを活用する機会を意図的に設定すると力の定着が図れる。今後、社会科や理科でも新聞を作る活動を取り入れられるとよい。

資料

1 第3時資料　ワークシート（ウェビングマップ）の例　17-01

新聞を作ろう

年　組　名前（　　　　）

（　　　　）はん

◎テーマについてどんな記事を書きたいか思いつくことを書き出してみましょう。

テーマ

2 第4、5時資料　取材カードの例※班や内容ごとに色分けしてもよい。　17-02

取材カード （　）はん　　名前（　　　　）	取材カード （　）はん　　名前（　　　　）
調べること	調べること
調べる方法	調べる方法

3 第7時資料　教師が作成した新聞記事の悪い例　17-03

みんなで話し合った学級会

たくさんの意見

六月八日の学級会で、うれしいことがありました。それは、カメの名前が決まったことです。四年一組では四月からカメをかっていましたが、まだ名前が決まっていませんでした。わたしは、かわいそうだなと思っていました。

学級会で話し合っている
イラストや写真

クラスのみんなはそれぞれに好きなよび方をしていましたが、クラスでかっているのだから名前をつけてあげようという意見が出て、学級会で話し合うことになったみたいです。

学級会では、「カメキチ」「トム」「タートル」などたくさんの意見が出されましたが、カメがとても大きいことと、これからも大きく育ってほしいことから、「ビッグ」になりました。

名前が決まってほっとしました。（○○）

4 第10時資料　読み直しチェックシートの例※子供の実態に応じて、ポイントを作成してもよい。　17-04

読み直しチェックシート	
ポイント	チェック
・文字のまちがいはないか。	
・句《く》読点や符《ふ》号の使い方はよいか。	
・主語と述《じゅつ》語は合っているか。	
・「です」「ます」と「だ」「である」が交ざっていないか。	
・事実にあやまりがないか。	
・読み手に分かりやすく伝わるか。	

読み直しチェックシート	
ポイント	チェック

カンジーはかせの都道府県の旅２　（２時間扱い）

〔知識及び技能〕(1)エ

単元の目標

・都道府県名を表す漢字や、これまでに学習した漢字を文の中で使うことができる。

評価規準

知識・技能	❶第４学年までに配当されている漢字を読んでいる。また、第３学年までに配当されている漢字を書き、文や文章の中で使うとともに、第４学年に配当されている漢字を漸次書き、文や文章の中で使っている。（〔知識及び技能〕(1)エ）
主体的に学習に取り組む態度	❷漢字に関心をもち、粘り強く都道府県名を使った文を読んだり書いたりしようとしている。

単元の流れ

時	主な学習活動	評価
1	「カンジーはかせの都道府県の旅１」で書いた文を振り返り、学習の見通しをもつ。 地図を見て、滋賀県から沖縄県について知っていることを出し合う。（産地、有名な場所、行事等） 知っていることや調べたことを基に、都道府県名を使った文を書く。	❶
2	前時に書いた文を読み直したり、さらに文を書いたりする。 また、各都道府県名をローマ字で書く。 書いた文を友達と共有する。	❶❷

授業づくりのポイント

〈単元で育てたい資質・能力〉

本単元のねらいは、第４学年に配当されている都道府県の漢字や、第３学年までに配当されている漢字を読んだり、文や文章を書くときに使ったりする力を育むことである。

子供は「カンジ―はかせの都道府県の旅１」の学習を通して、本単元で行う学習活動の見通しをもつことができている。そのため、子供が漢字を読んだり書いたりする時間をたっぷり取ることができる。子供ができるだけ多くの文を作ることができるように、都道府県の様子を思い浮かべたり、調べたりする時間を大切にしたい。

具体例

○都道府県の地図とともに、滋賀県から沖縄県の様子を写した写真を見せたり、各都道府県に関係する言葉をカードに書いたものを提示したりする。そうすることによって、支援が必要な子供も書いてみようと思えるようにする。

〈言語活動の工夫〉

都道府県名を使った文を書く活動である。短冊に書かせることで、書いたものを共有したり、比較、分類したりしやすくなるようにする。友達が書いた文をノートやワークシートに書き写させることで、漢字に対する理解を深めることができるようにする。

具体例

○教科書の①～㉔で示された文から次のような文型をつかませ、子供が文を書きやすくなるようにする。
「〇〇県は、△△の産地だ。」「〇〇県には、□□がある。」「▲▲は、〇〇県の特産品だ。」
「〇〇県では、■■が多く生産されている。」

○子供から出された各都道府県の情報をひらがなで板書し、メモをさせておくことで、自ら内容を考えることが難しい子供の支援となるようにする。

○共有場面では書いた短冊を見せ、クイズのように友達と読み合う活動や、各都道府県の情報をノートやワークシートに集めるために、友達が短冊に書いた内容を見せてもらい、書く活動などが考えられる。

〈他教科との関連〉

第４学年の社会科では都道府県の地理的環境の特色などについて学習する。本単元の学習は、各都道府県の理解を深めることにつながっている。調べたことを漢字を使って文に書いたり、友達と共有したりすることを通して、自然と各都道府県に関する知識が増えていくことになる。短冊に書いたことを社会科の時間に思い出させたり、反対に社会科の時間に学んだことを基に文を書かせたりすることで、効率的かつ子供にとって楽しい学習になるようにしたい。

具体例

○短冊に書いた文を、地図の該当する場所に貼らせながら発表させることで、都道府県に関する理解も深めることができる。社会科の学習ではないので、正しい場所に位置付けるということよりも、漢字に関心が向くような学習活動となることを大切にしたい。

本時案

カンジーはかせの都道府県の旅２ 1/2

本時の目標

・都道府県名を表す漢字や、これまでに学習した漢字を文の中で使うことができる。

本時の主な評価

❶都道府県名を表す漢字を書き、文や文章の中で使っている。【知・技】

資料等の準備

・教科書の問題㉕〜㊼を書いた短冊
・教科書 p.98の日本地図の拡大コピー
・各県の有名なものの写真４点

授業の流れ ▷▷▷

1 都道府県名を使った文を読み、学習の見通しをもつ 〈５分〉

T　今日は前のカンジーはかせの学習の第２弾です。前は日本の東側でした。今回は西側の都道府県です。次の文は何と読むでしょう。

・たこやきは、大阪府の名物だ。
・鳥取県には砂丘がある。

T　前回と同じように、次のような文型を参考にして考えてみましょう。

○「〇〇県は、△△の産地だ。」「〇〇県には、□□がある。」「▲▲は、〇〇県の特産品だ。」「〇〇県では、■■が多く生産されている。」などの文型を例に挙げる。

2 各都道府県について知っていることを出し合う 〈10分〉

T　西の方にある都道府県の有名な場所や特産品、行事などで知っていることはありますか。

・信楽焼は、滋賀県の工芸品だ。
・京都府にはたくさんのお寺や神社がある。
・熊本県にはくまもんがいる。

○子供から出された文はひらがなで板書しておくことで、自力で文を考えられない子供が参考にできるようにしておく。

・地図帳や社会科の教科書を見てもいいですか。

○地図帳や社会科の教科書を参考にして知っていることを挙げてもよいことを伝える。

○全体でいくつかの文を確かめた後、ペアやグループで考えさせてもよい。

カンジーはかせの都道府県の旅2

都道府県名を使った文を書こう。

1

「○○県では、■■が多く生産《さん》されている。」

長崎県では、ちゃんぽんがよく食べられる。

広島県では、かきのようしょくがさかんだ。

「▲▲は、○○県の特産品だ。」

ふぐ料理は、山口県の名物の一つだ。

たいめしは、愛媛県のきょうど料理だ。

・しがらきやきは、しがのこうげいひんだ。

「○○県は、△△の産地だ。」

岡山県は、マスカットの産地だ。

「○○県には、□□がある。」

京都府には、古い町なみがのこっている。

鳥取県には、さきゅうがある。

・きょうとふにはたくさんのおてらやじんじゃがある。

・くまもとけんにはくまもんがいる。

教科書 p.98 の
日本地図

自分で文を考えられない子供のために、例文を示しておく。

3 知っていることや調べたことをもとに、文型を参考にして都道府県名を使った文を書く〈30分〉

○子供に短冊を配布しておき、完成した文は短冊に書くように指示する。次時に交流しやすくなるようにしておく。

○机間指導しながら、子供が書いている文の傾向をつかみ、少ない都道府県名をさりげなく伝えることで、子供の書くことに対する意欲を高める。

T　四国にある県の文が少ないですね。

・高知県について調べて書こう。

よりよい授業へのステップアップ

文を書いてみようと思わせる工夫

都道府県の地図の周りに、滋賀県から沖縄県の様子を写した写真や、各都道府県に関係する言葉をカードに書いたものを、ヒントとして提示する。そうすることによって、支援が必要な子供も文を思い付きやすくなるようにする。文例と、各都道府県で有名なものが提示されていれば、それらを組み合わせることで文を作ることができる。すべての子供が意欲的に参加できるように、板書には考えるヒントを提示しておきたい。

本時案

カンジーはかせの都道府県の旅 2　2/2

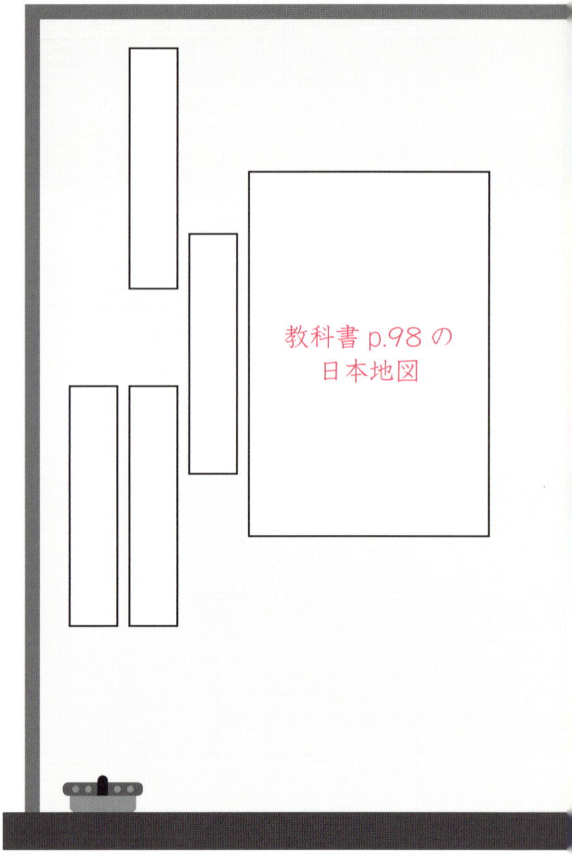

本時の目標

・都道府県名を表す漢字や、これまでに学習した漢字を文の中で使うことができる。

本時の主な評価

❶都道府県名を表す漢字を書き、文や文章の中で使っている。【知・技】

❷漢字に関心をもち、粘り強く都道府県名を使った文を読んだり書いたりしようとしている。【態度】

資料等の準備

・教科書 p.98の日本地図の拡大コピー（板書用と各グループに一枚ずつあるとよい）

・各都道府県をローマ字表記したもの

授業の流れ ▷▷▷

1 前時に書いた文を読み直したり、各都道府県名をローマ字で書いたりする　〈10分〉

T　前の時間に書いた文を読み直して、間違いがないかを確かめましょう。確かめられた人は、都道府県名をローマ字で書いてみましょう。

○自分が書いた漢字が正しく書けているかを確かめさせる。都道府県名については教科書を、他の漢字については辞書を使わせるとよい。

○ローマ字で書く活動は教科書の最後に示されている活動である。時間のある子供に確かめさせたい。

・鹿児島県は「鹿」が入るんだ。

・沖縄県の「縄」が難しいな。合ってるかな。

2 書いた文をグループで共有する　〈25分〉

○４～５人のグループで共有させる。その際、机を班の形にさせ、机の上に教科書 p.98の日本地図の拡大コピーを配布する。地図を活用しながら、どの都道府県についての文なのかを地図と照らし合わせながら紹介させるとよい。紹介の仕方を板書を使いながら示すようにする。

・愛媛県はみかんの産地だ（短冊を出す）。

・愛媛県だから㊳だね。

・広島県には原爆ドームがある（短冊を出す）。

・私も広島県で作ったよ。広島県は広島焼きが有名だ。

・広島県だから㉞だね。

・佐賀県が少ないね。何か作れるかな。

カンジーはかせの都道府県の旅2

都道府県名を使った文を読み合おう。

1

ローマ字

SHIGA
KYOTO
OSAKA
HYOGO
NARA
WAKAYAMA
TOTTORI
SHIMANE
OKAYAMA
HIROSHIMA
YAMAGUCHI
TOKUSHIMA
KAGAWA
EHIME
KŌCHI
FUKUOKA
SAGA
NAGASAKI

KUMAMOTO
ŌITA
MIYAZAKI
KAGOSHIMA
OKINAWA

2

各都道府県の周りに短冊を貼る。

3 さらに都道府県名を使った文を考えて書き、共有する 〈10分〉

T 短冊を全て紹介し合ったグループは、あまり出てこなかった都道府県について文を作ってみましょう。

・私は佐賀県で作ってみるよ。
・ぼくは大分県で調べてみよう。
・大分県は干ししいたけの産地だ。

○できるだけ多く短冊を書かせることで、特に都道府県名の漢字を文の中で使える力を育みたい。そのため、短冊をただ増やせばよいのではなく、正しい漢字で書くことが大切であることを子供に伝えるようにする。

よりよい授業へのステップアップ

学習したことを生活に結び付けさせる

各グループで共有された短冊と、日本地図を合わせて掲示しておくことで、各都道府県名の漢字の知識や、各都道府県に関する情報が子供の中で確かなものになるようにしたい。漢字をはじめ、言葉に関する知識は当該単元のみで確かめさせるのではなく、折に触れて子供に思い出させたり使わせたりすることが大切である。

きせつの言葉2

夏の楽しみ　（2時間扱い）

〔知識及び技能〕(1)オ　〔思考力、判断力、表現力等〕B書くことオ　関連する言語活動例B(2)ウ

単元の目標

・夏の行事の様子を俳句で表すことを通して、様子や気持ちを表す語句について理解を深めることができる。
・夏の行事について書くことを選び、集めた材料を比較したり分類したりして、伝えたいことを明確にして俳句を書くことができる。

評価規準

知識・技能	❶様子や行動、気持ちや性格を表す語句の量を増し、言葉には性質や役割による語句のまとまりがあることを理解し、語彙を豊かにしている。（〔知識及び技能〕(1)オ）
思考・判断・表現	❷「書くこと」において、俳句に書き表そうとしたことが明確になっているかなど、感想や意見を伝え合い、自分や友達の俳句のよいところを見つけている。（〔思考力、判断力、表現力等〕Bオ）
主体的に学習に取り組む態度	❸粘り強く書き表し方を工夫し、学習の見通しをもって俳句を書こうとしている。

単元の流れ

次	時	主な学習活動	評価
一	1	学習の見通しをもつ 夏の行事の様子を表した俳句を読み、学習の見通しをもつ。 俳句の特徴は何かを考え、ポイントをつかむ。 夏の行事や夏の行事から連想することを共有し、イメージを膨らませる。 経験したことや想像したことなどから書くことを選び、俳句に表す。	❶
	2	前時につかんだ俳句のポイントを意識して、自分の俳句を読み直したり、よりよい表現に直したりする。 学習を振り返る 書いた俳句を友達と読み合う。	❷❸

授業づくりのポイント

〈単元で育てたい資質・能力〉

本単元のねらいは、様子や気持ちを表す語句についての理解を深めさせることである。

本単元では、夏の行事の様子を俳句で表させる。俳句には俳句ならではの表現の仕方がある。何かに例えたり、体言止めを使ったりして表現する俳句の表現の特徴を子供がつかめるようにしたい。直接的な表現ではなく、自分なりのものの見方や感じ方で表現の仕方を工夫することの楽しさを子供が実感できる活動になるようにしたい。

具体例

○いくつかのモデルの俳句を読ませ、それらに共通点はないかを考えさせることを通して、俳句の表現の特徴を見いださせる。

○あえて直接的な表現を使った俳句を提示し、どのように変えることができそうかを考えさせ、考えたことを共有する中で、表現を工夫することの楽しさを感じられるようにする。

○次のような夏の行事や、そこから連想する言葉を自由に出させ、イメージを膨らませてから俳句を書くことができるようにする。

夏の行事

・夏至、田植え、父の日、海水浴、土用の丑の日、山開き、花火大会、夏祭り、お盆

〈言語活動の工夫〉

伝えたい夏の行事の様子を俳句で表す活動である。完成した俳句は短冊に書かせ、グループやクラス全体で共有し、よいところを褒め合うようにしたい。そうすることで、様子や気持ちを表す語句についての理解が自然と深まるとともに、語彙を豊かに表現することの楽しさを子供が実感できる。

具体例

○短冊に書いた俳句をグループの机に置いたり黒板に貼らせたりしてその場の全員が見られるようにし、じっくりと静かに読む時間を設ける。その上で、よいと思ったところを自由にたくさん話させる。その際、クラスの実態によっては誰の俳句であるのかをあえて分からないようにし、人間関係ではなく言葉そのもののよさを素直に褒め合えるようにすることも効果的である。

○同じ行事について表した俳句に注目させ、同じ行事でも見方や感じ方によって表現の仕方は様々にできることに気付かせる。

〈他教材との関連〉

「春の楽しみ」で学習した、「様子を表す言葉」と比べることで、俳句ならではの表現に気付かせたい。そうすることで、俳句の表現だけでなく、様子を説明するときの表現の特徴も確かめることにつながる。

具体例

○例えば楽しい行事の様子を「楽しい」と表現するのではなく、「心おどる」と表現するなど、本単元で磨いた様子を表す言葉を、何かに例えたり、物語の表現を真似たりしながら吟味させることで、子供の言葉の力をさらに育むことができるだろう。

本時案

夏の楽しみ　1/2

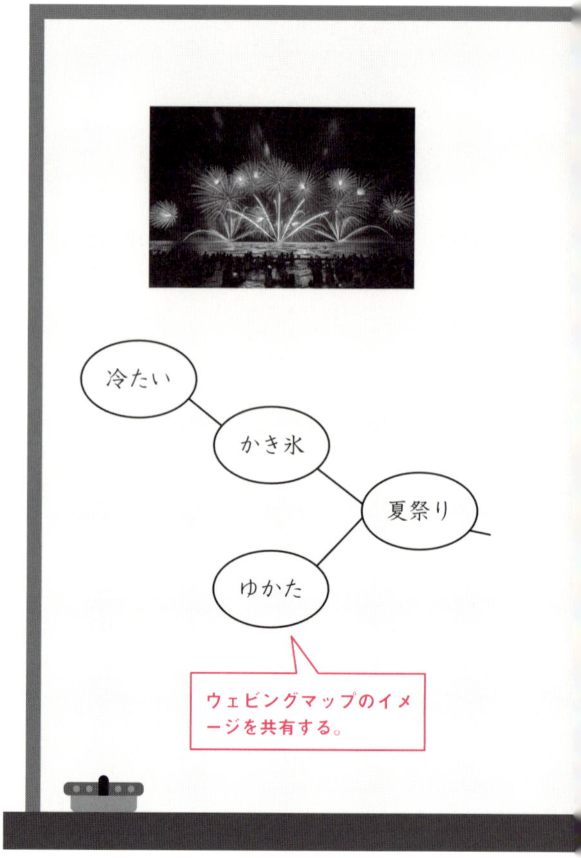

本時の目標

・夏の行事について書くことを選び、集めた材料を比較したり分類したりして、伝えたいことを明確にして俳句を書くことができる。

本時の主な評価

❶様子を表す語句の量を増し、語彙を豊かにしている。【知・技】

資料等の準備

・教科書 P.100、101に示されている俳句を拡大したもの
・夏の行事ついて調べられる図鑑、辞書
・夏の行事の名前を書いたカード
・夏のイメージ写真３点

授業の流れ ▷▷▷

1　夏の行事の様子を表した俳句を読み、学習の見通しをもつ　〈10分〉

○いくつかのモデルの俳句を読ませ、それらに共通点はないかを考えさせることを通して、俳句の表現の特徴を見いださせたい。
T　これらの夏の俳句の共通点はどのようなことでしょう。
・どの俳句も気持ちが伝わってきます。
・「うれしい」とか気持ちをそのまま書いていません。
○子供の実態に応じて、俳句の基本的なきまり（五七五の三句でなること、季語を含むこと）を確かめる。
T　みんなも夏の行事の様子を俳句に書いてみましょう。

2　夏の行事や夏の行から連想することを共有し、イメージを膨らませる〈10分〉

T　夏の行事といえば、どのような行事がありますか。
・海水浴。
・夏祭り。
○子供からは出されにくい行事については、こちらから提示したい。
T　夏の行事について、イメージを膨らませてみましょう。連想した言葉を周りに書いてみましょう。
○夏の行事を真ん中に書かせ、ウェビングマップの形で連想した言葉を書かせることで、俳句にする材料を集めやすくなるようにする。
○イメージを広げやすくするために、夏の行事を表した写真やイラストなどを提示するのもよい。

夏の楽しみ

夏の行事を俳句《はいく》で表そう

1

父さんも心がおどる夏祭り

・楽しそう
・うきうきしている

ものなくて軽《かろ》き袂《たもと》や衣更《ころもがえ》　高浜虚子《たかはまきょし》

・夏が楽しみ
・晴れ晴れ

○気持ちが伝わってくる

七夕の日暮《く》れて竹に風早し　色紙のいろ流るるが見ゆ　宮《みや》　柊二《しゅうじ》

・「色が流れる」
↓たとえ
○様子が目にうかぶ

てのひらをかへ《（え）》せばすすむ踊《おどり》かな　阿波野《あわの》　青畝《せいほ》

・おどりの様子が目にうかぶ

2

焼きそば

それぞれの俳句について子供が感じたことや俳句の特徴を書く。

3　経験したことや想像したことなどから書くことを選び、俳句に表す〈25分〉

T　調べたい夏の行事を一つ決めて、俳句に表しましょう。

○子供が夏の行事についてのイメージを広げられるよう、あらかじめ図鑑を教室に用意しておくとよい。

・私は海水浴のことを書こうかな。

・ぼくは花火大会の様子を書いてみよう。

○まずはイメージを膨らませるためのウェビングマップや下書きをノートに書かせておく。

○次時に短冊カードに書き、共有することを知らせておくことで、子供の書く意欲を高めるようにするとよい。

よりよい授業へのステップアップ

比較を通して表現の工夫に気付かせる

直接的な表現を使った俳句と、たとえを使って心情を表した俳句を比較させ、気付いたことを話し合わせたり、直接的な表現はどのように変えることができそうかを考えさせたりすることで、表現を工夫することの楽しさを感じられるようにすることが考えられる。

複数のモデル提示

教科書に示されている俳句だけではなく、教師が作成した俳句や、俳句集から抜粋した俳句を例として提示するのもよい。

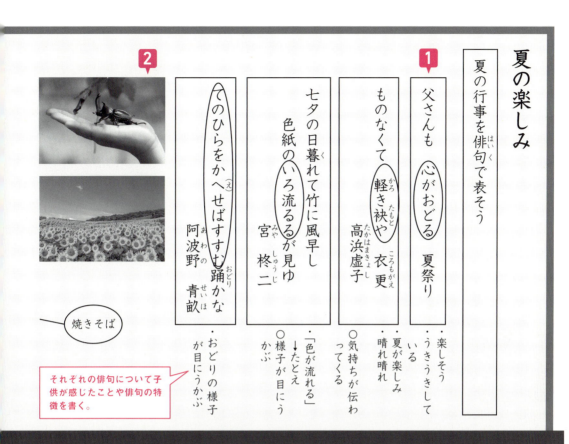

本時案

夏の楽しみ

2/2

本時の目標

・夏の行事の様子を俳句で表すことを通して、様子や気持ちを表す語句について理解を深めることができる。

本時の主な評価

❷感想や意見を伝え合い、自分や友達の俳句のよいところを見つけている。【思・判・表】
❸粘り強く書き表し方を工夫し、学習の見通しをもって説明する文章を書こうとしている。【態度】

資料等の準備

・教科書 P.100、101に示されている俳句を拡大したもの
・夏の行事ついて調べられる図鑑、辞書
・短冊カード（黒板に貼っても見える大きさ）

授業の流れ ▷▷▷

1 モデルを参考にしながら、夏の行事について経験したことや想像したことを俳句に表す〈10分〉

○書かせる前に、前時に確かめたモデルの俳句を再度読ませ、表現の仕方を確かめるようにするとよい。
・気持ちを直接書くんじゃなくて、何かに例えたりしてみよう。
T　ノートに書いたことを基に、短冊カードに文章を書きましょう。
○短冊カードを配り書かせることで、共有したり教室に掲示したりしやすくなるようにする。
・友達の作品も読んでみたいな。

2 書いた文章を友達と読み合う〈25分〉

T　書いた俳句を友達と読み合いましょう。読んで感じたこと感想カードに書きましょう。
○様々な交流の方法が考えられる。板書では、全員の短冊を貼り、作った人が分からない状態にして、俳句そのものを味わえるようにしている。
・あの俳句の「○○」って言葉が素敵だな。
○書いたカードを共有する場面では、グループで読み合ったり、同じ行事について俳句に表した友達と比較したりすることも考えられる。
○感想カードに書いたことを基に、どの俳句のどのような表現がよいと思ったか共有することで、言葉の使い方を子供がつかめるようにしたい。

夏の楽しみ

夏の行事についてけいけんしたことや想ぞうしたことを俳句《はいく》に表し、読み合おう。

1 〈モデル文〉

p.100、101の俳句

一人一人の短冊カードを貼る

子供から出された、友達の俳句の表現のよさを書き留めておく

3 友達の俳句を参考にして、さらに俳句を作る 〈10分〉

○本時では俳句を書くことを通して、様子や気持ちを表す語句について理解を深めることを目標としている。友達の作品を読み、よいと思った言葉の使い方を早速真似てみることで、言葉に対する理解がさらに深まると考えられる。

T　友達の表現でいいな、と思ったことを参考にしてさらに俳句を作ってみましょう。

・気持ちを別の言葉で言い換えられないかな。

・次はもう少し様子を思い浮かべてから書こう。

よりよい授業へのステップアップ

言葉をためておく

子供から出された様子や気持ちを表す言葉は「言葉の玉手箱」等として、教室掲示に残したり、ノートに書かせたりして、これからの学習や生活の必要な場面でいつでも使えるようにしておくとよい。

交流の視点

カードを読み合う場面では、交流の視点を示すことで単なる発表会にならないようにする。あくまで言葉に注目させ、よいと思った表現や、同じ事柄を説明していても表現が違うことに気付かせたい。

本は友達

事実にもとづいて書かれた本を読もう／ランドセルは海をこえて

（5時間扱い）

〔知識及び技能〕(3)オ　〔思考力、判断力、表現力等〕C オ　関連する言語活動例 C (2)イ

単元の目標

・幅広く読書に親しみ、読書が、必要な知識や情報を得ることに役立つことに気付くことができる。

評価規準

知識・技能	❶幅広く読書に親しみ、読書が、必要な知識や情報を得ることに役立つことに気付いている。（〔知識及び技能〕(3)オ）
思考・判断・表現	❷「読むこと」において、文章を読んで理解したことに基づいて、感想や考えをもっている。（〔思考力、判断力、表現力等〕C オ）
主体的に学習に取り組む態度	❸積極的に幅広く読書に親しみ、読書が、必要な知識や情報を得ることに役立つことに気付き、学習課題に沿って、感じたことや考えたことを文章にまとめようとしている。

単元の流れ

次	時	主な学習活動	評価
一	1	ノンフィクションを読んだ経験について共有する。 **学習の見通しをもつ** 「一番お気に入りのノンフィクションを紹介しよう」という学習課題を設定し、学習の見通しをもつ。	
二	2	「ランドセルは海をこえて」を読み、ポップを作る。	❷
	3	自分の選んだノンフィクションを読む。 自分の選んだフィクションのポップを作る。	❷❸
三	4〜5	**学習を振り返る** 互いのポップや本を読み合い、気付いたことを伝え合う。	❶

授業づくりのポイント

〈単元で育てたい資質・能力〉

本単元のねらいは、幅広く読書に親しみ、読書が、必要な知識や情報を得ることに役立つことに気付くことができるようにすることである。

ノンフィクションを読んだ経験を共有したり、互いの一番お気に入りのノンフィクションについてのポップを読み合ったりすることを通して、幅広く読書に親しむことができるようにしたい。また、「本を読んで知ったことや分かったこと」「本を読んで思ったことや考えたこと」についてポップに書いて紹介し合うことを通して、読書が必要な知識や情報を得ることに役立つことに気付くことができるようにする。

具体例

○ポップの内容として、「本を読んで知ったことや分かったこと」「本を読んで思ったことや考えたこと」について書かせたい。そして、このことを共有することにより、読書が、必要な知識や情報を得ることに役立つということに気付かせることができる。

〈教材・題材の特徴〉

ノンフィクションを対象とすることで、子供が幅広く読書に親しむことができるようにしている。互いに一番お気に入りのノンフィクションを紹介し合うことで、「こんなおもしろそうな本があるんだったら読んでみたい」という新たな気付きのある学びの体験を大切にしたい。

具体例

○第１時から第２時の間には１週間程度の期間を設定し、一番お気に入りのノンフィクションを選ぶことができるようにする。このような期間を設定することで、読書が得意な子供は、地域の図書館に行って探したり、自分の所有する本を選んだりすることができる。

〈言語活動の工夫〉

自分のお気に入りのノンフィクションについて、ポップで紹介する言語活動が設定されている。ポップは本屋などで見かけることも多いため、子供が興味・関心をもちやすい。ただし、ポップの内容はシンプルにし、作成に時間がかかりすぎないようにする。本単元で最も身に付けさせたい資質・能力が、「幅広く読書に親しみ、読書が、必要な知識や情報を得ることに役立つことに気付くこと」であることを踏まえ、ポップで紹介し合う時間を十分に取るようにするためである。

具体例

○本単元では、ポップを使って「本を読んで知ったことや分かったこと」「本を読んで思ったことや考えたこと」について紹介し合う学習活動の時間を多く取ることが大切である。ただし、授業時間数には限りがあるため、本単元終了後に、１週間程度の期間を設定し、紹介したい本とポップを教室の後ろなどに展示することが有効である。

本時案

事実にもとづいて書かれた本を読もう　1/5

本時の目標

・積極的に幅広く読書に親しみ、読書が、必要な知識や情報を得ることに役立つことに気付き、学習課題に沿って、感じたことや考えたことを文章にまとめようとすることができる。

本時の主な評価

・積極的に幅広く読書に親しみ、読書が、必要な知識や情報を得ることに役立つことに気付き、学習課題に沿って、感じたことや考えたことを文章にまとめようとしている。

資料等の準備

・グループの考えをまとめるための短冊
・付箋

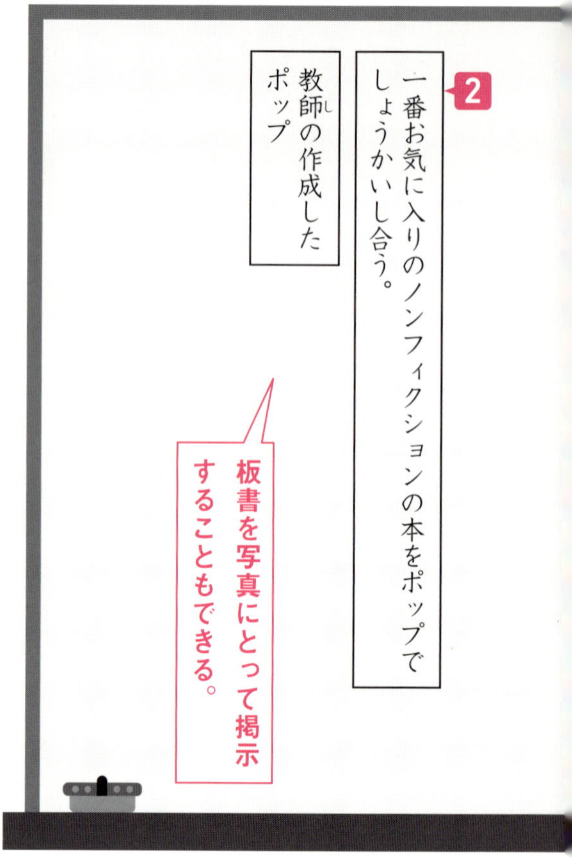

2
一番お気に入りのノンフィクションの本をポップでしょうかいし合う。
教師《し》の作成したポップ
板書を写真にとって掲示することもできる。

授業の流れ ▷▷▷

1 ノンフィクションを読んだ経験について共有する〈10分〉

T　今まで事実に基づいて書かれた本（ノンフィクション）を読んだことがありますか。読んだことのある本を教えてください。

・「□□」という本を読んだことがあります。
・私が読んだ「△△」という本は、盲導犬のお話でした。

○教師が読んだことのあるノンフィクションを事前に準備しておき、紹介する。

○事前にノンフィクションについて授業することを、学年だよりなどで保護者に伝えておくとよい。

2 「一番お気に入りのノンフィクションの本をポップで紹介する」ことを確認する〈10分〉

T　本を紹介するために今までどんな活動をしてきましたか。

・本の紹介カードを作ったことがあります。
・読み聞かせをして紹介したことがあります。
・読書感想文を書いて紹介したことがあります。

T　今回は、「一番お気に入りのノンフィクションをポップで紹介する」という活動に取り組みましょう。

○事前に教師がポップを作成し、子供にお手本として見せるとよい。子供が学習活動の具体的なイメージをもつことができる。

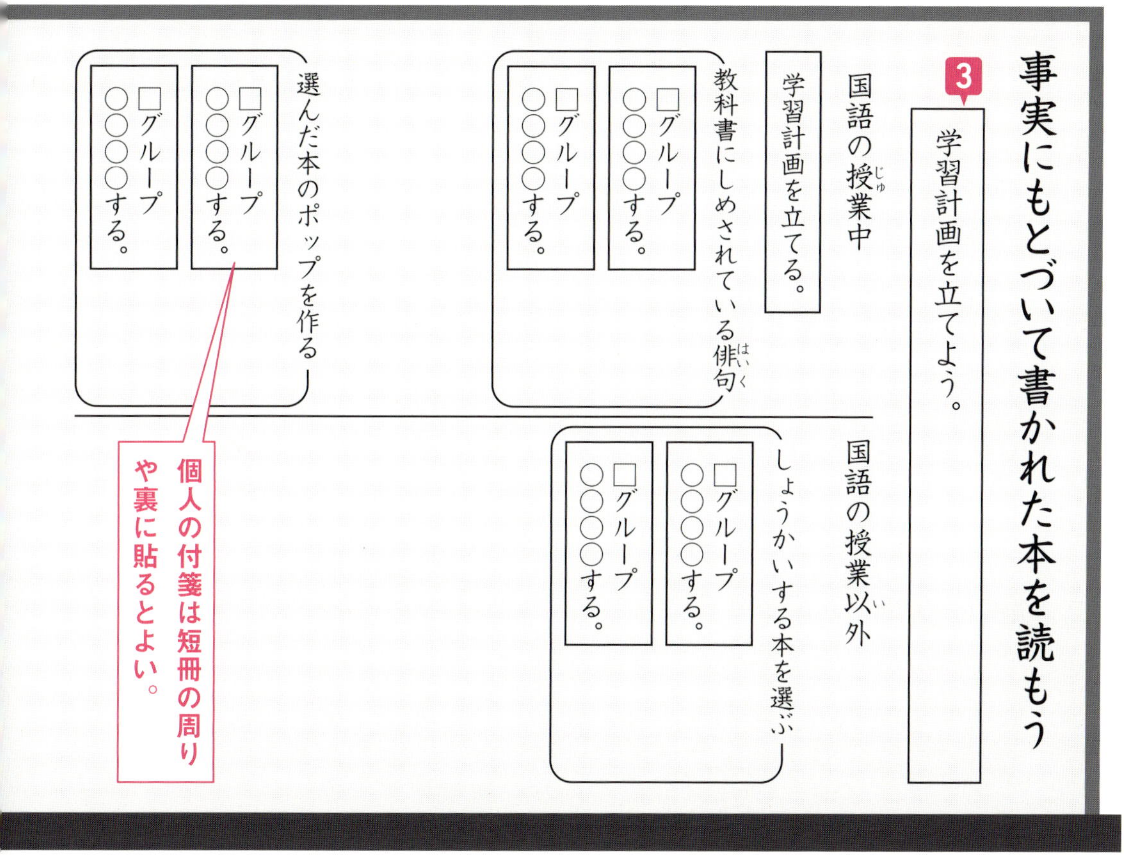

3 学習の計画を立てる〈25分〉

T　このポップを作ってみんなで紹介し合うために、どんな活動をしていきますか。使える時間は今日を含めて5時間です。

・ポップの書き方を練習したいです。

・自分の紹介したいノンフィクションを選びたいです。

○以下のような手順で学習計画を立てていくとよい。また、付箋には氏名を書かせる。

①個人で付箋に自分の意見を書く。

②グループで同じ意見を短冊にまとめる。

③グループでまとめた短冊を使って、学級全体で学習の計画を整理する。

よりよい授業へのステップアップ

本を選ぶことができるようにする工夫

地域の図書館の団体貸し出しなどを活用し、複数のノンフィクションを学級文庫に準備するとよい。

子供の主体性を引き出す工夫

子供から学習計画について意見を聞くと、様々な活動をしたいという意見が出てくるだろう。ただし、全てを授業時間内に行うことは難しい。そこで、授業時間外の学習活動という位置付けにすることで子供の主体性を引き出す。

本時案

ランドセルは海をこえて 2/5

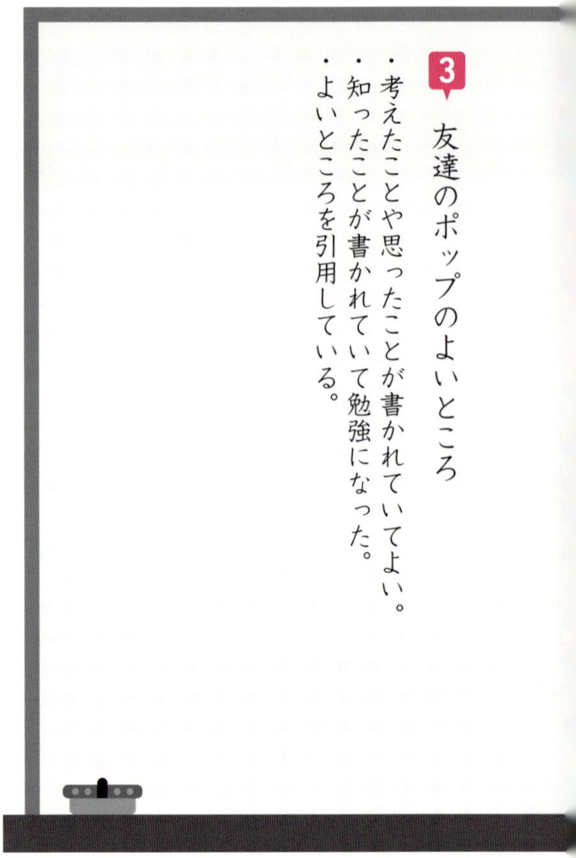
3
友達のポップのよいところ
・考えたことや思ったことが書かれていてよい。
・知ったことが書かれていて勉強になった。
・よいところを引用している。

本時の目標

・「読むこと」において、文章を読んで理解したことに基づいて、感想や考えをもつことができる。

本時の主な評価

❷文章を読んで理解したことに基づいて、感想や考えをもっている。【思・判・表】

資料等の準備

・教師の作成したポップの拡大図
・ポップの作り方拡大掲示

授業の流れ ▷▷▷

1 「ランドセルは海をこえて」を読む 〈10分〉

T 「本を読んで知ったことや分かったこと」「本を読んで思ったことや考えたこと」があるところに付箋を貼りながら読みましょう。

T 一番心に残ったところが見つかったら、付箋に星マークを付けましょう。

○「本を読んで知ったことや分かったこと」があるところには青色の付箋、「本を読んで思ったことや考えたこと」があるところには赤色の付箋を貼る等、色分けするとよい。

○次時で借りてきた本を使って、同様の活動をするため、線を引かせるのではなく、付箋を貼りながら読ませるとよい。

2 「ランドセルは海をこえて」のポップを作る 〈25分〉

T 「ランドセルは海をこえて」のポップを作りましょう。

○教師の作成したポップを拡大して、黒板に掲示しておく。

○子供の実態によっては、作成途中で互いのポップを見合う学習活動を入れると、他の子供の書き方の工夫を取り入れる機会になる。

○ポップは、本時の評価規準を意識して記述内容を設定する。今回の場合、「本を読んで知ったこと」と「本を読んで思ったことや考えたこと」については、必ず書かせることにした。

ランドセルは海をこえて

2

「ランドセルは海をこえて」のポップを作ろう。

ポップの作り方
①「本を読んで知ったことや分かったこと」「本を読んで思ったことや考えたこと」があるところにふせんをはりながら読む。
②本のしょうかい文を書く。
③ふせんをはったところの中で、一番心にのこったところをポップに引用する。
④作品名と作者名を書く。
⑤自分の氏名を書く。

教師の作成したポップの拡大図

3 ポップを見せ合い、よいところを伝え合う 〈10分〉

T ポップを見せ合ってよいところを伝え合いましょう。

・気に入ったところを引用していてよいと思いました。

・本を読んで思ったことや考えたことを丁寧な字で書いていてよいと思いました。

・本を読んで知ったことが書いてあって、勉強になりました。

○「本を読んで知ったこと」「本を読んで思ったことや考えたこと」が書かれている作品を教師が評価するとよい。

○学級全体で互いのポップを見せ合い、よいと思ったことをノートにまとめるとよい。

よりよい授業へのステップアップ

文章教材の理解を支援する工夫

今回の文章教材を通して身に付けさせたい資質・能力は「文章を読んで理解したことに基づいて、感想や考えをもつこと」である。ただし、今回の場合、文章を読んで理解させるために時間をかけられないため、教師の範読を通して子供の理解を支援する。

ポップのよいところを共有する工夫

拡大投影機を使って、実際のポップを見せ合いながら共有すると、次時のポップ作りにも工夫が生かされることになる。レイアウトや文字の大きさの工夫などにも気付かせる。

本時案

ランドセルは海をこえて　3/5

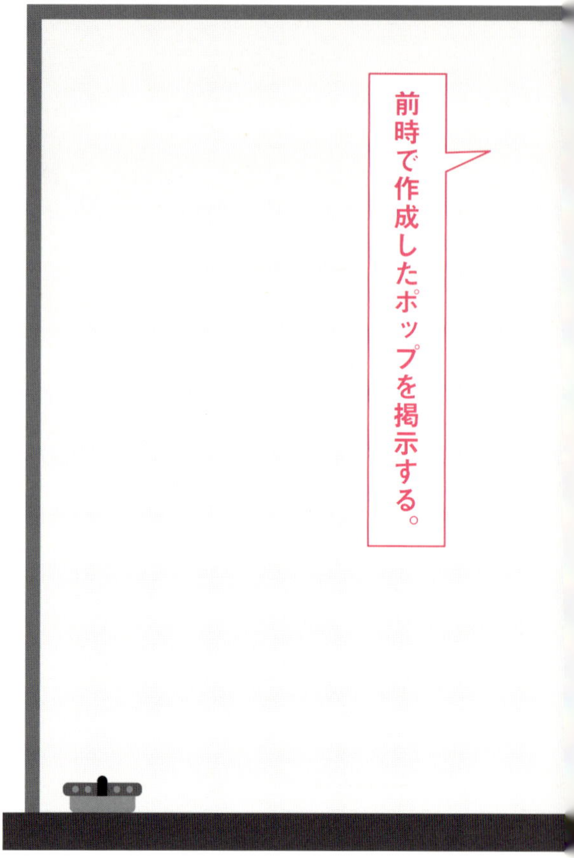

本時の目標

・「読むこと」において、文章を読んで理解したことに基づいて、感想や考えをもつことができる。

本時の主な評価

❷文章を読んで理解したことに基づいて、感想や考えをもっている。【思・判・表】

❸本を読んで知ったことや分かったことなどを文章にまとめようとしている。【態度】

資料等の準備

・前時に作成した子供のポップのお手本の拡大図

・ポップ作りの手順の拡大掲示

授業の流れ ▷▷▷

1 本時の流れを確認する　〈5分〉

T　今日の授業でやることを確認しましょう。

・まず、自分の選んだ本について「本を読んで知ったことや分かったこと」「本を読んで考えたことや思ったこと」があるところを確認しながら読みます。次にポップを作ります。

○この学習活動は前時で同じ学習活動に取り組んでいるため、本時の流れを板書等に掲示するとともに、説明を短くして、活動する時間を十分確保するとよい。

○次回の授業では、互いにポップを見せ合いながら、本を読み合うことを確認し、子供に見通しをもたせるとよい。

2 自分の選んだノンフィクションの、一番心に残ったところを探しながら読む〈20分〉

T　「本を読んで知ったことや分かったこと」「本を読んで思ったことや考えたこと」があるところに付箋を貼りながら読みましょう。

○本については、選ぶ時間が十分取れるよう前時との間に一定の期間を置くとよい。

○事前に、本が選べているかどうかの確認を行い、本を選べていない子供については休み時間に一緒に図書館へ連れていくなどの支援をするとよい。

○どうしても選ぶことのできない子供のために学校図書館などでノンフィクションを数冊教師が確保しておくとよい。

ランドセルは海をこえて

2 自分の選んだノンフィクションのポップを作ろう。

3 ポップの作り方

①「本を読んで知ったことや分かったこと」「本を読んで思ったことや考えたこと」があるところにふせんをはりながら読む。

②本のしょうかい文を書く。

③ふせんをはったところの中で、一番心にのこったところをポップに引用する。

④作品名と作者名を書く。

⑤自分の氏名を書く。

子供の作成したポップのお手本

子供の作成したポップのお手本

子供の作成したポップのお手本

子供の作成したポップのお手本

子供の作成したポップのお手本

子供の作成したポップのお手本

3 自分の選んだノンフィクションの本のポップを作る 〈20分〉

T　自分の選んだ本のポップを作りましょう。

○ポップの作成時間をあまり取れないため、シンプルな構成にする。ただし、評価規準の達成具合を確認するため、「本を読んで知ったことや分かったこと」「本を読んで思ったことや考えたこと」については必ず書かせる。

○前時で作成した子供のポップをお手本としていくつか教師が選んで掲示しておくとよい。

○この時間内では、「本を読んで知ったことや分かったこと」「本を読んで思ったことや考えたこと」からまず書かせる。時間が余った子供には色塗り等をさせるとよい。

よりよい授業へのステップアップ

汎用性の高い学習活動の工夫

自分の読みの観点を設定し、該当箇所に付箋を貼りながら読み進めていくという学習活動は、とても汎用性の高い学習活動である。このような汎用性の高い学習活動は教科横断的に取り組み、様々な場面で行うことができるようにするとよい。

子供の考えを広げる工夫

子供は具体物を見て新たな発見をすることが多い。よい作品は掲示して共有するとよい。

本時案

ランドセルは海をこえて　4〜5/5

本時の目標

・幅広く読書に親しみ、読書が、必要な知識や情報を得ることに役立つことに気付くことができる。

本時の主な評価

❶読書が、必要な知識や情報を得ることに役立つことに気付いている。【知・技】

資料等の準備

・本時の流れの拡大掲示

授業の流れ ▷▷▷

1 学習の流れを確認する〈第4時〉

T　今日の授業の流れを確認しましょう。

・まず、友達のポップや本を読みます。次に、互いのポップを読み合って気付いたことを伝え合います。

○本時の流れを板書等に掲示することを通して、子供が活動の流れを忘れてしまったときに確認しながら活動できるようにする。このことで、学習活動に取り組む時間を十分確保するとよい。

○子供の実態によっては、「いろいろな本を読むことのよさとは？」などの具体的な観点を与え、学習活動を通して気付いてほしいことをあらかじめ板書に明示するとよい。

2 互いのポップや本を読み合う〈第4・5時〉

T　グループ同士で互いのポップや本を読み合いましょう。

○この学習活動は、「幅広く読書に親しみ、読書が、必要な知識や情報を得ることに役立つことに気付くこと」ができるようにするために行う。このため、実際にポップや本を読む時間を十分確保するとよい。

T　他のグループの人のポップや本を読み合いましょう。

○この学習活動は、より多くの本に触れられるようにするとよい。例えば、ポップや本は置いたまま、グループのメンバーだけ隣のグループに移動するという方法も考えられる。

ランドセルは海をこえて

友達のポップや本を読んで、気付いたことを伝え合おう。

1

本時の流れ
①同じグループの友達のポップと本を読み合おう。
②他のグループの友達のポップと本を読み合おう。
③友達のポップを読んで気づいたことを伝え合う。

3

気づいたこと
・新しいことがたくさん分かる。
・知らなかったことにきょうみをもつことができる。
・くわしく知りたいことを調べることができる。
・もっと知りたいことがふえる。

子供の発言の要点を板書する。

いろいろな本を読むと必要な知識《しき》やじょうほうをえることができる。

子供の発言を基に端的にまとめる。

3 互いのポップや本を読み合って気付いたことを伝え合う 〈第５時〉

T　互いのポップや本を読み合って気付いたことを書きましょう。

○教師は「幅広く読書に親しみ、読書が、必要な知識や情報を得ることに役立つこと」に気付いている子供を把握する。

T　互いのポップや本を読み合って気付いたことを発表しましょう。

○「幅広く読書に親しみ、読書が、必要な知識や情報を得ることに役立つことに気付いている」子供にも必ず発言させ、教師が価値付ける。他に同じことに気付いた子供に発言させることも考えられる。子供の発言を基に、幅広く読書することのよさを板書で明示する。

よりよい授業へのステップアップ

幅広く読書に親しみ、読書が、必要な知識や情報を得ることに役立つことを実感させる指導の工夫

「幅広く読書に親しみ、読書が、必要な知識や情報を得ることに役立つことに気付くこと」が実感できるようにするためには、十分に読書をする時間を確保する必要がある。しかし、授業時間だけでその時間を確保することは難しい。したがって、授業後も一定の期間、教室内にポップと本を展示するという方法も考えられる。ただし、紛失なども考えられるため、「教室外に持ち出さない」などの約束事を決めるとよい。

資料

1 第２時資料　教師の作成したポップの例

「5四銀《ごしぎん》、同歩《どうふ》、同飛《どうひ》、６五歩《ろくごふ》……」としょうぎのふ号をそらんじはじめる。対羽生《はぶ》戦だろうか、対谷川《たにがわ》戦だろうか、遠ざかる意しきの中で村山《むらやま》はしょうぎと戦っている。

「聖《さとし》の青春　病気と戦いながら将棋《しょうぎ》日本一をめざした少年」

大崎善生

村山聖が病気と戦いながらしょうぎの名人になるという夢を追いかけた実話の本です。しょうぎの世界のきびしさについて初めて知ることができました。また、自分の病気に負けず、名人になるゆめにまっすぐ向かっていく聖のすがたをとおして、ぼくも負けずにがんばろうと思いました。

4年　　組　氏名

教師がお手本のポップを作成する際「本を読んで知ったことや分かったこと」「本を読んで思ったことや考えたこと」については必ず書く。このことにより、子供に書き方を指導することができる。

「いままで、ありがとう」

そういっているように思えました。

「風になった名犬チロリ　余命《よめい》３カ月・いのちの記録《きろく》」

大木トオル

セラピードッグとして活やくしたチロリの最ごの３カ月を記ろくした本です。チロリと筆者がいっしょにガンと戦いながらきずなを深めていきます。セラピードッグについてくわしく知ることができました。また、いのちの大切さについても考えることができました。

4年　　組　氏名

１つの文章の中で「本を読んで知ったことや分かったこと」と「本を読んで思ったことや考えたこと」を書き分けられるように指導したい。ただし、子供の実態を踏まえて、「本を読んで知ったことや分かったこと」「本を読んで思ったことや考えたこと」という項目を設けたシートを用意することも考えられる。

敬天愛人《けいてんあいじん》

「西郷隆盛《さいごうたかもり》　信念《しんねん》をつらぬいた維新《いしん》のヒーロー」

奥山景布子

上野公園にある西郷隆盛の銅像《どうぞう》を見たことはありますか。この本は、西郷隆盛の一生について書かれた本です。さいごまで信念をつきとおす西郷の生き方を通して、信念をもつことの大切さを知りました。ぼくも、ぜったいにゆずらない信念をもつことができるようになりたいです。

4年　　組　氏名

「しばらくのおわかれね！」
　お母さんは、クワジを手のこうにのせました。

「クワガタクワジ物語」

中島みち

クワガタムシをかう少年とそれを見守る母のさわやかな心の交流を記ろくした本です。自然のきびしさについてよく分かりました。また、ぼくも動物をかっているので、太郎《たろう》がクワジを大切に育てたように、えさやりやさんぽをして大切に育てようと思いました。

4年　　組　氏名

詩を味わおう

忘れもの／ぼくは川　（2時間扱い）

〔知識及び技能〕(1)ク　〔思考力、判断力、表現力等〕C読むことオ　関連する言語活動例C(2)イ

単元の目標

・場面の様子を思い浮かべたり、「ぼく」の気持ちを想像したりしながら音読することができる。
・詩を読んだり、音読したりした感想を伝え合うことができる。

評価規準

知識・技能	❶詩全体の構成や内容の大体を意識しながら音読している。(〔知識及び技能〕(1)ク)
思考・判断・表現	❷「読むこと」において、詩を読んで理解したことに基づいて、感想や考えをもち、伝え合おうとしている。(〔思考力、判断力、表現力等〕Cオ)
主体的に学習に取り組む態度	❸進んで音読したり、情景や「ぼく」の気持ちを具体的に想像したりしようとしている。

単元の流れ

時	主な学習活動	評価
1	**学習の見通しをもつ** 「忘れもの」、「ぼくは川」のそれぞれの題名から、どんな内容の詩なのかを想像する。 「忘れもの」を読み、情景や「ぼく」の気持ちを想像し、「忘れもの」から想像できたことや感想を伝え合う。 「ぼくは川」を読み、情景や「ぼく」の気持ちを想像し、「ぼくは川」から想像できたことや感想を伝え合う。	❷
2	「忘れもの」、「ぼくは川」のどちらか読みたい詩を選んで、グループになって群読をする。 **学習を振り返る** 群読を発表し合い、感想を伝え合う。	❶❸

授業づくりのポイント

〈単元で育てたい資質・能力〉

本単元のねらいは、詩全体の情景や詩に登場する「ぼく」の気持ちを想像したり、想像した情景や気持ちを意識しながら音読したりする力を育むことである。

本単元を実践する時期は、夏休み明けになることを想定している。「忘れもの」は、まさに夏休みが終わってしまったことを残念に思っている「ぼく」が友達に話しかけるような表現になっていて、「ぼく」の気持ちを共感的に想像することができる。「ぼくは川」は、詩全体が「ぼく」を「川」に見立てた比喩表現になっている。「くねって　うねって　ほとばしり」「とまれと言っても　もうとまらない」や最後の二行がどんなことがあっても「あたらしい日」という未来に向かって歩みを止めないという決意のような気持ちを「川」になって表現していることを読み取るようにする。

具体例

○「忘れもの」は、一度は「夏休み」と別れたことを受け入れたが、それでもまた「もどってこないかな」と語りかけている。戻ってくることはないことを分かっていながら語りかけているのが、「木々の葉の一枚一枚が　あたらしい光とあいさつをかわしている」ことで表現されている。それでも、「ぼく」は夏休みに未練があって、四連に登場する「セミ」「麦わら帽子」「波の音」をまるで夏休みの「忘れもの」のように表現していることに着目させたい。

○「ぼくは川」は、先にも述べたように詩全体が「ぼく」の比喩となっている。「くねる」「うねる」「ほとばしる」「のたうつ」「渇く」という語句は、どのような情景を想像させるのか。言葉の意味を辞書を引いて調べるということではなく、詩全体の印象から言葉の意味をイメージするようにしたい。

〈言語活動の工夫〉

詩を楽しもう「春のうた」の単元でも行ったが、群読を効果的に活用して２つの詩の力強さを感じ、情景を想像したい。これまでに学級で群読を行った経験があるのであれば、学級全員での群読にも挑戦するのもよい。その場合、自分の好きな行だけ読むというやり方もある。そうすると、みんなが惹かれた部分が強調されて、「どうしてその部分を読んだのか」ということで話し合いの話題が自然ともち上がる。また、群読をしてこなかった学級は、左ページの２時間目にあるように好きな詩を選んでグループで読み方の工夫をするときに、「こういうやり方もあるよ」という指導することも考えられる。

具体例

○「忘れもの」では、「だがキミ！　夏休みよ」の三連と「迷子のセミ」の四連の差をつけて音読することで、「忘れもの」という詩の意味を理解することにつながる。「ぼく」の気持ちを想像できると、例えば自分だったら、どんなものを夏休みの「忘れもの」として表現するか。詩の世界と自分の世界の距離がぐっと近づくことが期待できる。

「ぼくは川」では、音読をしながら「くねる」「うねる」「ほとばしる」「のたうつ」「渇く」ということを身体表現することで、難しい言葉の意味をイメージすることにつながる。みんなで体を動かしながら音読することの楽しさを味わうことで、言葉との関わりを深めることになる。

本時案

忘れもの／ぼくは川　1/2

本時の目標

・情景や「ぼく」の気持ちについて、想像することができる。

本時の主な評価

❷情景や「ぼく」の気持ちについて、具体的に想像している【思・判・表】

資料等の準備

・特になし

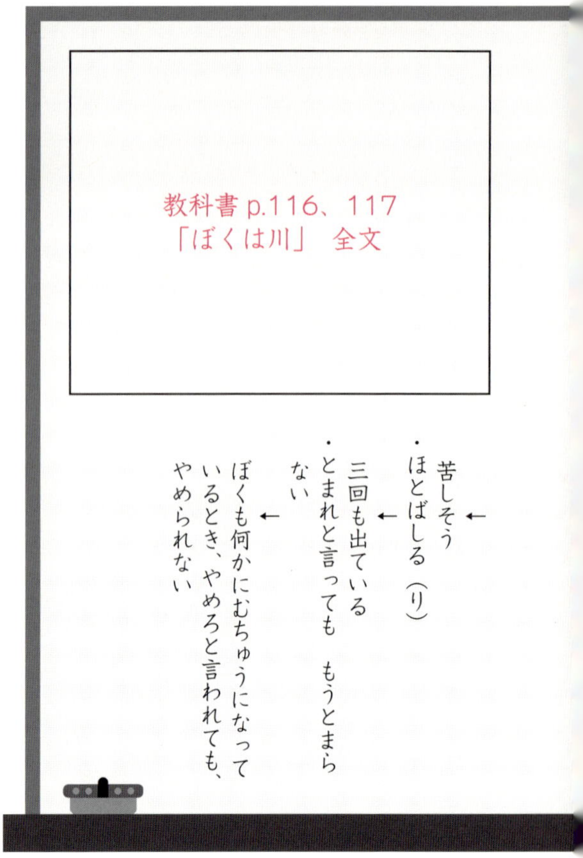

教科書 p.116、117
「ぼくは川」　全文
苦しそう
・ほとばしる（り）
三回も出ている
・とまれと言っても　もうとまらない
ぼくも何かにむちゅうになっているとき、やめろと言われても、やめられない

授業の流れ ▷▷▷

1　2つの詩について、題名から内容を想像する〈5分〉

○「忘れもの」と「ぼくは川」について、題名から、内容を想像し発表し合う。

T　「忘れもの」という詩を読もうと思うのですが、この題名からどんな内容の詩か想像できることはありますか。

・大事なものを忘れてきてしまったときのことを詩にしています。

・忘れものとして扱われているものが、持ち主に早く取りに来てほしいと言っています。

T　素晴らしいですね。どんどん想像が膨らみますね。では、「ぼくは川」という題名の詩からは、どんなことが想像できますか。

2　「忘れもの」を読み、印象的な叙述に着目する〈20分〉

○「忘れもの」を音読し、詩について感想を述べ合う。

T　一度読んでみて、「忘れもの」という詩にどんな感想をもちましたか。

・セミとか麦わら帽子が夏休みの忘れ物というのはどういうことなんでしょうか。

・「だがキミ！　夏休みよ」というのが、夏休みを友達みたいに言っているみたいに思います。

○印象的な叙述から、想像したことを述べ合う。

T　いろいろと注目する言葉が出ていますね。「だがキミ！　夏休みよ」が友達に言っているみたいと同じように印象的な言葉が他にありますか。

忘れもの　ぼくは川

二つの詩について、想ぞうしたことを表そう。

1

○題名からどんなことを想ぞうしたか。

「忘《わす》れもの」

・大事なものを忘れたときの気持ちを表した。

・忘れものになったものから持ち主への気持ちを表した。

「ぼくは川」

・そのまま、ぼくが川になって流れている。

・川がぼくになって気持ちを表している。

2

〈印しょうにのこったところ〉

・夏休みが入道雲にのって

←

夏休みが車にのっていったみたい

・だがキミ！　夏休みよ

←

友達に言っているみたい

・もう一度もどってこないか

←

また会いたい

ちゃんと「サヨナラ」がしたい

3

〈印しょうにのこったところ〉

・くねってうねってほとばしり

教科書 p.114、115

「忘れもの」 全文

3 「ぼくは川」を読み、印象的な叙述に着目する 〈20分〉

○「ぼくは川」を音読し、詩について感想を述べ合う。

T 「ぼくは川」を読んでみて、どんな感想をもちましたか。

・どうして「ぼくは川」なんでしょう。

・ぼくは川のように、止まらない感情をもっているのかもしれないと思います。

○印象的な叙述から、想像したことを述べ合う。

T こちらも注目する言葉はありますか。

・ほとばしるという言葉が何回も出てきているから、大切な言葉だと思います。

・「のたうったり」はどういう意味なんでしょう。

よりよい授業へのステップアップ

語り手の存在を明らかにする

「忘れもの」には、明確な「ぼく」は登場していないが、夏休みを「キミ」と表している部分から、「ぼく」「わたし」が想像できる。「ぼくは川」は、まさしく「ぼく」が川となって自分の心情を主張している。明らかに作者とは異なる存在として、この詩を語っている「ぼく」もしくは「わたし」がいるということを４年生でも認識して、その存在を「語り手」と呼ぶことを指導する。今後、詩や物語を読んでいくときに、語り手の存在を意識した読み手に育っていく。

本時案

忘れもの／ぼくは川

2/2

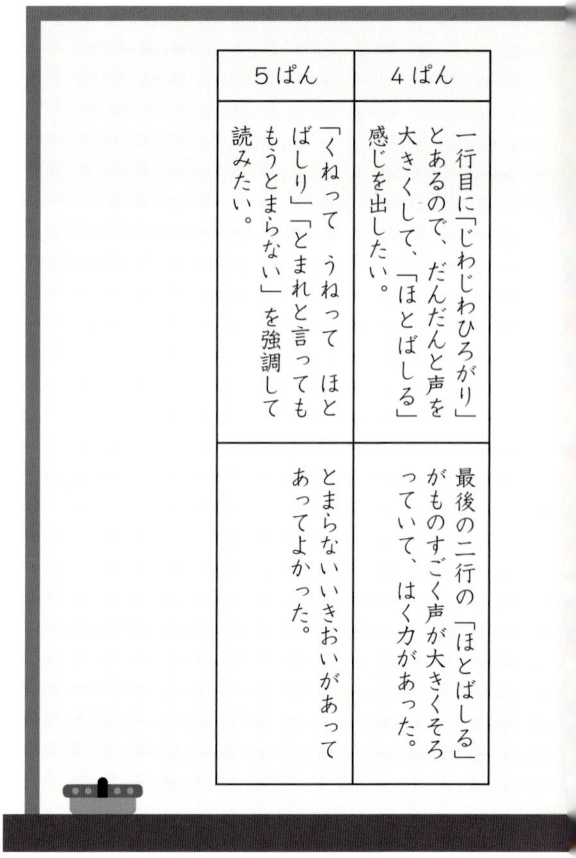
4ぱん
一行目に「じわじわひろがり」とあるので、だんだんと声を大きくして、「ほとばしる」感じを出したい。
最後の二行の「ほとばしる」がものすごく声が大きくそろっていて、はく力があった。
5ぱん
「くねって うねって ほとばしり」「とまれと言っても もうとまらない」を強調して読みたい。
とまらないいきおいがあってあってよかった。

本時の目標

・情景や「ぼく」の気持ちについて、想像したことを音読で表現することができる。

本時の主な評価

❶詩全体に構成や内容の大体を意識しながら音読している。【知・技】

資料等の準備

・特になし

授業の流れ ▷▷▷

1 2つの詩のどちらを音読するのか選ぶ 〈5分〉

○「忘れもの」と「ぼくは川」について、想像したことを音読する学習の見通しをもつ。

T 「忘れもの」と「ぼくは川」から想像したことを音読の工夫で表すことができますか。

・「忘れもの」だったら、「だがキミ！ 夏休みよ」のところを、大きく言いたいです。

・「ぼくは川」最後の二行が繰り返しだから、強調して読めそうです。

○2つの詩のうち、1つを選ぶ。

T 自分が音読で工夫して表したい詩をどちらか選びましょう。自分が選んだ詩の中で、グループを組んで、音読を工夫しましょう。

2 それぞれの詩のグループに分かれて、音読の練習をする 〈20分〉

○それぞれの詩のグループに分かれて、群読に取り組む。

T これまでの群読の経験を生かして、人数を変化させて読むところを決めましょう。

○グループの人数は、4名程度までにする。

○詩の中から想像した情景や「ぼく」の気持ちを音読で表現するために、想像したこと説明できるように話し合い、群読する。

忘れもの　ぼくは川

詩から想ぞうしたことを音読（群読）して表そう。

1

①詩を選ぶ。
②選んだ詩の中でグループを作る。（四人くらい）
③詩のじょうけいや「ぼく」の気持ちについて想ぞうしたことを音読でどう表現《げん》するか話し合う。
④音読の練習をする。
⑤発表し合う・感想を伝え合う。

3

〈感想をのべ合う〉「忘れもの」1～3はん
「ぼくは川」4～5はん

	工夫したところ	感想
1ぱん	三連と四連で声の強弱をつけて、四連のさびしそうな感じを出したい。	四連で一行ずつ人数がへっていって、さびしさが伝わってきた。
2ぱん	全体的に、夏休みが終わってしまって悲しいという気持ちを表したい。	一行を順番に一人ずつ読んでいて、季節がかわっていく感じが伝わってきた。
3ぱん	三連をおこっているというよりも、おねがいしているように言いたい。	三連の「もう一度　もどってこないかな」を全員で読んでいたのがおねがいしている感じだった。

3 グループで音読を発表し合い感想を述べ合う　〈20分〉

○それぞれのグループで音読を発表し合い、感想を述べ合う。

T　それでは、初めに「忘れもの」グループから音読の発表をします。自分たちがどんなことを想像して音読を工夫したのか言ってから発表しましょう。

○同じ詩を読むグループ同士で感想を述べ合うほうが、互いの共通点や相違点を踏まえた感想が言える。

○一人一人に感想をもたせる場合は、感想カードで伝える。

よりよい授業へのステップアップ

声を出す詩の授業

詩は、物語と同様に、言語活動例としてはイに相当する。つまり、内容を説明したり考えたことを伝え合ったりすることが学習指導要領の解説では明示されている。しかし、4年生の段階になると、学級のみんなで声を出して読み味わえるのは詩の授業くらいである。そのため、詩を一人一人で音読するよりも、複数人で声を出して読む楽しさを味わうことが大切である。その上で、どうしてそのように音読したのかということを説明したり伝え合えたりできるようにしたい。

対話の練習

あなたなら、どう言う　（3時間扱い）

〔知識及び技能〕(1)ア　〔思考力、判断力、表現力等〕A話すこと・聞くことエ、オ
関連する言語活動例 A(2)ウ

単元の目標

・目的や進め方を確認し、お姉さん役、弟役、やり取りを聞く人の役割を果たしながら話し合い、互いの意見の共通点や相違点に着目して、考えをまとめることができる。
・必要なことを記録したり質問したりしながら聞き、話し手は伝えたいことや自分が聞きたいことの中心を捉え、自分の考えをもつことができる。

評価規準

知識・技能	❶言葉には、考えたことや思ったことを表す働きがあることに気付いている。(〔知識及び技能〕(1)ア)
思考・判断・表現	❷「話すこと・聞くこと」において、必要なことを記録したり質問したりしながら聞き、話し手は伝えたいことや自分が聞きたいことの中心を捉え、自分の考えをもっている。(〔思考力、判断力、表現力等〕Aエ) ❸「話すこと・聞くこと」において、目的や進め方を確認し、司会などの役割を果たしながら話し合い、互いの意見の共通点や相違点に着目して、考えをまとめている。(〔思考力、判断力、表現力等〕Aオ)
主体的に学習に取り組む態度	❹進んで自分とは違う立場になって考え、それぞれの立場や、相手が何を知っているかによって、感じることや考えることが違うと気付いたり、自分の考えだけでなく、もし相手の立場だったらどう思うかを考えたりしている。

単元の流れ

次	時	主な学習活動	評価
一	1	友達や兄弟、親子でけんかをしたときのことを共有し合う。 学習の見通しをもつ 教材文を読み、学習の見通しをもつ。 お姉さんの立場、弟の立場になって、自分の考えをまとめる。	❸
	2	グループで役割を決め、それぞれの立場でやり取りをし、どうしたら互いに納得できるかグループで対話をして考えをまとめる。 グループで出た意見をまとめ、全体で共有する。	❶❷
二	3	第1時で出し合った事例から1つ選び、それぞれの立場でやり取りをして、感じたことやどう言えばよかったか、対話をして考えを伝え合う。 学習を振り返る グループで出た意見をまとめ、全体で共有する。	❹

授業づくりのポイント

〈単元で育てたい資質・能力〉

本単元のねらいは、自分とは違う立場になって考えることである。

そのために、単元の流れにおいても、お姉さんの立場、弟の立場になりきって考える活動、２人の役割演技を聞いて気付いたことをメモする活動を取り入れ、自分とは違う様々な立場になって考えることで、よりよい言い方を見つけさせたい。

中学年の発達段階において、毎日の生活で、友達とトラブルが起きることが多くなる。単元の導入で「似たような経験はあるか」と学級の皆で事例を出し合っておき、二次の活動で生かす。自分とは違う立場になって考える学習経験を積み重ね、学級全員で共有し合うことで、友達とのトラブルをどのように解決したらいいか考えることができ、よりよい学級をつくろうという態度の育成にもつながる。

具体例

○お姉さんと弟はどのように伝え合えばよかったのでしょう。

Ｃ：お姉さんは、何時に友達が来るか伝えて、それまでに弟に片付けてもらえばいいんじゃないかな。

Ｃ：そうだね。でも、その言い方だと、命令されているみたいだな。弟だって、片付けようと思っていたのだから、弟は反論するかも。

Ｃ：お姉さんが、友達との約束の時間までに弟と一緒に片付ける提案をしたらどうかな。

〈言語活動の工夫〉

単元の導入で、友達や兄弟、親子でけんかをしたときのことを共有し合う。単元の最後に、学習したことを基にして、この事例から１つ選んで解決策を発表するという活動をすることを伝えておく。

この時期の子供は、友達や兄弟、親子でけんかをしてしまうことが増えてくる。この学習を基にして、日々の生活をよりよくし、自分とは違う様々な立場になって考える態度を身に付けることが期待できる。

具体例

○家の人に「宿題やりなさい」と言われて、子供が「今、やろうとしていたんだ」と言い返した出来事の解決策をみんなで考えよう。

Ｃ：家の人は「宿題やりなさい」といきなり怒っているね。

Ｃ：私もよく言われて嫌な気持ちがするわ。せめて「今日の宿題なあに」って聞いてほしいな。

Ｃ：宿題をする時間を決めておけば、いきなり怒られることはなくなるんじゃないかな。

Ｃ：時間を決めていれば、子供は「宿題をやる時間は６時からだよ」と伝えられるのではないかな。

Ｃ：では、解決策をまとめよう。

Ｃ：まず、宿題をする時間を決めておく。お母さんは「今日の宿題なあに」と宿題の中身を聞く。子供は「今日の宿題は○○だよ」と伝える。

Ｃ：他のグループからの意見も聞いてみたいね。

本時案

あなたなら、どう言う　1/3

本時の目標

・目的や進め方を確認し、司会などの役割を果たしながら話し合い、互いの意見の共通点や相違点に着目して、考えをまとめることができる。

本時の主な評価

❸目的や進め方を確認し、互いの意見の共通点や相違点に着目して、考えをまとめている。【思、判、表】

資料等の準備

・挿絵の拡大コピー
・ワークシート　22-01
・振り返りカード　22-02

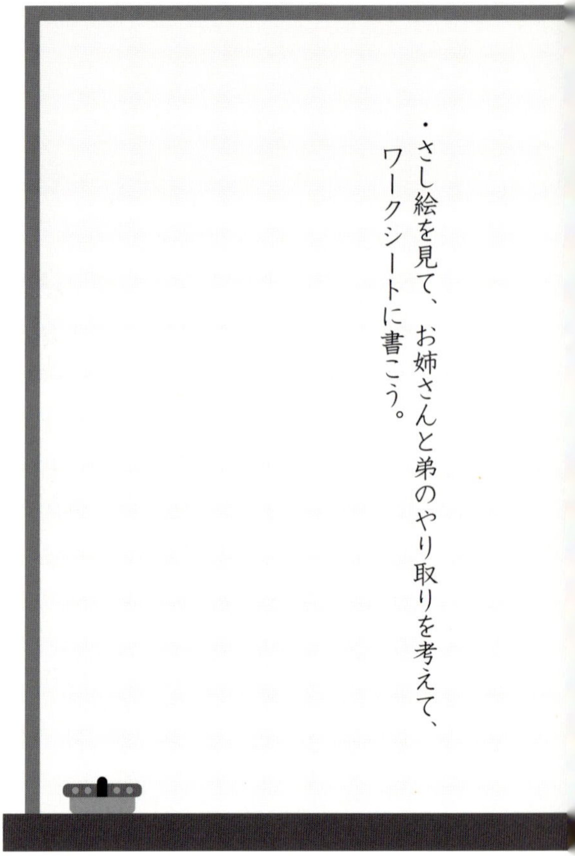

・さし絵を見て、お姉さんと弟のやり取りを考えて、ワークシートに書こう。

授業の流れ ▷▷▷

1 友達や兄弟、親子でけんかをしたときのことを共有し合う　〈10分〉

○身近な人とどんなことでけんかになったか、思い出したことを共有する。

T　家族や兄弟、友達とどんなことでけんかをしましたか。

・荷物を散らかしっぱなしにしちゃって、片付けようとしたところに、お母さんが帰ってきて、怒られたからけんかになりました。
・私も似たようなことがあります。兄弟で同じ部屋だから、弟がおもちゃをすぐ散らかして片付けなくて、それでけんかになりました。
・挿絵とは違うけど、友達とけんかになることもあります。
・この前、中休みにドッジボールのルールで線から出たとか出ないとかでもめました。

2 教材文を読み、学習の見通しをもつ　〈10分〉

○学習の見通しがもてるように、学習計画表を配布し、教室にも同じものを掲示しておく。

T　教科書を読み、学習の見通しをもちましょう。

・学習課題は、「自分とは違う立場になって考える」ということですね。
・なるほど。お姉さん役と弟の役を演じてみるんですね。
・やり取りを聞く役目もあります。この役目は両方を観察して気付いたことを伝えなければならないと思います。
・学習の最後には、さっき出し合ったことから１つ選んで、実際に演技をしてみるんですね。
・それぞれの役割を演じてみると、相手の立場を考えることができますね。

あなたなら、どう言う

2

自分とはちがう立場になって考えよう。

1

けんかしたこと

・荷物を散らかして、かたづけようとしたときに、お母さんが帰ってきて、けんかになった。

・弟と同じ部屋で、おもちゃを出しっぱなしにされて頭にきた。

子供が発表したことを5つ程度板書しておく。

3

教科書 p.118 の挿絵

3 お姉さんの立場、弟の立場になって、自分の考えをまとめる〈25分〉

○教材の挿絵を提示し、何をしているところなのか、どんなことを言っているのか発表する。

T 挿絵を見て、お姉さんと弟のやり取りを考え、ワークシートに書きましょう。

・お姉さんの言葉は「これから友達が遊びにくるから片付けてほしい」とまず伝えます。

・弟は「棚を掃除するために本を出していたんだ」って言ったとすると……。

○ペアでの交流をする時間を入れ、アイデアを出してアドバイスするとよい。

・こういう場合は「じゃあ、いっしょに片付けよう」ってお姉さんが言えばいいのかもしれません。

○学習の最後に振り返りカードを書く。

・次回はグループで役割演技だ。楽しみ。

よりよい授業へのステップアップ

導入の板書の工夫

導入で行った「身近な人とのけんか」について、板書したことを後日掲示しておくと、今後の学習に役立つ。

学習計画表と振り返りの一体化

学習計画表と振り返りを一体化させた表を用いると、今日の学習に対してどんな学びがあったか、子供が自己評価を踏まえて振り返ることができる。また、同じものを拡大して掲示していくと、学級全体で学びを共有でき、学習の見通しをもつこともできる。

本時案

あなたなら、どう言う

2/3

本時の目標

・言葉には、考えたことや思ったことを表す働きがあることに気付いて、それぞれの立場になって、やり取りができる

本時の主な評価

❶言葉には、考えたことや思ったことを表す働きがあることに気付き、それぞれの立場でやり取りしている。【知・技】
❷目的や進め方を確認し、司会などの役割を果たしながら話し合い、互いの意見の共通点や相違点に着目して、考えをまとめている。【思、判、表】

資料等の準備

・挿絵の拡大コピー
・ワークシート 22–01
・振り返りカード 22–02
・ホワイトボード

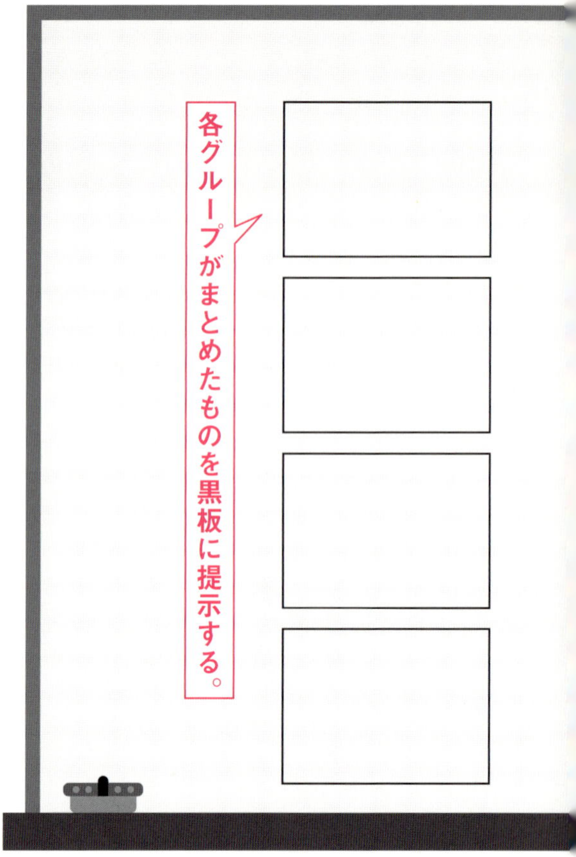

各グループがまとめたものを黒板に提示する。

授業の流れ ▷▷▷

1 学習計画を確認し、今回の学習の見通しをもつ 〈５分〉

T　学習計画表を確認しましょう。
・今日は、ワークシートを基に、お姉さんの役と弟の役をやってみるのでしたね。
T　今日はお姉さんの役と弟の役になりきってみましょう。グループでお姉さんの役、弟の役、やり取りを聞く人２人という分担です。
○グループは３人または４人とする。
○ワークシートを基に取り組むが、必ずそのとおりにやらなくてもいいこととする。お姉さんの役の子供の言葉に対して、自分だったらどう答えるかを考えるように助言する。
○やり取りを聞く子供は、気付いたことをメモしながら取り組む。

2 各グループでそれぞれの立場でやり取りをする 〈20分〉

○グループのメンバーがそれぞれどの役割も経験できるようにローテーションで行う。
T　では、グループごとに、お姉さんの役と弟の役、やり取りを聞く人の分担で取り組みましょう。
・（お姉さん）「友達が遊びに来るから、早く片付けてよ。」
・（弟）「今、棚を掃除しているんだよ。せっかく物を出したところなのに。」
・（やり取りを聞く人）お姉さんは、いきなり怒ったような言い方だった。
・（やり取りを聞く人）弟はいきなり言われてビックリしている様子だったな。
○グループでの活動が終わった後、やり取りを全体の前で発表し、共有し合う。

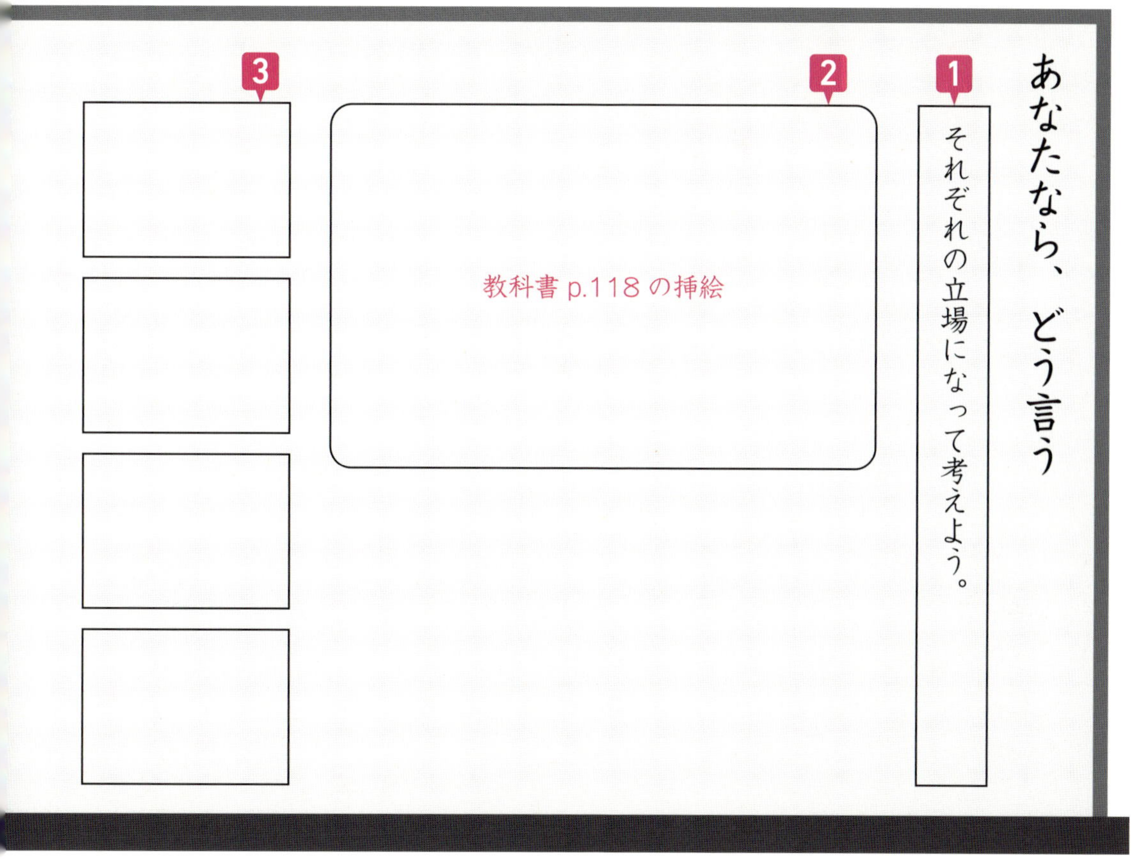

3 なぜそのような言い方をしたのかを話し合い、発表する 〈20分〉

T　なぜそのような言い方をしたのかを話し、その後、グループで、感じたことやどう言えばよかったのかを伝え合いましょう。

・(お姉さん)私は、帰ったら弟が散らかしていて頭に来ちゃったから、こんなふうに言ったの。

・(弟) いきなりお姉さんに怒られてビックリして言い返したよ。

○グループでの話し合いの際はあらかじめ司会役を決めておく。また、話し合ったことを小さいホワイトボードにまとめ、発表のときに活用する。

・いきなり怒るのではなくて、何時に友達が来るかを伝えて、弟と一緒に片付けをすればよかったよね。

○学習の最後に振り返りカードを書く。

よりよい授業へのステップアップ

グループでの役割演技

子供が小グループに分かれ、それぞれの立場でやり取りをしてみることで、自分とは違う立場を実感することができる。

小さいホワイトボードの活用

グループでの話し合いの際に、子供が考えた意見をホワイトボードにまとめることによって、全体での共有で生かすことができる。また、話し合ったことを端的に伝えるための手立てとなる。

本時案

あなたなら、どう言う 3/3

本時の目標

・事例を基に、それぞれの立場によって、感じることや考えることが違うと気付き、自分の考えだけでなく、もし相手の立場だったらどう思うかを考えることができる。

本時の主な評価

❹事例を基に、それぞれの立場によって、感じることや考えることが違うと気付き、自分の考えだけでなく、もし相手の立場だったらどう思うかを考えようとしている。【態度】

資料等の準備

・第 1 時で出し合った事例の掲示物
・ワークシート 22-03
・振り返りカード 22-02

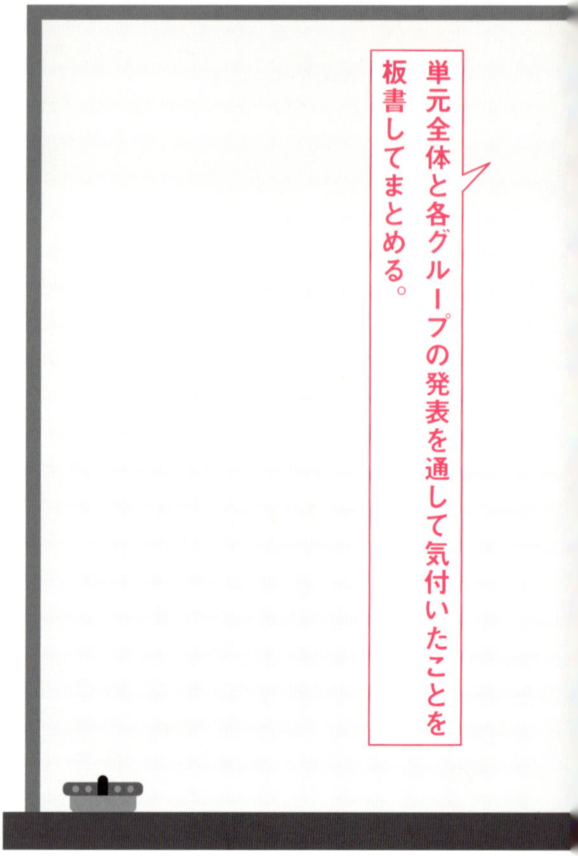

単元全体と各グループの発表を通して気付いたことを板書してまとめる。

授業の流れ ▷▷▷

1 学習計画を確認し、今回の学習の見通しをもつ 〈5 分〉

T 学習計画表を確認しましょう。

・今日は、始めの時間に出し合ったことからグループで 1 つ選んで役割をやってみるのでしたね。

T 今日は始めの時間に出し合ったことからグループで 1 つ選び、それぞれの役割をやってみて、感じたことやどう言えばよかったのかをまとめ、発表しましょう。

○グループは前時と同じグループ。

○事例を 1 つ選び、役割を決める。

○前時と同様、やり取りを聞く子供は、気付いたことをメモしながら取り組む。

2 各グループで選んだ事例を基に、役割演技を通して解決策を考える〈25分〉

・私たちのグループは、家の人に「宿題、早くやりなさい」と言われて、「今、やろうとしていたんだ」と言い返した出来事の改善策を考えよう。

・家の人はいきなり怒っているね。

・せめて「今日の宿題なあに」って聞いて欲しいよね。

・うちは宿題をやる時間を決めているよ。皆はどう？

・宿題をやる時間を決めておくことと、家の人は宿題の内容を聞くようにするという解決策はどうかな。

○グループでの活動が終わった後、前時同様全体の前で発表し、共有し合う。

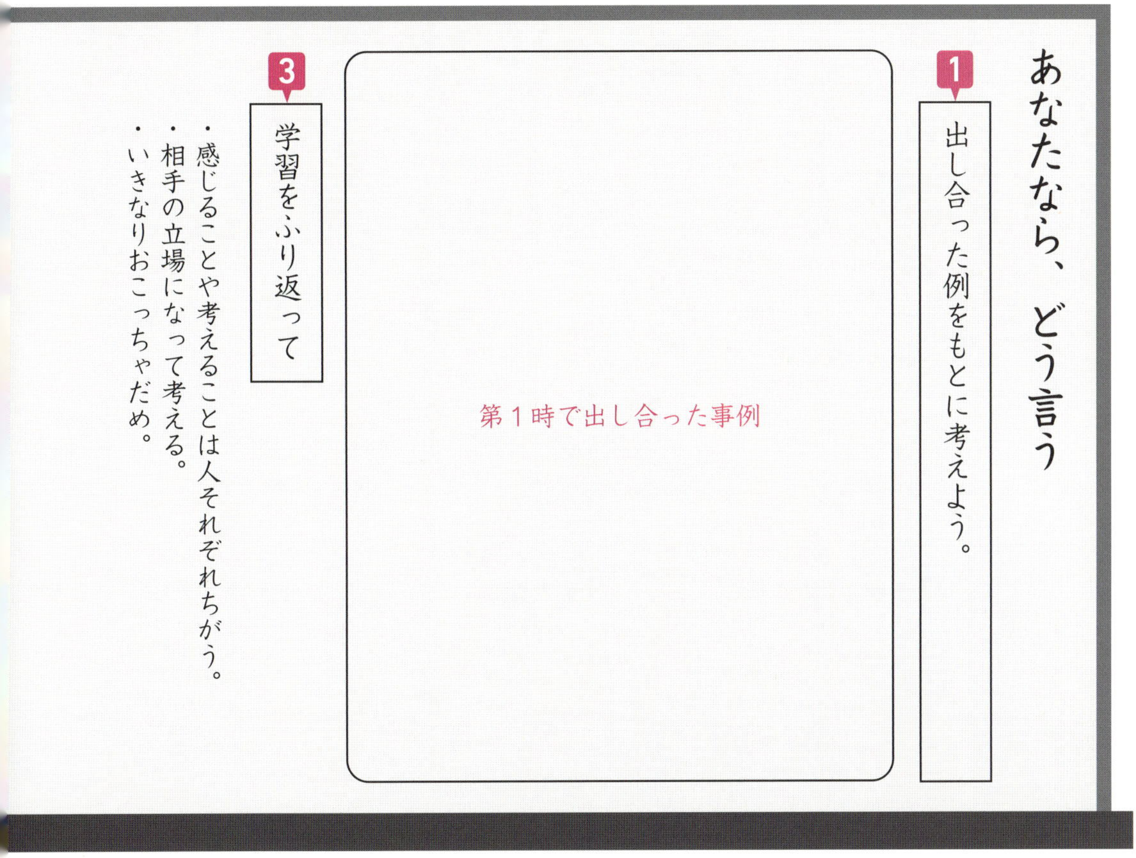
あなたなら、どう言う
1
出し合った例をもとに考えよう。
第１時で出し合った事例
3
学習をふり返って
・感じることや考えることは人それぞれちがう。
・相手の立場になって考える。
・いきなりおこっちゃだめ。

3 自分とは違う立場になって考えることについて、振り返りをする〈15分〉

T　各グループの発表や学習を通して気付いたことを発表しましょう。

・それぞれの立場になって考えてみると、感じることや考えることは人それぞれ違うのだと気付きました。

・相手の立場になって考えることが大切だと思います。

・どんなときも、いきなり怒っちゃダメだと分かりました。これから気を付けます。

○学習の最後に振り返りカードを書く。

・自分とは違う様々な立場になって考えると、もっといい言い方で伝えられると思いました。

よりよい授業へのステップアップ

第１時の事例を基にした役割演技

第１時に出し合った事例から役割演技をすることを通して、始めの考えと事後の考えの違いに気付かせることができる。

同じやり方を繰り返す

単元を通して、同じやり方を繰り返すことにより、やり取りを演じてみて気付く視点や、やり取りを聞いてみて気付く視点が広がることが期待できる。

資料

1 第1、2時資料　ワークシート　22-01

あなたなら、どう言う ①

年　組　名前（　　　　）

教科書の例について、自分だったら、どう言う

p.118
お姉さんの挿絵

p.118
弟の挿絵

やり取りを聞いて、気づいたこと

他のはんの発表を聞いて、気づいたこと

2 第1、2、3時資料　振り返りカード　22-02

ふり返りカード

年　組　名前（　　　　）

	一	二	三
学習計画			
◎○△			
ふり返り			

この学習全体を通して身についたこと

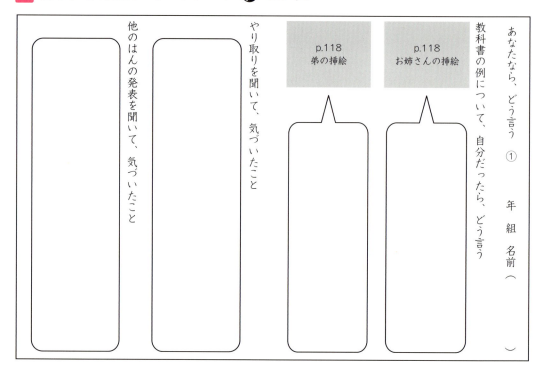

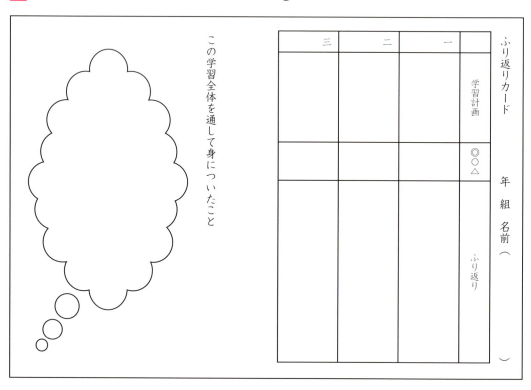

3 第3時資料　ワークシート 22-03

あなたなら、どう言う ②

年　組　名前（　　　　）

他の例について、考えよう

どんな場面か

やり取りを聞いて、気づいたこと

他のはんの発表を聞いて、気づいたこと

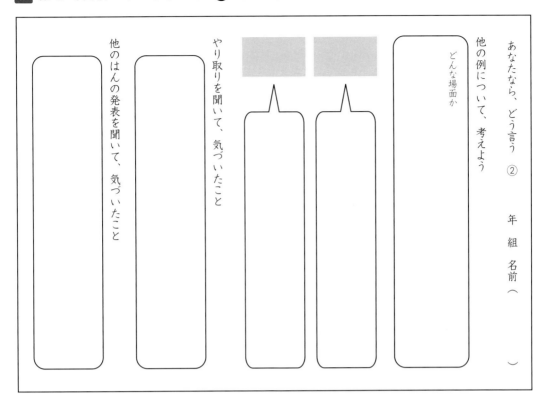

生活の中で読もう

パンフレットを読もう

（2時間扱い）

〔思考力、判断力、表現力等〕C読むことオ　関連する言語活動例C⑵ア

単元の目標

・文章を読んで理解したことに基づいて、感想や考えをもつことができる。
・目的や相手を意識して、調べたことについてパンフレットにまとめることができる。

評価規準

思考・判断・表現	❶「読むこと」において、文章を読んで理解したことに基づいて、感想や考えをもっている。（〔思考力、判断力、表現力等〕Cオ）
主体的に学習に取り組む態度	❷進んで様々なパンフレットを読み取り、気付いたことを生かして、伝える相手を意識しながらパンフレットにまとめようとしている。

単元の流れ

時	主な学習活動	評価
1	学習の見通しをもつ 様々なパンフレットを読み、気付いたことを全体で共有する。 教材文のパンフレットを読み、どのような工夫があるか、パンフレットの目的や相手について気付いたことをまとめ、グループで共有し、発表する。	❶
2	社会科で学習したことから課題を決め、3年生に向けてパンフレットを書く。 学習を振り返る できあがったパンフレットをペアで共有する。 学習の振り返りをする。	❷

授業づくりのポイント

〈単元で育てたい資質・能力〉

本単元のねらいは、パンフレットを読んで、どのような工夫をしているか、気付いたことをまとめ、パンフレットを見てもらう目的や相手のことを考え、自分でパンフレットにまとめることである。

そのために、単元の流れにおいても、内容はもちろんのこと、パンフレットの目的や伝える相手を常に意識させる。

中学年の社会科で地域のことについて学習する。そのため、社会科見学に行って様々なパンフレットを手にすることも多くなる。また、総合的な学習の時間が始まり、パンフレットなどの資料を活用する学習が増えてくる。長期休業中に旅行や美術館、博物館に行き、パンフレットを手にした経験もあるだろう。このように、他教科との学習の関連を意識しながら学習することも必要である。「このパンフレットの目的は何だろう」「どんな人に向けて書かれているのかな」など、国語科だけではなく他教科や身近な生活においても常に意識を働かせることで、より深い学びが期待できる。

具体例

○ある地域の清掃工場を読んで、気付いたことをグループで伝え合いましょう。
C：これは社会科見学に来る子供向けに書かれているね。
C：「中央清掃工場はどのようにごみを処理しているのかな？」という文が真ん中に一番大きく書かれているね。
C：これは大見出しだね。新聞の書き方と似ているよ。
C：誰でも一目で分かるように、ごみ処理の仕方を絵で表しているね。

〈言語活動の工夫〉

単元の導入で、今までの社会科見学でもらったパンフレットや総合的な学習の時間に使ったパンフレット、旅行先でもらったパンフレットなどを共有し合う。単元の最後に、学習したことをもとにして、社会科で学習したことから課題を決め、３年生に向けたパンフレットを書くという活動をすることを伝えておく。

自分でパンフレットを書くという言語活動を設定することで、３年生にとって知りたいことは何か、一番大切な事柄は何か、どのように説明したらいいか等、目的を意識して、中心となる語や文を見つけて要約するという力を付けることが期待できる。

具体例

○社会科で学習したことから課題を決め、３年生に向けてパンフレットを書きましょう。
C：私は、浄水場のパンフレットにしよう。
C：３年生なら、「水はどこからくるのかな？」って、疑問に思うよね。
C：その言葉は、そのまま大見出しに使えるね。
C：水がどうやって浄水場にやってきて、水道に流れるか、浄水場の中は図で伝えよう。
C：図に合わせて解説も必要だね。

本時案

パンフレットを読もう 1/2

本時の目標

・パンフレットを読んで理解したことに基づいて、感想や考えをもつことができる。

本時の主な評価

❶パンフレットを読んで理解したことに基づいて、感想や考えをもっている。【思・判・表】

資料等の準備

・挿絵の拡大コピー
・挿絵が描かれているプリント（グループ分）
・付箋
・実物投影機

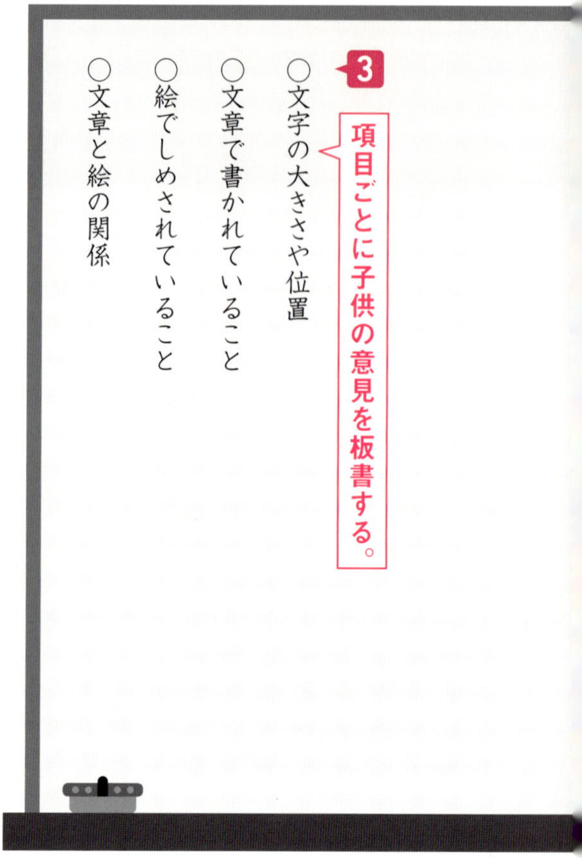

授業の流れ ▷▷▷

1 あらかじめ集めておいたパンフレットを共有する 〈10分〉

○単元に入る前に様々なパンフレットを集めさせておく。

T　みんなはどんなパンフレットを集めたのかな。みんなで見せ合って気付いたことを発表しましょう。

・夏休みに博物館へ行ったときのものを持ってきました。
・このパンフレットは歴史資料館のものです。
・図書館にもパンフレットがありました。どこにどんな本が置いてあるか、部屋を上から見た図を使って説明してあります。
・どれも一目で見てよく分かります。

2 清掃工場のパンフレットを読み、気付いたことをグループで共有する 〈25分〉

T　清掃工場のパンフレットを読んで気付いたことを付箋に書いて貼りましょう。

・題名は大きくて太字。伝えたいことが分かる文にしているね。
・ごみ処理の流れが図で描かれているね。
・なるほど。絵を見ただけで分かるね。
・絵だけではなくて、言葉でも流れを説明してあるよ。
・「地球にやさしい」ということを伝えるために枠で囲んで説明してあるね。
・中央清掃工場の仕事が３つ箇条書きで書かれているよ。

パンフレットを読もう

パンフレットの工夫を発見しよう。

教科書 p.120 の挿絵

3 各班の発表を聞き、どのような工夫があるかを伝え合う〈10分〉

○実物投影機を用いて、各班が出し合った付箋の内容を共有する。

・どの班も似ていることに気付いていますね。

・図の色や字の大きさ、字体に注目した班がありました。

・他の班の考えを聞くと、考えが広がります。

T　中央清掃工場のパンフレットには、どのような工夫がありますか。

・社会科見学に来る子供向けだから、言葉が分かりやすいです。

・子供たちが知りたい内容になっています。

T　次回は今日の学習を生かして3年生に向けてパンフレットを書きましょう。

よりよい授業へのステップアップ

各種パンフレットの収集

単元に入る前に教師がパンフレットを掲示しておいたり子供に集めさせたりしておくことで、学習に対する興味関心をもつことだけでなく、様々な工夫に気付く手立てになることが期待される。

付箋の活用

中央清掃工場のパンフレットに、気付いたことを付箋に書いて直接貼っていく活動を通して、具体的にどんなところが工夫されているかを分かりやすくする。また、班での活動なので、子供が興味をもって活動することができる。

本時案

パンフレットを読もう　2/2

本時の目標

・目的を意識しながら中心となる語や文を見つけ、伝える相手を意識しながらパンフレットにまとめることができる。

本時の主な評価

❷進んで様々なパンフレットを読み取り、気付いたことを生かして、伝える相手を意識しながらパンフレットにまとめようとしている。【態度】

資料等の準備

・ワークシート（2 種類）💿 23-01～02
・前時の板書の記録

授業の流れ ▷▷▷

1　3 年生に向けてどんなパンフレットを書いたらいいか　〈5 分〉

T　学習したことを基にして、3 年生に向けてどんなパンフレットを書いたらいいでしょうか。

・3 年生の社会科で私たちの住む○○市について勉強したから、○○市の案内パンフレットがいいかもしれません。
・地域の図書館のパンフレットみたいに、学校図書館のパンフレットを作るのもいいかもしれません。
・「水はどこからくるのか」まとめるのもおもしろそうです。4 年生の社会科で勉強するけど、予習になります。

2　3 年生に伝えるためにパンフレットを作る　〈35分〉

○子供が取り組みやすいようにワークシートを 3 種類用意し、用紙を選んで取り組ませる。
・私は浄水場のパンフレットにしました。
・3 年生なら、「水はどこからくるのか」が気になりそうです。
・その言葉はそのまま大見出しに使えそうです。
・水がどのようにやってきて、きれいになるか、図と言葉で説明したいです。
・清掃工場のパンフレットが参考になります。

パンフレットを読もう

1 三年生に向けてパンフレットを書こう。

伝える相手　三年生

伝える目的　三年生が知りたいことを
パンフレットにする。

・社会科の学習内容《よう》　・学校図書館のあん内

・地いきの安全

前時に共有したパンフレットの工夫を再掲する。

○文字の大きさや位置

○文章で書かれていること

○絵でしめされていること

○文章と絵の関係

3 出来上がったものをペアで共有し、学習の振り返りをする〈5分〉

○子供の実態に合わせ、家庭学習等でパンフレットを完成させる。

T　途中まででもいいので、隣同士、パンフレットを見せ合いましょう。

・○○さんは、清掃工場のパンフレットのように、図が真ん中に大きく描いてあって分かりやすいです。

・3年生が知りたい内容になっていますか。

T　この単元の振り返りをしましょう。

・伝えたい相手が知りたいことを分かりやすくまとめることが必要だと分かりました。

・短い言葉でまとめるのは難しいけど、相手に伝えるためにはとても大切です。

よりよい授業へのステップアップ

ワークシートの選択

書くことが得意な子供も苦手な子供もいる。それぞれの子供が自ら選択して取り組むようにする。今回は縦で枠が入っているもの、横で枠が入っているものを資料として用意した。さらに枠がない方眼紙を用意するとよい。

伝える相手を決める

この学習では「相手意識」「目的意識」を明確にすることが大切である。今回は、3年生に伝えるということにしたが、隣のクラスでも、1、2年生でもいい。子供の実態や学校の実態によって相手を決め、実際に読んでもらう場面をつくるようにしたい。

資　料

1 第2時資料　ワークシート（縦）　23-01

2 第2時資料　ワークシート（横） 23-02

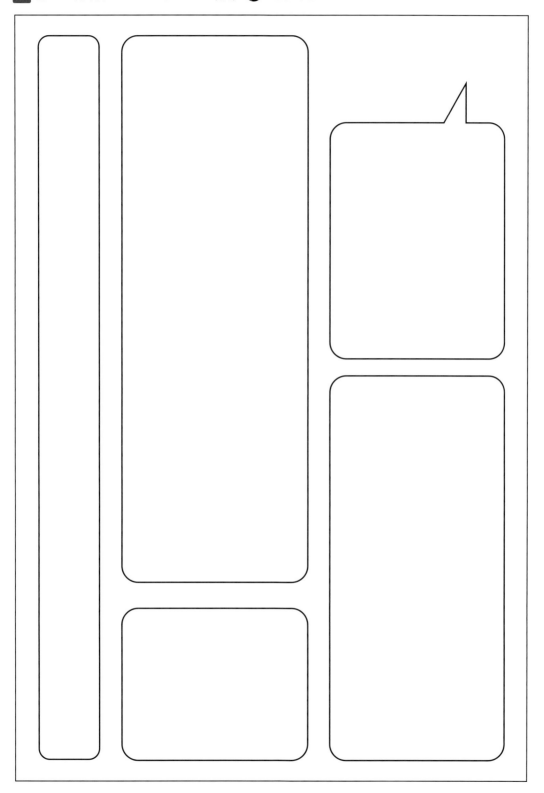

言葉

いろいろな意味をもつ言葉 （2時間扱い）

〔知識及び技能〕(1)オ

単元の目標

・様子や行動、気持ちや性格を表す語句の量を増し、話や文章の中で使うとともに、言葉には性質や役割による語句のまとまりがあることを理解し、語彙を豊かにすることができる。

評価規準

知識・技能	❶様子や行動、気持ちや性格を表す語句の量を増し、話や文章の中で使うとともに、言葉には性質や役割による語句のまとまりがあることを理解し、語彙を豊かにしている。(〔知識及び技能〕(1)オ)
主体的に学習に取り組む態度	❷進んで言葉の意味を調べたり活用したりして、意味を調べた言葉を使って問題や詩を考え、学級の友達に伝え合おうとしている。

単元の流れ

時	主な学習活動	評価
1	教師が「とる」という言葉を使った問題を出し、言葉遊びに興味をもつ。 **学習の見通しをもつ** 教材文を読み、学習の見通しをもつ。	❶
2	「あがる」「たてる」「みる」の言葉について国語辞典を使って調べ、グループで問題を作り、学級でクイズ大会をする。 「ひく」、「かける」という言葉または他の言葉を使い、作品例にならって詩を考える。 **学習を振り返る** できあがった詩を発表し合う。 学習の振り返りをする。	❷

授業づくりのポイント

〈単元で育てたい資質・能力〉

本単元のねらいは、いくつかの意味がある言葉を文章の中で正しく使うことである。

そのために、単元の流れにおいても、問題を出し合ったり詩を作ったりして言葉遊びをすることを通して、言葉の意味を正しく理解し、文章の中で使うことができるようにする。

中学年はクイズやダジャレの本を読んだり、問題を出し合ったりするのを好む子供が多い。子供が楽しみながら、語彙の量を増し、言葉を正しく使うことができるようになることを期待する。

具体例

○□に入る言葉は何かな。
C：卒業式に□？これは卒業式に 出る だね。
C：漁に 出る という言葉は聞いたことがあるよ。
C：他の問題も 出る という言葉かな。国語辞典で調べてみよう。
C： 出る という言葉はいろいろな意味をもっているんだね。

〈言語活動の工夫〉

例題を基に、グループで問題を考え、クイズ大会を行う。「クイズ大会をする」言語活動により、子供たちが興味・関心をもって学習できるだろう。また、グループで考える活動により、学習に自信がない子供でも、協力しながら問題を考えることで自信をもって活動することができる。また、この言語活動により、語彙量も増すことができる。

最後に、「とる」（川崎洋）の詩を参考にして詩を作り、掲示板に飾って感想を伝え合う。クラスの子供だけでなく、保護者や他学級、他学年とも共有することができる。

具体例

○「みる」という言葉を使って問題を考えよう。
C：「みる」にはどんな意味があるかな。
C：「テレビを見る」ってよく使っているよ。
C：国語辞典で調べてみよう。
C：クイズ大会だから、みんなが分からないような難しい意味も入れると盛り上がりそう。
C：問題作りも言葉の勉強になるね。

本時案

いろいろな意味をもつ言葉 1/2

本時の目標

・様子や行動、気持ちを表す語句の量を増し、話や文章の中で使うとともに、言葉には性質や役割による語句のまとまりがあることを理解し、語彙を豊かにすることができる。

本時の主な評価

❶様子や行動、気持ちを表す語句の量を増し、話や文章の中で使うとともに、言葉には性質や役割による語句のまとまりがあることを理解し、語彙を豊かにしている。【知・技】

資料等の準備

・詩の拡大掲示
・教科書の問題を拡大したもの（1題ずつ提示する）
・実物投影機

授業の流れ ▷▷▷

1 教師の問題を聞き、いろいろな意味をもつ言葉に興味をもつ 〈10分〉

T　いきなりだけど、この詩を読んでみましょう。空欄には同じ言葉が入ります。
・なんだろう。おもしろそう。
・もう、すぐに分かるよ。すもう「とる」だよ。
・本当だ。ぼうし「とる」、でまえ「とる」…全部「とる」だね。
T　正解！これは川崎洋さんの「とる」という詩の一部分でした。では、「とる」という言葉は他にはどんな使い方がありますか。
・いつも先生は「出欠をとります」って言うよね。
・満点を「とる」って言います。

2 他の問題に答える。教科書を読み見通しをもつ 〈20分〉

○教科書の問題を1題ずつ教師が提示し、子供はノートに書いて答える。
T　この問題はどんな言葉が入りますか。
・卒業式に「でる」だから「でる」です。
T　4つの問題に答えてみて、気付いたことは何でしょうか。
・同じ言葉でも、文によって使い方が違います。
・文章の内容によって合うものを使うことが大切です。
T　それでは、教科書を音読して、学習の見通しをもちましょう。

いろいろな意味をもつ言葉

いろいろな意味をもつ言葉を見つけよう。

1

教科書 p.124
川崎洋の詩
※「とる」という言葉は隠しておく。

とる

出欠をとる
満点をとる
栄養をとる
場所をとる

2

教科書 p.125
練習問題①

教科書 p.125
練習問題②

教科書 p.125
練習問題③

教科書 p.125
練習問題④

3 「あがる」「たてる」「みる」の意味を国語辞典を使って調べ、問題を作って発表する 〈15分〉

T　教科書の問題と同じように、「あがる」「たてる」「みる」という言葉の問題を作りましょう。

・まず、国語辞典で意味を調べよう。

・「たてる」は家を「たてる」、目標を「たてる」。

T　出来上がった問題をペアで出し合いましょう。

・そうか、目標を「たてる」という使い方もあるね。

○ペアで交流した後、実物投影機に子供のノートを映し、クラス全員で共有するとよい。

T　次回は、グループでクイズ大会をしましょう。

よりよい授業へのステップアップ

国語辞典の活用

子供は新出漢字の習得や、物語文、説明文等の学習の際、意味調べ等で国語辞典を活用している。今回の学習でも、言葉の意味を調べ、言葉の使い方を習得させたい。その際、「クイズ大会をする」という活動をすることを伝えておくと、子供が興味・関心をもつことができるだろう。

本時案

いろいろな意味をもつ言葉 2/2

本時の目標

・進んで意味を調べた言葉を使って問題を出したり、詩を考えたりして、クラスの友達と伝え合うことができる。

本時の主な評価

❷進んで言葉の意味を調べたり活用したりして、意味を調べた言葉を使って問題や詩を考え、クラスの友達に伝え合おうとしている。【態度】

資料等の準備

・詩の拡大掲示
・実物投影機

授業の流れ ▷▷▷

1 前時の問題を基にグループで問題を出し合う 〈15分〉

○家庭学習で、問題を考えておく。

T　前の時間の問題を基にして、グループでクイズ大会をしましょう。

・ここに入る言葉は何でしょう。めがねを（　　）、洋服を（　　　）、電話を（　　　）

・分かった。「かける」だね。

T　グループで出し合ったら、次はクラス全体でも問題を出し合いましょう。

○全体でも数題を共有する。子供は問題が書かれたノートを実物投影機に映す。子供が考えたものは教師が板書しておく。

2 「とる」の詩のように、言葉遊びの詩を考える 〈25分〉

○教科書の例でなくてもよいこととする。

T　教科書の絵を見ながら「ひく」「かける」を使って言葉遊びの詩を考えましょう。違う言葉を使ってもいいですよ。

・ブルブルブルブル　かぜをひく

・ジャンジャカ　ジャンジャン　ギターをひく

・オーエスオーエス　つなをひく

・ガラガラガラガラ　くじをひく

○子供の実態に応じて、個人ではなく3、4人程度のグループで連詩にしてもよい。

いろいろな意味をもつ言葉

いろいろな意味をもつ言葉を使って言葉遊びをしよう。

1

クイズ大会をしよう

・あがる
・たてる
・みる

子供の考えたものを板書する。

2

言葉遊びの詩を作ろう

教科書 p.124
川崎洋の詩

3 出来上がった詩を発表し、学習の振り返りをする 〈5分〉

T 出来上がった詩を発表しましょう。

・同じ言葉でも、音や様子を表す言葉を入れるとおもしろいですね。

○出来上がった詩は清書して、掲示板に掲示し、他学年や保護者に見てもらう。

T この学習を振り返りましょう。

・漢字で書くと意味の違いが分かるけど、ひらがなで書くと読み方が同じだから意味が分かりません。

・だから、文の中で使われるときの他の言葉から意味を考えることが大事です。

○完成後は教室に飾り、自由に感想を伝え合えるようにしておくとよい。

よりよい授業へのステップアップ

言語活動の工夫

今回は「クイズ大会」と「言葉遊びの詩を作る」という活動を紹介した（できれば、活動は1つに絞ってじっくり取り組んだほうがよい）。その際、子供の実態に合わせ、個の活動だけではなく、グループやペアで行うと、得意な子供も苦手な子供もみなが楽しめる活動になる。

漢字の広場③　2時間扱い

〔知識及び技能〕(1)エ　〔思考力、判断力、表現力等〕B書くことエ

単元の目標

・文と文のつながりを意識して、正しい漢字を用いた文章を作ることができる。

評価規準

知識・技能	❶第3学年及び第4学年の各学年においては、学年別漢字配当表の当該学年までに配当されている漢字を読むこと。また、当該学年の前の学年までに配当されている漢字を書き、文や文章の中で使うとともに、当該学年に配当されている漢字を漸次書き、文や文章の中で使うこと。(〔知識及び技能〕(1)エ)
思考・判断・表現	❷「書くこと」において、間違いを正したり、相手や目的を意識した表現になっているかを確かめたりして、文や文章を整えること。(〔思考力・判断力・表現力〕Bエ)
主体的に学習に取り組む態度	❸読み手に伝わるように、正確な漢字を用いて文章を書こうとしている。また、つなぎ言葉の使い方に気を付けて、見通しをもって文章を書こうとする。

単元の流れ

次	時	主な学習活動	評価
一	1	**学習の見通しをもつ** 教科書に載っている絵を見て、昔話を完成させるというめあてを確認する。 教科書に示された漢字の読み方を確認する。 教科書の絵を見て、つなぎ言葉を使った昔話を作る。	❶❷
二	2	前時に書いた「昔話」をグループ内で紹介し合う。 互いの昔話を読み、漢字やつなぎ言葉の使い方を確かめ合う。 **学習を振り返る** 学習の振り返りをする。	❸

授業づくりのポイント

〈単元で育てたい資質・能力〉

これまでの「漢字の広場」のように、「3年生で習った漢字を正確に書けること」を1つのねらいとする。また、「つなぎ言葉」の正しい使い方について学ぶことも、本単元の大きなねらいである。日常生活や他教科で文章を書くとき、漢字の正確さはもちろん、文と文を正しくつなげる力も必要である。ここでは、「つなぎ言葉」の使い方についても意識できるようにする。

具体例

漢字を正確に書けるようになることに加え、文をつなげるための「つなぎ言葉」を正しく使えるようにする。絵を見ながら、「そして」「しかし」といったつなぎ言葉を使って文章を構成していく。これまでに自分が書いてきた文章のことも想起しながら、どのつなぎ言葉を使えばよいのかを選べるようにする。

例えば、同じ逆接を表すつなぎ言葉でも「しかし」の他に「だが」「けれども」などがあることを説明し、語彙を増やしていくことも視野に入れて学習を進めたい。

〈教材・題材の特性〉

教科書には、昔話の絵がいくつか描かれており、子供たちがイメージを膨らませやすい工夫がなされている。「おむすびころりん」「浦島太郎」の2つが紹介されており、それぞれ6枚の絵で構成されている。つなぎ言葉を適切に使うことも、本単元のねらいであるので、教科書に示された言葉と絵をどのように組み合わせるのか、言葉を選ぶ力も養うことができる。

具体例

「おじいさんが山でおにぎりを食べようとしました。しかし、手からおにぎりが落ちてしまい、おじいさんはあわてておにぎりを追いかけました。すると……」「浦島太郎は、かめに乗って海の底へと向かいました。やがて、とてもりっぱな竜宮城が見えてきました」このように、つなぎ言葉をどのような場面で使うことができるのかを考えるきっかけにもできるとよい。

〈言語活動の工夫〉

第2時で、昔話を互いに紹介し合う。同じ昔話を考えていても、子供によって違う書き方をしている。似ているところや違うところを互いに知ることで、文章構成のおもしろさにも気付くことができる。グループ（3～4人がよい）で1つの昔話にまとめる活動があってもよい。また、つなぎ言葉の使い方についても話し合えるようにしたい。

具体例

○「竜宮城に着くとすぐに」⇒「竜宮城に着くやいなや」
○「乙姫が注意したのに」⇒「乙姫が注意したにもかかわらず」
○Aくんと Bさんが作った文章を組み合わせると、「おむすびころりん」の話がもっと分かりやすいんじゃないかな。
○1年生が読んで、ストーリーの流れが分かるように文章を考えてみよう。

本時案

漢字の広場③

1/2

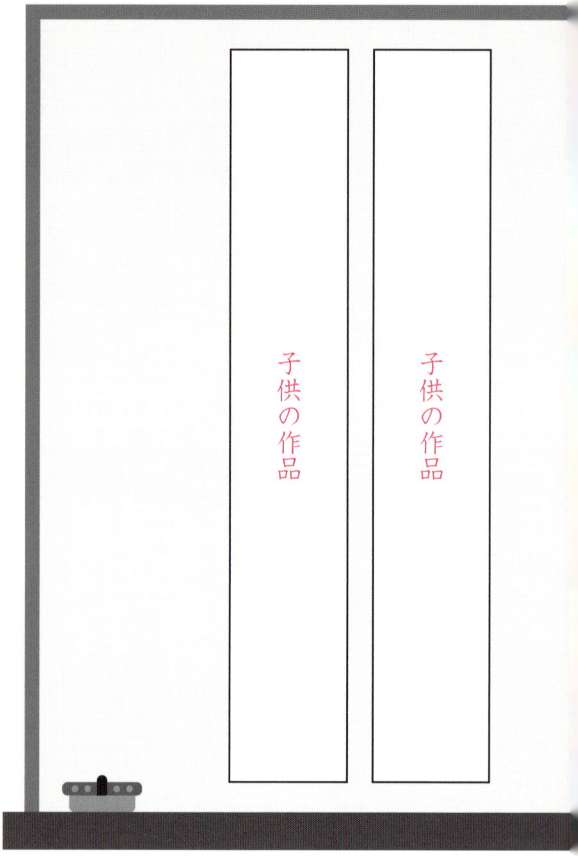

本時の目標

・３年生までに学習した漢字を使って、文と文のつながりを意識した文章を書くことができる。

本時の主な評価

❶既習の漢字を書き、文や文章の中で使っている。【知・技】
❷相手や目的を意識した表現になっているかを確かめ、文や文章を整えている。【思・判・表】

資料等の準備

・特になし

授業の流れ ▷▷▷

1 本時のめあてと学習活動を確認する〈５分〉

T　今日は、教科書に載っている漢字とつなぎ言葉を使って昔話を書きます。
○教科書の挿絵に載っている漢字を使って昔話を書く。
○つなぎ言葉も使って文章を作る。
○３年生までに習った漢字を使って書く。
○２文以上の話を作る。

2 漢字の読み方を確認する〈10分〉

○教科書に載っている漢字の読み方を確認する。
○学級の実態に応じて教科書では示されていない読み方も確認する。
(例)
幸（しあわ）せ　　幸福（こうふく）
岸（きし）　　海岸（かいがん）
助（たす）ける　　救助（きゅうじょ）
など

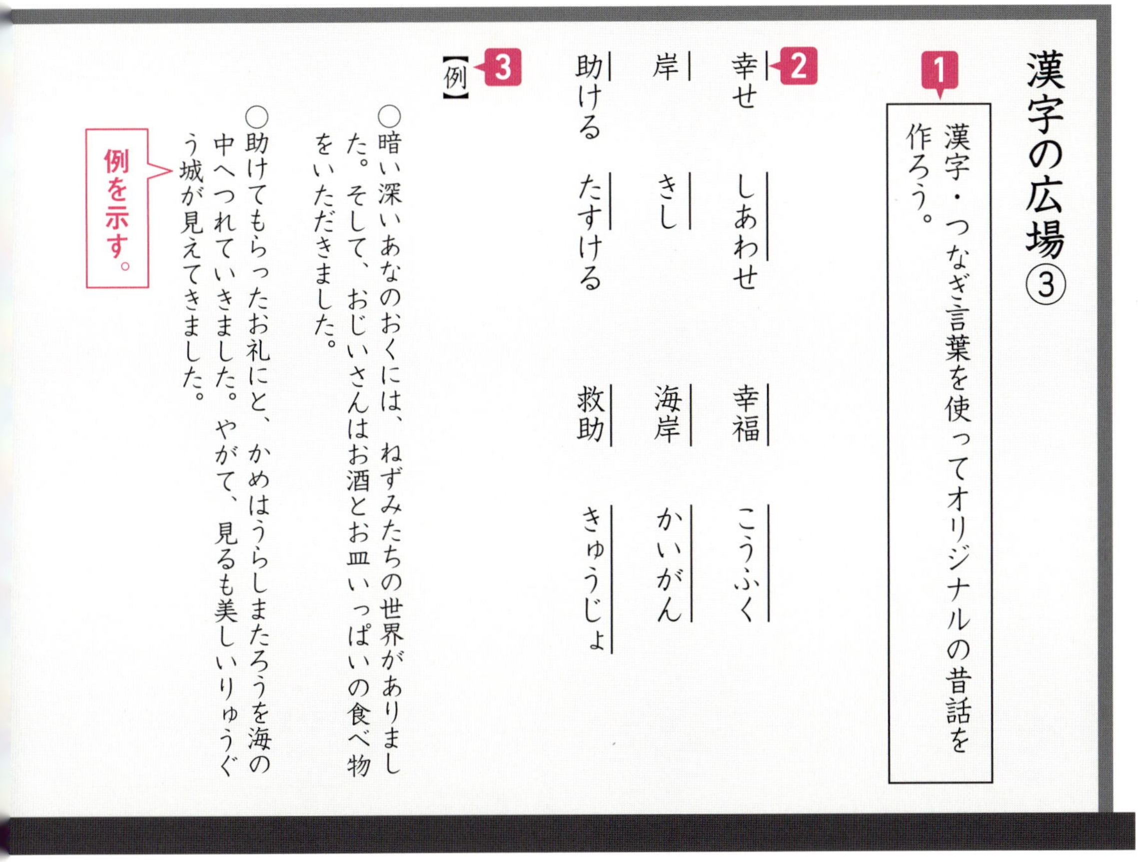
漢字の広場③
1
漢字・つなぎ言葉を使ってオリジナルの昔話を作ろう。
2
幸せ
しあわせ
幸福
こうふく
岸
きし
海岸
かいがん
助ける
たすける
救助
きゅうじょ
3
【例】
○暗い深いあなのおくには、ねずみたちの世界がありました。そして、おじいさんはお酒とお皿いっぱいの食べ物をいただきました。
○助けてもらったお礼にと、かめはうらしまたろうを海の中へつれていきました。やがて、見るも美しいりゅうぐう城が見えてきました。
例を示す。

3　3年生までに学習した漢字を使って昔話を作る　〈30分〉

○3年生までに学習した漢字だけでなく、つなぎ言葉も使うことを確認する。

T　教科書に載っている漢字を使って、昔話を作ります。「そして」や「しかし」といった、つなぎ言葉を使って作りましょう。

・おにぎりをくれたお礼にと、ねずみたちは小づちをくれました。おじいさんは、家に帰って小づちをふってみました。すると、たくさんの小ばんが出てきて、幸福にくらすことができました。

・りゅうぐう城ですごす間、うらしまたろうは時間をわすれてしまいました。なぜなら、あまりに楽しかったからです。

よりよい授業へのステップアップ

つなぎ言葉の種類

本単元では、3年生の漢字に加えてつなぎ言葉を使う活動を行う。つなぎ言葉は、これまでの学習でもたくさん使われてきたが、ここで改めてその使い方を学ぶことができる。

同じ順接でも「だから・そのため」があることなど、似たような意味でも違う言い方ができることを、ここで学んでおくと、後に文章を作るときに生かすことができる。

本時案

漢字の広場③

2/2

本時の目標

・互いの昔読を読み、漢字やつなぎ言葉の使い方を確かめ合うことができる。

本時の主な評価

❷正確な漢字を用いて書き、つなぎ言葉の使い方に気を付けて、見通しをもって文章を書こうとしている。【態度】

資料等の準備

・教科書の挿絵を拡大したもの

授業の流れ ▷▷▷

1 互いに昔話を読み合い、感想を伝え合う 〈20分〉

T　前の時間に書いた昔話を読んで、感想を伝え合います。相手の昔話のよいところやおもしろいところを伝えましょう。
　後で、班の代表の人が全体に発表しましょう。

・よく知られている昔話を少しアレンジし合っておもしろい。
・教科書の挿絵にはないストーリーも入っていて工夫されている。
・おじいさんの気持ちまで表現されていてなるほどと思った。

2 班の代表者が、学級全体に発表する 〈20分〉

○班の代表は、投票や話し合いで決めるとよい。
○「読み合うポイント」や「発表の手順」を板書しておく。学級全体で共有する前に、もう一度確認するとよい。

漢字の広場③

昔話をしょうかいしよう。

☆読み合うときのポイント

・おたがいのよいところを伝える。
・漢字が正しく書けているかをかくにんしてあげる。
・つなぎ言葉を使っているかをかくにんしてあげる。

☆発表の手順

・生活はんの中で、自分の書いた文章をしょうかいする。
・はんの代表者を決める。
・はんの代表者が、みんなに発表する。

1 子供の作品

2 子供の作品

3 学習の振り返りをする 〈5分〉

T 前の時間も含めて、3年生の漢字を使って昔話を作った感想をノートに書きましょう。

・1年生の頃、この昔話を読んだけど、自分で書いてみると難しかった。
・友達の昔話がおもしろかった。オリジナルのストーリーを入れると、さらにおもしろくなることが分かった。
・つなぎ言葉を今までなんとなく使っていたけど、それぞれに意味があることが分かった。

よりよい授業へのステップアップ

漢字学習の工夫

本単元では漢字の復習という明確な目的があって学習を進める。このように国語の時間を1時間使って漢字の学習を年間指導計画の中に位置付けることも必要である。

日常の漢字学習は、例えば毎時間の国語の冒頭に行うことも考えられる。毎日2～3文字ずつ行う。漢字の練習を宿題として出すというように、学年や学級の実態に応じて柔軟な指導計画を立てるとよい。

監修者・編著者・執筆者紹介

[監修]

中村　和弘（なかむら　かずひろ）　東京学芸大学准教授

[編著者]

成家　雅史（なりや　まさし）　東京学芸大学附属小金井小学校教諭

廣瀬　修也（ひろせ　しゅうや）　お茶の水女子大学附属小学校教諭

[執筆者] ＊執筆順。所属は令和２年１月現在

		[執筆箇所]
中村　和弘	（前出）	●まえがき　●「主体的・対話的で深い学び」を目指す授業づくりのポイント　●「言葉による見方・考え方」を働かせる授業づくりのポイント　●学習評価のポイント　●板書づくりのポイント
成家　雅史	（前出）	●第４学年の指導内容と身に付けたい国語力　●こんなところが同じだね　●春のうた　●白いぼうし　●〔じょうほう〕要約するとき　●忘れもの／ぼくは川
廣瀬　修也	（前出）	●第４学年の指導内容と身に付けたい国語力　●漢字の広場①　●漢字の広場②　●一つの花　●漢字の広場③
小野澤　由美子	お茶の水女子附属小学校非常勤講師	●図書館の達人になろう　●思いやりのデザイン／アップとルーズで伝える
藤枝　真奈	お茶の水大学附属小学校教諭	●漢字の組み立て／漢字辞典の使い方　●聞き取りメモの工夫
佐藤　綾花	東京都渋谷区立富谷小学校指導教諭	●春の楽しみ　●カンジーはかせの都道府県の旅１　●カンジーはかせの都道府県の旅２　●夏の楽しみ
望月　美香	東京都江東区立第三大島小学校主任教諭	●お礼の気持ちを伝えよう　●俳句・短歌に親しもう（一）
久保田　直人	東京都教職員研修センター指導主事	●つなぎ言葉のはたらきを知ろう　●事実にもとづいて書かれた本を読もう／ランドセルは海をこえて
武井　二郎	東京都台東区立上野小学校主任教諭	●新聞を作ろう
清水　絵里	東京都北区立稲田小学校主任教諭	●パンフレットを読もう　●いろいろな意味をもつ言葉

『板書で見る全単元の授業のすべて　国語　小学校４年上』付録 DVD について

・各フォルダーには、以下のファイルが収録されています。
　①　板書の書き方の基礎が分かる動画（出演：成家雅史先生）
　②　授業で使える短冊類（PDF ファイル）
　③　学習指導案のフォーマット（Word ファイル）
　④　児童用のワークシート（Word ファイル、PDF ファイル）
　⑤　黒板掲示用の資料、写真、イラスト等
・DVD に収録されているファイルは、本文中では DVD のアイコンで示しています。
・これらのファイルは、必ず授業で使わなければならないものではありません。あくまで見本として、授業づくりの一助としてご使用ください。
※フォルダ及びファイル番号は、単元の並びで便宜的に振ってあるため、欠番があります。ご了承ください。

【使用上の注意点】
・この DVD はパソコン専用です。破損のおそれがあるため、DVD プレイヤーでは使用しないでください。
・ディスクを持つときは、再生盤面に触れないようにし、傷や汚れ等を付けないようにしてください。
・使用後は、直射日光が当たる場所等、高温・多湿になる場所を避けて保管してください。
・PDF ファイルを開くためには、Adobe Acrobat もしくは Adobe Reader がパソコンにインストールされている必要があります。
・PDF ファイルを拡大して使用すると、文字やイラスト等が不鮮明になったり、線にゆがみやギザギザが出たりする場合があります。あらかじめご了承ください。

【動作環境　Windows】
・〔CPU〕Intel® Celeron® プロセッサ360J1. 40GHz 以上推奨
・〔空メモリ〕256MB 以上（512MB 以上推奨）
・〔ディスプレイ〕解像度640×480、256色以上の表示が可能なこと
・〔OS〕Microsoft Windows10以降
・〔ドライブ〕DVD ドライブ

【動作環境　Macintosh】
・〔CPU〕Power PC G4 1.33GHz 以上推奨
・〔空メモリ〕256MB 以上（512MB 以上推奨）
・〔ディスプレイ〕解像度640×480、256色以上の表示が可能なこと
・〔OS〕Mac OS 10.12（Sierra）以降
・〔ドライブ〕DVD コンボ

【著作権について】
・DVD に収録されているファイルは、著作権法によって守られています。
・著作権法での例外規定を除き、無断で複製することは法律で禁じられています。
・DVD に収録されているファイルは、営利目的であるか否かにかかわらず、第三者への譲渡、貸与、販売、頒布、インターネット上での公開等を禁じます。
・ただし、購入者が学校での授業において、必要枚数を児童に配付する場合は、この限りではありません。ご使用の際、クレジットの表示や個別の使用許諾申請、使用料のお支払い等の必要はありません。

【免責事項】
・この DVD の使用によって生じた損害、障害、被害、その他いかなる事態についても弊社は一切の責任を負いかねます。

【お問い合わせについて】
・この DVD に関するお問い合わせは、次のメールアドレスでのみ受け付けます。 tyk@toyokan.co.jp
・この DVD の破損や紛失に関わるサポートは行っておりません。
・パソコンやアプリケーションソフトの操作方法については、各製造元にお問い合わせください。

板書で見る全単元の授業のすべて
国語 小学校４年上
〜令和２年度全面実施学習指導要領対応〜

2020(令和２)年４月１日　初版第１刷発行
2020(令和２)年５月24日　初版第２刷発行

監 修 者：中村　和弘
編 著 者：成家　雅史・廣瀬　修也
発 行 者：錦織　圭之介
発 行 所：株式会社東洋館出版社
〒113-0021　東京都文京区本駒込５丁目16番７号
営 業 部　電話 03-3823-9206　FAX 03-3823-9208
編 集 部　電話 03-3823-9207　FAX 03-3823-9209
振　　替　00180-7-96823
U　R　L　http://www.toyokan.co.jp

印刷・製本：藤原印刷株式会社
編集協力：株式会社あいげん社

装丁デザイン：小口翔平＋岩永香穂（tobufune）
本文デザイン：藤原印刷株式会社
イラスト：赤川ちかこ（株式会社オセロ）
画像提供：PIXTA
DVD 製作：秋山広光（ビジュアルツールコンサルティング）
株式会社オセロ

ISBN978-4-491-03986-2　　Printed in Japan